中国人民大学科学研究基金重大规划项目：
实现小农户与现代农业发展有机衔接研究

农村土地退出

理论、意愿与实践

RURAL LAND RIGHTS ABDICATION:
THEORY, WILLINGNESS AND PRACTICE

刘同山◎著

经济管理出版社
ECONOMY & MANAGEMENT PUBLISHING HOUSE

图书在版编目（CIP）数据

农村土地退出：理论、意愿与实践/刘同山著.—北京：经济管理出版社，2020.11

ISBN 978-7-5096-7637-0

Ⅰ.①农…　Ⅱ.①刘…　Ⅲ.①农村—土地问题—研究—世界　Ⅳ.①F311

中国版本图书馆 CIP 数据核字（2020）第 237047 号

组稿编辑：郭丽娟
责任编辑：范美琴
责任印制：黄章平
责任校对：陈　颖

出版发行：经济管理出版社
（北京市海淀区北蜂窝 8 号中雅大厦 A 座 11 层　100038）
网　　址：www. E-mp. com. cn
电　　话：(010) 51915602
印　　刷：北京玺诚印务有限公司
经　　销：新华书店
开　　本：720mm×1000mm/16
印　　张：15.5
字　　数：270 千字
版　　次：2020 年 12 月第 1 版　　2020 年 12 月第 1 次印刷
书　　号：ISBN 978-7-5096-7637-0
定　　价：78.00 元

献给米多

前　言

当前，中国正在经历城乡时代大变革。一方面是大量农村人口持续向城镇迁移，另一方面是传统农业加快向现代农业转型。农村人口向城镇迁移要求财富的相应流动，现代农业发展则需要适度规模和稳定的土地使用权。由于土地的不可移动性，城镇化必然伴随着进城农民与农村土地的“人地分离”，并引起农村土地资源在剩余农村人口中的再配置。

考虑到农民需求和城镇化、农业现代化需要，2015 年 10 月中共中央十八届五中全会通过的《关于制定国民经济和社会发展第十三个五年规划的建议》要求，“维护进城落户农民土地承包权、宅基地使用权、集体收益分配权，支持引导其依法自愿有偿转让上述权益。”此后，中共中央、国务院对进城落户农民农村土地承包权、宅基地使用权依法自愿有偿转让做出了部署。比如，2016 年、2017 年和 2018 年中央“一号文件”多次提出，支持引导进城落户农民依法自愿有偿转让土地承包权、宅基地使用权；2016 年国务院印发的《关于实施支持农业转移人口市民化若干财政政策的通知》《全国农业现代化规划（2016-2020 年）》两个文件分别要求，“要通过健全农村产权流转交易市场，逐步建立进城落户农民在农村的相关权益退出机制”“在有条件的地方稳妥推进进城落户农民土地承包权有偿退出试点”。

近年来，一些农村改革试验区开始试点探索进城落户农民的农村承包地、宅基地自愿有偿退出工作。农村土地退出成为农村改革的前沿热点领域。所谓农村土地退出，是指在中国农村土地“集体所有”的基本制度框架下，离农、进城农户自愿有偿放弃农村土地承包经营权、宅基地使用权等土地权益的行为。与农村土地所有权、承包权、经营权“三权分置”下的土地经营权出租一般时间较短、稳定性较差且具有很强的可逆性不同，农村土地退出是更为充分且彻底的农村土地权利转移。

然而，现有农村土地退出，主要以保障农民土地财产权利、支持农业转移人口市民化为出发点，较少考虑农业转型和农村土地优化配置。再加上受“土地是农民的命根子”“农民不能失地”等固有观念的影响，社会各界对实施农村土地退出的必要性、重要性和紧迫性认识不足。

一些人认为，“土地是农民的命根子”，是农民的生存保障，因此政策安排应当避免“农民失地”，所以他们不赞成让农民退出土地。上述观点存在两个问题：一是在农民与农村土地配置方面，忽视了城镇化进程中农户分化这一社会现实，没能考虑“谁是农民”和不同类型农户的差别化土地需求；二是在农村土地的保障作用方面，仅笼统地强调要发挥农村土地的保障作用，没能进一步思考农村土地是否能够提供生存保障。

“谁是农民”？在城乡壁垒已经打破、户籍改革基本完成、农村人口“离农、进城”的大背景下，不是户籍在农村或拥有承包地的人就是农民。从国内外实践发展看，“农民”终将从身份概念转变成为一种职业概念，只有收入主要来自农业经营或者说“以农为业”者，才是农民。将收入完全来自非农领域、常年在城市工作和生活的人称为“农民”，显然不合适。农户分化已经成为当前中国农村的一个突出现象（王春光等，2018），农户兼业甚至离农、进城情况普遍。分化形成的不同类型农户有差别化的土地需求，一些有志于发展现代农业的家庭农场、专业大户愿意支付一些费用，获得更多土地；也有一些“离农、进城”的农户想要退出农村土地。

农村土地能够提供生存保障吗？习近平总书记在2013年中央农村工作会议上讲话时指出，“种粮比较效益越来越低，种一亩粮的收入还比不上打几天工”。再加上生活费用持续上涨，单靠几亩承包地，难以保障农民的基本生活。而且，不少进城“农民”已经拥有城镇职工养老保险，他们可能也不再需要以农村土地作为保障。

土地不是农民的命根子，却是农业之基。多达41.05%的农户，其农业收入在家庭总收入中的占比不到5%。他们不关心土地产出、不在意农业收入，因此对土地惰耕，甚至弃耕撂荒。然而，对于耕地资源高度紧张的中国农业来讲，面临着“洋粮入市、国粮入库”的农产品竞争压力，要提高土地产出率和农业经营效益，就要优化农村土地配置。农村土地制度安排，不能继续像以往那样强调农村土地对于农民的福利保障作用，在“按人均分”的基础上将使用权固化，而是要注重现代农业发展的需要。全球化时代，超小规模的农业不具有国际竞争力。因此，“土地流转和多种形式规模经营，是发展现代农业的必由之路，也是农村改革的基本方向”（习近平，2019）。

从农业农村发展方面看，如果农民“离农、进城”却不能退出农村土地，会造成“不在所有”（Absentee Ownership）（Schultz，1964），形成新时期的“不在地主”（Absentee Landlord）（费孝通，2007；郭熙保，2014）。“不在地主”收取的农地租金，实质是城镇对农村财富的掠夺（费孝通，2007）。在“城市像欧洲、农村像非洲”（习近平，2015）的隐喻下，继续从相对落后的农村地区汲取收入较低的农民的财富补贴城镇居民，既不符合国家的大政方针，也有失社会公平公正。不仅如此，Schultz在《改造传统农业》一书中已经详细论证，“不在所有”会造成农业经营效率损失。

理论上看，如果“离农、进城”农户有退出农村土地的意愿，却由于制度、市场等方面的原因难以退出，作为同一枚硬币的两面，也就意味着有志于现代农业、想扩大经营规模的农户难以获得合意规模和产权形式的土地，这会出现农地资源错配。资源错配或资源的不当配置会造成效率损失。正如North和Thomas在《西方世界的兴起》一书中所指出的：“不能自由转让土地和牢牢限制劳动的移动明显地妨碍着资源的有效配置。有效率的农民不能随意获得更多的土地，无效率的农民不能随意处置他的某些土地，这种情况通常都会降低农业的总效率。”

然而遗憾的是，现有关于中国农村土地流转或农村土地优化配置及其影响的实证研究，主要集中在土地经营权租赁（这会产生“不在地主”）方面，关于农村土地承包权退出的研究非常缺乏。不多的农村土地退出研究文献，也主要是考察农民的农村土地退出意愿及其影响因素，或分析农村改革试验区的农村土地退出案例，很少关注“退出不畅”或者农地资源错配造成的农业效率损失。这导致社会各界对中国实施农村土地退出的重要性、紧迫性认识不足。

城镇化本质上是人口、土地、资金等资源要素在地理空间的整合与优化。引导“离农、进城”农民退出农村土地、优化农村土地配置，是很多国家在城镇化和农业转型过程中普遍面临的问题。比如，20世纪60年代以来，法国、日本曾采取了不少措施，甚至出台了专门的法律，推动“离农、进城”农户或者老年农民退出农村土地，同时支持青年农民获得更多土地，以此来促进农业规模经营和现代农业发展。近年来，中国也有越来越多的农村改革试验区开展农村土地退出试点，并取得了一些可复制、可推广的经验。不过，学界对当前农村土地退出试点改革的总结明显不够，而且也未能在集成现有改革经验的基础上，提出能够在更大范围内推行的改革方案。

总之，正如习近平总书记2016年4月在安徽小岗村座谈时指出，“新形势下深化农村改革，主线仍然是处理好农民和土地的关系”。如何配置和利用农村土地，不仅关系到农民福利，还决定着农业发展。在城镇化进程中，从农村人口迁移和农业转型发展的角度，重新审视农民、土地、农业的关系，论证为“离农、进城”农户提供农村土地退出通道、优化农村土地配置的重要性和紧迫性，总结改革试验区的创新做法和国外经验，进而提出加快农村土地和农业农村人口优化配置的政策建议与实施方案，无疑具有重要的理论价值和现实意义。

目 录

第一章 导论

一、选题背景

自改革开放尤其是20世纪末城乡壁垒打破以来，中国经济保持了高速增长，农民生活、农业生产和农村发展也随之发生了巨大变化。

首先，城镇化进程不断加快，农民市民化引发高度关注。国家统计局的数据显示，至2019年底，中国的城镇化率达到了60.6%。未来仍将有数以亿计的农民离开农业、农村向城镇非农领域转移。城镇化是中国经济增长的持续动力和经济发展方式转变的重心所在。为了激发城镇化潜力、加快农民市民化，2013年中共十八届三中全会通过的《中共中央关于全面深化改革若干重大问题的决定》明确要求“推进农业转移人口市民化，逐步把符合条件的农业转移人口转为城镇居民”。

农民市民化本质上是部分有条件的农户离开农村融入城市的过程。农村土地是农民最重要的资源资产，只有处理好农村土地问题，才能做到“进退有据”，才能真正落实“以人为本”的新型城镇化。正因如此，2016年4月习近平总书记在安徽小岗村座谈时指出，“新形势下深化农村改革，主线仍然是处理好农民和土地的关系。”① 对此，中央一方面强化农民的土地财产权利，另一方面加快“土地权利赋能”。例如，2007年实施的《物权法》明确将农村土地承包经营权界定为一种用益物权，此后基于所有权、承包权、经营权“三权分置”的农村承包地经营权流转加快；在2015年实施“三块地”改革，

① 习近平. 加大推进新形势下农村改革力度. 新华社官方网站，http://www.xinhuanet.com/politics/2016-04/28/c_1118763826.htm.

允许农民自愿有偿退出宅基地后，2019 年实施的《土地管理法》提出允许进城落户的农村村民依法自愿有偿退出宅基地。

其次，农村土地利用效率不高，耕地撂荒和“空心村”问题严重。受制于耕地质量、务农的比较效益不高和农村劳动力不足，当前农村抛荒的耕地持续增多，并且有从山地、丘陵向平原地区（目前主要是季节性抛荒）蔓延的趋势。原国土资源部的数据显示，中国每年撂荒的耕地近 3000 万亩①。另外，随着 21 世纪以来农村劳动力向城市转移速度加快，农村“空心化”情况日益严重，农村宅基地及房屋的利用效率低下。根据第二次全国土地调查及相关数据，2009~2016 年，在农村人口减少 1 亿人的情况下，全国村庄用地面积不仅没有减少，反而增加了 1091.3 万亩。人口减少但宅基地增加的直接结果是农村“空心化”。根据江西省委农办 2018 年的调查，按常住农户数计算，在 1008 个样本自然村中，有 371 个村的“空心化”率在 40%以上②。

为了在支持农民向城镇迁移的同时提高农村土地利用效率，近年来中共中央、国务院将农村承包地、宅基地退出以及农村土地资源高效利用作为一项重要改革内容，制定了多个涉及农村土地退出的法律政策文件。例如，2015 年中共中央通过的《关于制定国民经济和社会发展第十三个五年规划的建议》提出，“维护进城落户农民土地承包权、宅基地使用权、集体收益分配权，支持引导其依法自愿有偿转让上述权益。”2019 年 3 月，中共中央、国务院印发的《关于建立健全城乡融合发展体制机制和政策体系的意见》再次要求，维护进城落户农民土地承包权、宅基地使用权、集体收益分配权，支持引导其依法自愿有偿转让上述权益；探索奖励增量宅基地集约利用、存量宅基地有偿退出。关于农村土地退出的内容还被写进最新修正的《农村土地承包法》和《土地管理法》。多个相关改革试点也在积极推进相关改革。农村承包地、宅基地自愿有偿退出已成为当前农村改革的前沿热点领域。

最后，农村青壮年劳动力大量流失，“谁来种地”问题突出。据国家统计局《2013 年全国农民工监测调查报告》数据，2013 年外出务工（即在户籍所在乡镇地域外从业）的农村劳动力为 16610 万人，其中举家外出的农民工为 3525 万人，较上年增长 4.4%。1980 年及以后出生的新生代农民工 12528 万人，占农民工总量的 46.6%，占 1980 年及以后出生的农村从业劳动力的比重为 65.5%。在

① 空心化农村如何“养活中国”？[N]. 人民日报，2012-03-20.

② 江西省委农办. 江西省“空心村”调研报告 [J]. 乡村振兴文稿，2019 (2).

2013 年全年，多达 87. 3%的新生代农民工没有从事过任何农业生产劳动。

与大量青壮年劳动力外出务工相伴的，是农业劳动力的严重老龄化。调查发现，目前从事农业生产的劳动力平均年龄在 50 岁以上，其中上海等经济发达地区务农农民年龄接近 60 岁，“老人农业”特征显现，这已成为困扰中国农业发展的现实难题。2014 年中国乡村之声对河南、安徽、山东、黑龙江、湖南 5 个农业大省的 10 个产粮大县进行调查发现：从事粮食生产的农村劳动力中 93. 2%为中老年人，初中以下学历的占到 73. 7%，即便种粮收入增加，这些农户也不愿让子女“子承父业”继续种粮，而是选择外出读书和就业（比例高达 83%）。随着农业劳动人口年龄峰值的到来，未来“谁来种地”“如何种地”已经成为摆在人们面前的重大现实问题。正因如此，中共中央、国务院提出要加快培育新型农业经营主体、创新农业经营体制机制。

总之，上述情况为中国深化农村土地制度改革提供了内源动力和外部压力。就目前情况而言，单纯依靠市场机制实现的农村土地租赁（包括承包地经营权流转和宅基地使用权流转），难以促进农村转移劳动力“从农民到市民”的身份转变，也不能有效解决农村土地资源利用效率低下的问题。城镇化和现代农业转型发展，一方面要求为有意愿、有能力的农户自愿有偿退出农村土地提供出口，另一方面需要更加有效地利用宝贵的农村土地资源。

二、问题的界定

何谓农村土地？目前国内学术界关于农村土地并没有形成一个统一的概念，即使是一些颇具影响力的土地经济学教材，也未给出农村土地的严格定义。部分学者行文时常用农村土地指代农户承包的耕地。农村承包地经营权流转的兴起，进一步加剧了这种情况。由此导致了一个现象，一般提到农村土地即指农村承包地。国家有关法律法规对农村土地的界定，可能是产生这一问题的原因。例如，2003 年实施的《农村土地承包法》第二条指出，“本法所称农村土地，是指农民集体所有和国家所有依法由农民集体使用的耕地、林地、草地，以及其他依法用于农业的土地”。《农村土地承包法》中所指的农村土地显然不包括农村宅基地，因为后者不是农业用地。另外，2004 年修正的《土地管理法》从用途上将农村土地分为农用地、建设用地和未利用地三类，并规定直接用于农业生产的耕地、林地等属于农用地，农村村民住宅使用的农村集体所有的土地属于建设用地。可见，《农村土地承包法》所界定的农村土地，基本等同于《土地管理法》所指的农用地。

从法律规定上看，农村土地是一个与城市土地相对应的概念，是行政划分的结果。《宪法》第十条明确规定，“城市的土地属于国家所有。农村和城市郊区的土地，除由法律规定属于国家所有的以外，属于集体所有；宅基地和自留地、自留山，也属于集体所有”。因此，依据《宪法》规定，农村土地是与城市土地相对应的概念，其特点是属于集体所有，这也是本书所指的农村土地。农民作为集体经济组织的成员，依法拥有农村土地使用权。因此，基于前文所述的研究目的，采用《土地管理法》对土地的三类划分法，本书所称的农村土地，是指与城市土地相对应的、分布在农村的由集体经济组织所有、交由农户使用的承包地、宅基地。当然，除这两类土地外，农村还有荒地、坡地、坑塘等集体所有的土地，按道理来讲，作为集体经济组织成员的农户也都有一份。不过考虑到承包地、宅基地占农村土地的绝大部分，为了简化分析，本书所研究的农村土地，主要指农村承包地、宅基地。

21 世纪以来，随着工业化、城镇化的发展，大量农业、农村人口向城镇非农领域转移。因土地不可移动，农业、农村人口向城镇非农领域转移的一个直接后果就是农民与农村土地的“人地”分离。由于集体所有制、意识形态等方面的原因，国内学者通常把买卖意义上的土地交易表述为土地转让（周其仁，2004；陈卫平，2004）或土地退出（顾海英等，2011）。按照《宪法》及相关法律的规定，中国农民只拥有农村土地的部分权能，农村土地不能参与或只能有限度地参与市场交易。

为了研究中国农村土地“集体所有、农户使用”制度下的人地分离问题，一些学者提出了农村土地退出的概念。所谓农村土地退出，是指在中国农村土地“集体所有”的基本制度框架下，离农、进城农户自愿有偿放弃农村土地承包经营权、宅基地使用权等土地权益的行为。从广义上看，农村土地退出包括承包地、宅基地使用权出租。但是，当前中国农村土地出租一般时间较短、可逆性较强。考虑到工业化、城镇化进程的不可逆性，本书的农村土地退出是狭义的退出概念，指基本不可逆的农村土地使用权，主要是土地承包经营权、宅基地使用权（含资格权）的让渡，明显不同于“三权分置”下的农村土地出租。中国农村土地制度的主要特征可以概括为“集体所有、农户使用”。对于承包地，在实践中，尤其是 2014 年中央“一号文件”明确提出农村土地所有权、承包权、经营权“三权分置”以后，农民的承包地使用权逐渐演变为承包权和经营权；对于宅基地，尽管近年中央也提出了所有权、资格权、使用权的“三权分置”，但就现实而言，宅基地使用权不存在太多异议。因此，本书所指农村土地退出的土地权益，主要是指农村承包地、宅基地使用权的退出。

农村土地退出是一个颇具中国特色的词汇。在西方大部分国家，农村土地属于私人所有，不想种地的农户可以通过土地交易市场，来缩减土地规模或者完全退出农业经营。随着近年来农民土地权利的加强，一些学者认为农村土地承包权、宅基地使用权已经具有“准所有权”的性质。就“人地分离”的本质而言，中国的农村土地使用权退出，与西方国家的农村土地所有权交易比较相似，但也不尽相同。具体而言，土地交易是从交易双方的视角来考察土地权利的转移，而土地退出主要是从离农、进城农民的角度来看待“人地分离”。而且，农村土地退出，暗含了将土地退给作为发包方和所有者的农村集体经济组织这一层意思。

三、选题的意义

土地是农民之本、农业之基，土地制度是一个国家的基础性制度。农村土地制度改革既关系到农村土地利用效率，又关系到农村经济社会的繁荣，还关系到城镇化建设和国民经济社会的可持续发展。让一部分有意愿、有能力的离农、进城农民自愿有偿退出农村土地，是保证农民土地权利的应有之义，也是城镇化、农业现代化无法回避的现实问题。

在当前城乡时代大变革的新阶段，从农户普遍兼业、离农的社会现实出发，基于大样本一手调查数据，考察农民的承包地、宅基地退出意愿及其形成和发展，分析农户兼业、城乡迁移与农村土地退出意愿之间的联动关系，进而分析农户农村土地退出的影响因素及其方式偏好，并测算有农村土地退出意愿却不能顺利退出造成的农业效率损失，然后总结相关改革试点的创新做法，可以让社会各界更好地认识当前和今后一个时期加快推进农村承包地、宅基地退出改革的必要性、紧迫性和可行性，对于提高农村土地利用效率以及推进城镇化、农业现代化协同发展具有重要理论意义和实践价值。

具体而言，本书的研究主要有以下三个方面的意义：

一是让社会各界对农民的农村土地退出意愿有一个系统、全面的了解，有助于消除政界、学界对农民与农村土地关系的误判。从理论上讲，与城镇土地属于国家所有不同，农村土地归农民集体所有，那么农民在城乡迁移中有权处置农村土地。尤其是考虑到宅基地是农民房屋之基，而农村房屋是很多农民最重要的资产。让农民自由退出农村土地，是保障农民土地权益和农民房屋财产权的内在要求。通过考察农民的农村土地退出意愿，可以改变一些人所固守的"土地是农民命根子"的错误观点。由于农业收益太低，单靠"人均一亩二、户均不过十亩"的承包地，农户难以获得体面的生活。对于很多农民而言，农村土地不再是他们的"安身立命之所"，土地的社会保障功能正在消失。农村土地制度改革应当从注重农民向强调农业转变。

二是让社会各界更好地了解加快农村土地退出的必要性、紧迫性，有助于为农村土地"三权分置"提供一个补充改革方案。本书通过测算农村有承包地退出意愿但未能顺利退出对粮食增产、农户增收、农业增绿造成的负面影响，论证加快实施农村土地退出的必要性。与现有文献大部分聚焦于渐进式、单向度的农村土地赋权改革且担忧"农民失地"不同，本书不再遵循逐步细化农村土地权利的思路，而是从城镇化引发的人地分离出发，立足于转型期农户持续分化的社会现实，整体考虑农村土地承包权、宅基地使用权的退出问题，推动研究观念从农民"被动失地"向"主动退地"转变，具有独到的学术价值和政策含义。而且，农村土地退出政策有最优时间窗口，一旦农民迈过了城市化门槛，他们将不愿放弃农村土地，最终导致不在农村的"不在地主"大量出现并难以消除，以此来强调实施农村土地退出的紧迫性。

三是通过总结分析全国农村承包地、宅基地退出改革试点的典型做法，使社会各界更好地理解农村土地退出的可行性及具体实现机制。自 2014 年底全国农村改革试验区联席会议同意在宁夏平罗等三个试验区开展农村承包地自愿有偿退出试点以来，随着国家对农村土地退出工作的逐步重视，越来越多的改革试点尝试了这一改革。然而，与这一改革的重要性相比，现有社会各界对农村土地退出改革试点的经验总结还远远不够，一些地方对于如何实施农村土地退出改革存在疑惑。因此，总结农村土地退出的典型做法，对于推进农村土地退出改革、加快城乡融合发展和农村土地资源高效利用具有重要的实践意义。

四、研究目的与内容

（一）研究目的

本书研究的总体目的是：以农户家庭为基本分析单位，考察城镇化进程中农民的农村承包地、宅基地自愿有偿退出意愿及其形成原因，分析农民有土地退出意愿却未能顺利退出会给农业农村发展造成什么负面影响，以论证实施农村土地退出的必要性、紧迫性，总结改革试点的农村土地退出路径及其效果以分析农村土地退出的现实可行性。

具体来看，本书主要想回答以下四个方面的问题：

首先，农民需要农村土地退出的制度安排吗，或者说农民有没有农村土地退出的需求？若有，其农村土地退出需求应如何满足，依靠市场还是政府？

其次，农村土地还是农民的“安身立命之所在”吗，为什么农民想退出农村土地？哪些农民更乐于有偿退出农村土地，什么因素影响农民的农村承包地、宅基地退出意愿？

再次，如果农民有农村承包地退出意愿却不能顺利退出，对农业发展有何影响？如何重新认识农村土地、农民保障与农业发展的关系？

最后，如何有序实现农村承包地、宅基地退出，什么样的制度安排更优？能否在改革试点的基础上，提出可以复制、推广的经验，如何完善农村土地退出的顶层制度设计？

（二）研究内容

根据前述研究目的，除本章导论外，本书还有十一章、三个方面的内容：

一是梳理国内外农民农村土地交易或农村土地退出的有关文献，掌握国内外农村土地退出的成因、实现方式、影响因素、改革动向的研究进展。这方面的内容由第二章、第三章内容构成。

二是基于三次农户调查数据，分析农民的农村土地经营利用现状和农村承包地、宅基地退出意愿及方式选择，考察农民承包地、宅基地退出意愿的影响因素，并测度有农村承包地退出意愿却未能顺利退出对粮食增产、农民增收和农业增绿的影响，及其引发的耕地撂荒情况。这方面内容主要包括第四章、第五章、第六章、第七章和第八章。

三是在实地调研的基础上，总结多个农村承包地、宅基地退出改革试点的创新探索，并对退出土地的后续利用进行分析，进而提出完善农村土地退出顶层制度设计的思考与建议。这方面内容主要包括本书第九章、第十章、第十一章和第十二章。

五、思路、方法与数据

（一）研究思路

为了实现上述研究目标和研究内容，本书在回顾和评述国内外农村土地退出前沿研究文献的基础上，首先，从尊重农民意愿是农村改革的基本前提这一认识出发，提出农村土地退出是城乡迁移过程中农民的理性选择，然后借助三次农户问卷调查，统计分析农民的承包地、宅基地退出意愿，并测度影响农村土地退出意愿的因素。其次，从优化资源配置是提高土地产出率、劳动生产率、资源利用率的根本途径这一经济学常识出发，测算农民有承包地退出意愿①却不能顺畅退出造成的多维农业绩效损失。最后，采用案例比较分析方法，对农村土地退出改革试验区的承包地、宅基地退出的典型方式及其效果进行分析，并给出完善农村土地退出顶层制度安排的思考与建议。本书的逻辑框架如图 1-1 所示。

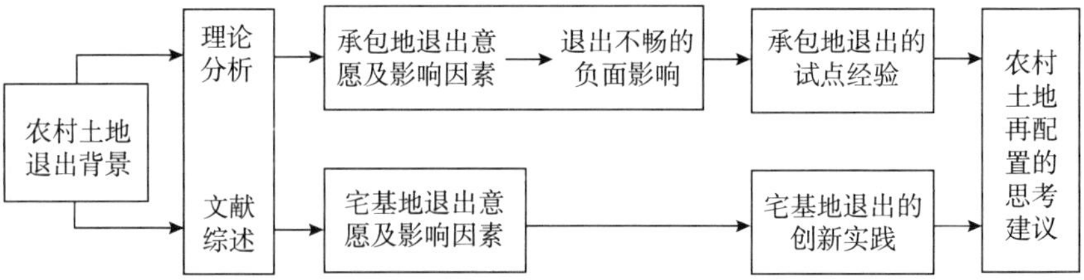

图 1-1　本书的逻辑框架

① 农村宅基地退出不畅的后果非常明显——宅基地闲置、村庄空心化和农民房屋长期闲置，社会各界已经比较了解。但是对于承包地退出不畅的严重后果，则缺少相关研究。正因如此，本书将农村承包地退出的必要性、紧迫性作为重要研究内容。

（二）研究方法

本书在不同阶段运用不同方法进行分析，在各部分研究中，文献分析、统计分析、理论分析和计量分析相互结合、相互支撑，前后内容既紧密联系又相对独立。

（1）文献研究法。收集、整理和研读国内外有关土地流转（交易）、农村土地退出和中国农民土地财产权利的论文、书籍、法律法规等材料，结合制度经济学、社会心理学和新家庭经济学的有关理论，对农民农村土地退出的需求、意愿等进行归纳，力求对这一问题形成科学而系统的认识。

（2）问卷调查和统计分析法。调查农民的农村土地退出意愿是展开后续研究的重要基础。笔者在 2014 年、2018 年和 2019 年先后对山东、河南、河北、安徽、江苏、天津等地进行三次大样本农户调查，分别得到 779 个、1026 个和 935 个有效样本。利用这些农户调查数据，多角度、多方式对农村土地的利用现状及农民的农村承包地、宅基地退出意愿进行统计分析。

（3）理论建模和计量分析法。结合已有关于农民迁移和农业转型方面的研究，构建农民的农村土地退出决策模型，理论分析影响农民放弃农村土地的各种因素及其作用方向，然后使用三次农户调查数据，运用 IV_ Probit、处理效应模型（TEM）、基于条件混合过程（CMP）的跨栏模型等计量方法，对农民的农村土地退出意愿及其对农业绩效的影响进行估计。

（4）典型比较和归纳分析法。选取有代表性的农村土地退出典型案例深度访谈，重点对比分析农村承包地、宅基地退出的具体方式及其特点；结合文献理论研究、计量分析和典型案例研究的结果，归纳提出农村土地退出的改革路径，形成研究结论和政策建议。

（三）数据来源

农村土地退出是一个前沿热点领域，已有的中国家庭追踪调查（CFPS）、中国居民收入调查（CHIP）等大样本数据库基本没有涉及该领域的指标，所以本书使用的数据，主要是笔者在 2014~2019 年组织实施的三次农户问卷调查所获得的一手数据。三套农户调查数据的时间跨度为 5 年，虽然不是跟踪调查，但覆盖的区域比较一致，也可以用来大致分析农民的农村土地退出意愿变化情况。

第一次是 2014 年 7~9 月在河北、山东、河南三省九县（市、区）开展的农户问卷调查（简称 2014 冀鲁豫三省农户调查）。之所以在上述区域开展此次农户调查，是考虑到农作模式的相似性、数据获取的经济性和便利性。具体来说，此次调查区域为：河北省清河县、南宫县、巨鹿县，河南省的新密市、沁阳市、正阳县和山东省菏泽市牡丹区、郓城县、鄄城县。

样本主要分布在冀南、豫北和鲁西南三个地区，农作模式基本相同，都是一年两熟，一般是冬小麦和夏玉米轮作。几乎所有农户都种植冬小麦，个别农户会在小麦收获后种植大豆、棉花、蔬菜等。在确定县（市、区）之后，为了得到更具说服力的调查数据，课题组采取二阶段抽样方法，首先是在每个指定县（市、区）抽取 5 个村庄，然后根据村庄规模，每个村庄随机选择 15～20 个农户作为调查样本。选择农户样本后，由调查员入户完成调查问卷。

调查员主要由来自中国人民大学与华南农业大学、参加问卷设计和预调研的农业经济学博士生和硕士生组成，河南农业大学经济管理学院的一些本科生参与了河南的调查。调查问卷不仅包括农地经营和农业生产情况、不同方式下受访者的农村承包地退出意愿，还询问了农户的家庭特征、土地禀赋以及家庭成员非农就业情况。调查时，调查员主要询问户主或家里的主事人。本次调查共得到有效问卷 779 份，其中，由中国人民大学、华南农业大学农业经济管理专业研究生完成的样本为 620 份。

第二次是 2018 年 1～3 月春节前后、农民工返乡期间在黄淮海农区 6 省（市）20 县（市、区）开展的农户问卷调查（简称 2018 年黄淮海农区农户调查）。考虑到大部分农民尤其是青年农民进城务工而很少在村，为减少抽样偏差，本次调查特意选择春节前后、年轻农民返乡期间。黄淮海农区是中国九个农区中最大的一个，也是全国人地关系最紧张的地区之一，包括山东、天津、北京全部，河南、河北大部和江苏、安徽北部。黄淮海农区是全国小麦主产区，小麦产量占全国小麦总产量的一半以上。黄淮海农区大部分地区的农作物一年两熟，农作模式主要是小麦、玉米轮作，一般在 5 月底收获小麦，10 月初收获玉米。区域南部一些地方是小麦、稻谷轮作。近年来随着农业种植结构调整，黄淮海农区不少农户调减粮食作物种植面积，将农地用于蔬菜、果品及其他经济作物种植。

由于 2014 年冀鲁豫三省农户调查主要基于“方便抽样”原则，样本县（市、区）分布较为集中，再加上样本量较少，可能存在代表性不够、说服力不强等问题，因此 2018 年黄淮海农区农户调查，在笔者主持的国家社会科学基金重点项目“城镇化进程中农户土地退出及其实现机制研究（批准号：

16AJY012）”的资助下，采取了两阶段随机抽样方式。

首先，在黄淮海农区318个县（市、区）中随机抽取20个，并对其中3个进行调整以平衡样本的空间分布，最终样本县（市、区）山东、河南、河北各5个，安徽、江苏各2个，天津1个。样本区域具体省（市）、县（市、区）包括：江苏的邳州市、沭阳县；山东的平度县、东平县、鄄城县、成武县、莒南县；河南的建安区、襄城县、太康县、内黄县、温县；河北的肥乡县、隆尧县、迁西县、黄骅市、清苑区；安徽的利辛县、阜南县；天津的宁河区。

其次，在每个样本县（市、区）随机抽取2个乡镇，每个乡镇选取2个村，每个村选择15户左右开展调查。调查问卷由接受培训后的10位调查员入户与户主或家里的主事人一对一访谈完成。由于农村土地退出是农户层面的决策，因此访谈时鼓励其他家庭成员就某些农户层面的问题进行补充和参与讨论。但是，非受访家庭成员不得在场，以免干扰受访人或其家庭的农村土地退出意愿等，造成样本污染。除笔者本人外，调查员主要是来自中国农业大学经济管理学院、人文与发展学院的农业经济管理或农村发展专业的博士生、硕士生。本次调查共得到1026份有效问卷。本书实证部分主要使用这次调查获得的农户数据。

第三次是2019年7~8月在江苏、山东、安徽3省15县（市、区）开展的农户问卷调查（简称2019苏鲁皖三省农户调查）。这次调查是对2018年黄淮海农区农户调查的补充，也是笔者2019年新主持的国家社科基金一般项目“农地错配的效率损失及其对策研究（批准号：19BJY127）”和中国人民大学科学研究基金重大规划项目“实现小农户与现代农业发展有机衔接研究”、南京林业大学农村政策研究中心“百村千户跟踪调查”三个课题联合开展的农户调查。其目的主要有三个：一是增加有闲置宅基地的农户样本。虽然2018年黄淮海农区农户调查区分了农户家里是否有闲置宅基地（2014年冀鲁豫三省农户调查没有区分农户家里是否有闲置宅基地，对农民宅基地退出意愿的考察过于笼统），但是只得到了164户家里有闲置宅基地的农户样本，样本量偏少。二是增加关于农户耕地撂荒的信息。2018年黄淮海农区调查主要是在平原地区，抛荒较少。近两年山区、丘陵地带的撂荒现象开始增多，并有向平原地区蔓延的趋势。撂荒是农民承包地退出意愿的显性表达。农村土地退出研究需要关注撂荒现象。三是进一步细化了农户农业经营中的收益和成本支出，并详细询问了农户农业经营中化肥、农药的使用情况。这一补充，让笔者能够更好地测度有承包地退出意愿却未能退出造成的粮食产量、农户收益和农业生产化肥、农药“减量”的影响。

本次调查采取了与2018年调查相似的方式，调查员主要由中国人民大学农业与农村发展学院、南京林业大学经济管理学院农业经济管理专业的博士生、硕士生组成。具体样本县（市、区）包括：江苏省的洪泽区、阜宁县、邳州市和泰兴市；山东省的莘县、莒南县、无棣县、临朐县、滕州市和牡丹区；安徽省的金安区、临泉县、埇桥区、祁门县和凤阳县。本次调查共得到935份有效问卷。

此外，关于农村改革试验区农村承包地、宅基地退出改革试点的案例材料，是2016~2019年笔者担任全国农村改革试验区评估验收专家时，对相关农村改革试验区实地调查所得。设在农业农村部的全国农村改革试验区管理办公室也向笔者提供了一些地方实施农村土地退出改革的典型材料。

第二章　理论分析

一、异质性小农户的多元化、混合型发展道路

从经济社会发展的客观条件看，以农为主和以农为辅两类兼业小农的存在都具有长期必然性，家庭农场和农业生产性服务业的发展都是促进兼业农户兴利去弊的重要力量，专业化与兼业化都是中国农业家庭经营组织变迁的方向，两者对于农业经营的作用不可偏废（赵佳、姜长云，2015）。家庭经营再加上社会化服务，能够容纳不同水平的农业生产力，既适应传统农业，也适应现代农业，具有广泛的适应性和旺盛的生命力（张晓山，2015）。而且，无论是从新型农业经营体系建设的现状，还是从人多地少、区域农业生产条件差异大的国情来看，中国农业不可能全面实行规模化经营。因此，给小农生产留有足够的空间，做到因地制宜，不搞“一刀切”，走多元化、混合型道路是一种积极而稳妥的选择。

关注农户分化并考虑为分化后的异质性农户制定差别化的农业政策，一直是各国在推进农村转型发展时的重要考量。恰亚诺夫在《农民经济组织》一书中指出，在传统农村社会尤其是在土地资源比较丰富的俄国，20 世纪初造成农户分化的主要是人口因素，而不是市场条件、价格水平、土地稀缺等经济因素。而且他认为农户会根据“劳动人口/消费人口比率”来调整家庭农场的经济活动，因此农户分化具有周期循环性。但是，恰亚诺夫的判断主要适用于人口流动较小、市场不发达的传统农业社会。随着大部分计划经济体制国家向市场化国家转轨、传统农业向现代农业转型，除人口因素外，市场因素日益成为农户分化的重要推动力。比如，Bhattacharyya（2001）研究发现，20 世纪后期亚洲和东欧一些国家“土地均分”式的农业改革，使得经济因素成为农户

分化的关键因素，恰亚诺夫关于农户分化的人口因素说需要修正。

近年来，农户分化已经成为中国农村经济社会转型中的一个突出现象。早在20世纪80年代，中国的农民已经分化为农业劳动者、农民工、雇工、农民知识分子、个体户、私营企业主、乡镇企业管理者和农村管理者八大阶层（陆学艺、张厚义，1990）。20世纪末以来，随着城乡二元体制的打破，越来越多的农民为了追求更好的生活而向城镇迁移。这进一步放大了农户家庭资源禀赋差异，推动了农户的分层分化，最终在农村产生了经济异质性、社会异质性特征明显的农户。陈春生（2007）以农户演变逻辑与演变路径、方向为基础，同时考虑经济与资金特征，把农户划分为五种类型：传统农户、专业种养户、经营与服务性农户、半工半农型兼业农户、非农农户。王春光等（2018）利用CSS2008-2015的数据研究发现，农民已经分化为村干部、企业主、个体户、打工者、兼业务农者、纯务农者和无业者七大类群体，而且纯务农者比例逐年下降，兼业务农群体不断扩大。

考虑到农户分化已经成为当前中国农村存在的一个突出现象，把异质性小农生产引入现代农业发展轨道需要更具指向性的政策。国际经验表明，城镇化进程中农户分化主要有两个趋向：一是大部分农户“离农、进城”，将农村土地等资源要素交给其他留守在农村、真正从事农业的农民使用；二是一部分兼业农户逐步演化为职业农民，获得与非农就业相近的收入。此外，还会存在一些既难以成为市民又无法成为职业农民的生存小农，以及少数城镇退休后返乡务农者——范德普勒格（2016）所指的将农业生产和农村生活作为一种爱好的人。总的来看，工业化、城镇化发展将推动农户持续分化，直至农业经营者的收入与外出务工、经商的收入大致相近，最终形成职业农民、兼业农户、传统小农并存这样一种局面。为了把小农生产引入现代农业发展轨道，加快培育新型职业农民，推动中国农业全面转型，需要重点做好以下三个方面的工作：

首先要继续减少小农户。减少小农户，或者说为离农、进城农民向市民转换提供更多支持，是为了更好地帮助扶持小农户和推动农业转型发展。中国农村改革的主要参与者杜润生曾强调，减少农民，才能富裕农民（柳红，2015）。城镇化是一项综合性的系统工程，需要土地制度、户籍制度、社保制度等多方面的配套改革。应进一步降低城镇化的各种门槛，让有意愿、有能力的农户加快向城镇迁移、向市民转变。以土地制度为例，2017年中央“一号文件”指出，允许地方多渠道筹集资金，按规定用于村集体对进城落户农民自愿退出承包地、宅基地的补偿。在具体措施上，各地围绕维护农民利益和保证社会资本的可持续性长效投入进行了不同的尝试，将失地农民的社保制度、就业制度甚至美丽乡村建设和特色小镇建设等多项优惠政策打包以解决农民进城的后顾之忧。在土地补偿方式上，也呈现出一次性补偿和固定补偿（如土地的股份合作、权转债的固定分红等）等多项选择模式，以尊重农民意愿，保障农民土地的财产性收益。

其次要真正联合小农户。农户的分散“小生产”，难以与社会化“大市场”对接。尤其是在流通和加工领域，农户的资产收益获取权限很低，无法分享农产品的高附加值增值收益。而且在面对众多分散的小农户时，现代农业科技的推广利用也难以见效。解决上述难题，一方面，要大力培育新型农业经营主体和服务主体，加快多种形式的适度规模经营；另一方面，要积极发展各种形式的“小农+”或者“+小农”，如“公司+农户”“合作者+农户”“基地+农户”等，减少生产与流通的中间环节。为改善小农户在市场竞争中的弱势地位，帮助其参与分享社会平均收益，必须真正联合小农户，增强小农户的市场地位和话语权，加强各种新型经营主体与小农户的利益联结，切实提高农民收入。以各种形式“互联网+”的农业新业态为例，其实质是融合产业链、融资链、人才链、物流链等的创新模式，将产地与销地、投资方和融资方直接对接，减少中间的市场和非市场障碍，实现产品和服务的直达。

最后是大力支持小农户。虽然这些年中国的新型农业经营主体大量涌现——第三次农业普查数据表明，至2016年底全国有398万规模农业经营户，但毫无疑问的是，小农户和小农生产在中国将长期存在。即使到2050年，中国的城镇化率超过80%，仍会有2亿多农民生活在农村，人均耕地面积也不过10亩，相当多农户经营的耕地面积预计仍将在30亩以下。根据世界银行（2007）给出的标准，经营土地面积30亩以下的，都是小农户（Smallholders）。继续减少小农户和真正联合小农户，是为了让社会更有力地扶持剩余的小农户，帮助其扩大土地经营规模，以便在初次分配时直接提高其收入。很多小农户之所以无法成为规模经营主体，或者离开农村、迁入城镇，是因为其家庭资源禀赋相对较差，难以在竞争中脱颖而出。这就需要在再次分配制度上同样加大对小农户的支持力度，一方面要继续提高农村居民的社会保障水平，尤其是要建立健全大病救助制度；另一方面要把对小农户的扶持与脱贫攻坚战略结合起来。

二、土地多功能论与广义的适度规模经营

在传统农业社会，土地既是农民最为倚重的生产资料和生产保障，也是农民家庭最重要的财产，被称为“农民的命根子”。一些农业经济学家认为，农民之所以需要土地、珍视土地，是因为农村土地能够起到生产要素功能、财产功能和社会保障功能（袁铖，2009），其中社会保障功能又可以进一步划分为生存保障功能、就业保障（失业保险）功能和养老保障功能（王瑜等，2011）。

不过，随着城市化进程的加快，农民家庭与农村土地经营不再是一个不可分离的整体，农民对土地的需求和使用发生了变化①。20世纪末以来，中国城市化、工业化快速发展，社会经济迅速转型，部分农户开始向城市迁移，农民阶层开始分化。虽然受户籍制度、土地制度等方面的束缚，农民不能彻底离开农村、融入城市，但他们的生产和生活已经不再严重依赖农村土地。而且，经济的高速增长和城乡一体化的发展，不仅提高了农户的收入水平，还让大部分农户成为深度兼业农户甚至离农农户②。农户家庭财富的增加和社会保障水平的提高，日益弱化了农村土地的社会保障功能。对一部分已经成功迁入城市（仍保留农村土地）和处于农村社会顶层的农户而言，农村土地的生产要素功能和社会保障功能都已经不再重要，他们看重的是土地的财产功能或资产资本功能。同时，农村土地还可以作为已成功迁入城市、成为市民的原农户的“第二住宅”和乡土情怀的载体。可见，农民的土地需求会随着经济社会发展、家庭财富积累等状况的改变而改变。

目前来看，农村土地主要具有三种功能：农业的生产资料功能、农民的社会保障功能和社会稳定的政治功能。随着农民的乡城迁移和财产权利意识的觉醒，农村土地正在从资源变为资产，其资产资本功能日益得到体现。农村土地最基本的一个功能是充当最重要的农业生产资料。不过，在中国的社会保障体系尚不完善的情况下，农村土地作为社会保障的替代物，还可以为农民提供基本的生活保障（姚洋，2000）。而且农村土地具有强大的吸纳能力，在经济危

① 孟德拉斯在《农民的终结》一书中描述了20世纪70年代法国农户家庭与农业经营的分离，并指出随着农村人口的迁出，农村的房舍逐渐成为成功迁移至城市的家庭成员的“第二住宅”。

② 在中国当前的情形下，即使农户不经营土地且完全从城市挣得收入，他也会因户籍、土地制度等限制难以实现身份的转变，而被称为兼业经营。

机时可以发挥劳动力“蓄水池”的功能，从而实现危机的平稳着陆，避免大的社会动荡（蔡昉，2009；温铁军，2012）。这些作用可以归结为土地的社会保障功能。陈会广等（2012）应用阿玛蒂亚·森的权利分析方法，把土地权益二分为资源禀赋性权益与社会保障性权益，回归分析发现承包地是农民工城乡迁移的退路保障，如果土地保险功能对农民工的重要性下降，部分有能力向城市迁移的农民会选择放弃土地承包权。总之，农村土地不仅是个经济问题，还是个社会问题、政治问题（陈明，2018）。尽管与自然、半自然的传统生计农业相比，在农业产值占 GDP 比重不足 8%的后工业化时期，兼业化让大部分农户对农村土地的依赖程度明显减轻，但为了让城镇化有序推进和城乡社会平稳转型，仍然要从多个方面考虑土地的价值。

长期而言，随着更多农民向城镇迁移和农业农村现代化发展，一部分有能力又比较“决绝”的农户可能想要彻底处置农村土地进而迁入城镇，他们寻求以更高的价格放弃土地。农村土地对他们而言，主要发挥了资产资本的功能。另一部分市民化能力不太强或比较“审慎”的农户，在进城后可能更想继续保留农村土地作为城镇化的“退路”，他们主要看重土地出租收益以及能否随时收回，而不在意土地用途和农作物产出。农村土地对他们而言，主要具有社会保障功能和资产资本功能。还有一部分善于经营农业的农户可能会选择接收进城农户退出的土地发展成为规模经营主体（专业大户或家庭农场），或者在社会化服务体系支撑下，通过提高农产品附加值成为能够获得与外出务工经商相近收入的专业化、职业化小农户。现代农业是资本密集型产业，对于想从事现代农业、成为职业农民的专业农户而言，他们不仅要在土地上从事农业生产，可能还需要将土地进行抵押融资等，农村土地主要发挥生产要素和资产资本功能。总之，分化形成的异质性农户有不同的发展方向，他们需要或看重的农村土地的功能也有显著差别。

农户的差别化土地需求，为农户土地退出和农业适度规模经营奠定了理论基础和现实条件。需要强调的是，就土地而言，所谓“适度”规模经营，从广义上看，有两方面意思：一方面是让想种地、会种地的农户获得其能够经营并愿意经营的土地规模；另一方面是允许想少种地、甚至不愿种地的农户退出一部分的土地，从而让宝贵的土地资源得到利用，不至浪费。简言之，广义的适度规模经营，就是农户想经营并适合经营多大规模的土地，就让其经营多大规模的土地。它不仅要求支持一些想种地、会种地的小农户获得更多土地成长为新型职业农民，还要求允许并鼓励离农、进城的小农户退出一部分甚至全部农村土地。实际上，从土地资源优化配置的角度看，农户土地退出和适度提高农业经营规模化程度、培育新型职业农民，是一枚硬币的两面。当然，受制于中国的“人地”资源状况和农村土地的社会保障及社会稳定作用，“适度”还有单一农业经营主体经营的土地面积不能超过一定规模之义。对此，政府可以进行界定引导，对单个农户经营的土地面积设定上限。可见，尽管“适度”规模经营主要是经济方面的考虑，但实际上也兼顾了土地的社会保障功能和社会稳定的政治功能。

中国的城镇化和农业转型仍在继续。在这一过程中，如果农户无法通过农地流转调整经营规模，达到“适度”的状态，就不能“人尽其才、地尽其利”。在达到适度经营规模之前，让想扩大经营规模者获得更多农地，能提高农业生产率（倪国华、蔡昉，2015；Wang et al.，2017）。如果想减少经营规模而不得，农户就会惰耕、弃耕（倪国华、蔡昉，2015），导致亩均粮食产量损失（刘同山，2018）。基于肯尼亚的研究发现，农户不能通过农地流转市场获得想要的经营规模，造成了严重的投资不足和效率损失（Muraoka et al.，2018）。不仅如此，在城镇化进程中，离农、进城农户持有农村土地，会形成新时期的“不在地主”（费孝通，2007；郭熙保，2014）。“不在地主”收取的租金，实质是从农业农村部门向城镇非农部门转移的财富。而且，由于不能及时处理农业生产中遇到的问题和投资决策，“不在地主”或称“不在所有”还会造成农业经营效率损失。对此，Schultz 在《改造传统农业》一书中有专门论述。

让想种地、会种地的农户获得更多土地，实现适度规模经营的过程，本质上也就是其他兼业户、离农农户让渡一部分土地使用权的过程，二者是一枚硬币的两面。考虑到论证的简洁性，本书主要从城镇化进程中深度兼业或离农农户市民化的视角，论证让不重视农业收入、不在意土地产出的离农、进城农户自愿有偿退出一部分或全部农村土地，进而让另外一部分想种地、会种地的农户获得更多土地这一重要的农业生产资料，最终在城乡时代大变革中实现“人尽其才、地尽其利”，推动农业农村现代化和乡村振兴。

三、城镇化进程中的农村土地制度改革

中国耕地资源高度紧张。根据世界银行的数据，2015 年，中国的人均耕

地面积只有 0.087 公顷，在全球 190 多个国家中排名 129 位，虽然高于日本（0.033 公顷）、韩国（0.029 公顷），却远低于世界平均水平（0.194 公顷）。再加上由于农村人口数量仍然庞大，中国农业劳动力人均耕地面积只有 0.775 公顷，不仅远低于人均耕地较多的欧美国家，还明显低于人均耕地更少的日本（1.743 公顷）和韩国（1.029 公顷）。对于中国这样"人地关系"十分紧张的国家而言，农村土地制度改革的根本目标应当是提高农村土地利用率。唯其如此，才能为工业化、城镇化提供基础支撑，也才能更好地提升农业竞争力、实现农业现代化。

在中国农村改革之初，农户是一个同质性较强的群体，但随着农村改革的不断深化和城乡经济社会的发展，农民从过去同质性农户群体加快分层分化（刘洪仁、杨学成，2005）。相当多的小农户已经不是传统意义上的小农户。分化使得农户经济社会地位产生差异，必然造成农户土地依赖程度、土地价值认知、土地产权偏好的不同（刘同山、牛立腾，2014）。城镇化和农业农村转型中农户的发展方向及其差别化的制度需求，是理解农村土地退出问题的钥匙。

从理论上看，只有从事农业能获得与进城务工、经商相近的收入，劳动力的乡城迁移才会达到均衡状态。无论是土地资源较为丰富的美国，还是人地关系比较紧张的日本，当前以农业为主要职业的农民的收入，都接近甚至超过城镇人均收入水平。增加农民收入的途径无非是以下几种：降低成本、增加补贴、扩大规模和提高单位土地产值。尽管从国际尤其是日韩等国的经验来看，往往是各种方式多管齐下。但对中国而言，由于农民数量太多，想通过大幅度提高农业补贴，让农民的收入提高到接近城镇居民的水平不太现实。另外，农业生产节本和转变农作物结构（以提高单位土地产值）的潜力有限，而利用现代科技提质增产远非一朝一夕之功。因此在引导深度兼业农户退出土地、向市民转变的同时，支持懂技术、会管理、善经营的农民获得更多的土地，开展适度规模经营，从而大幅提高其务农收入，促其职业化发展，应当是增加农民收入最可行、最重要的方式。

当前中国仍然有超过 40%的农村人口，而 2019 年第一产业 GDP 占全国 GDP 的比重仅为 7.1%。多达 40%的人口分配不到 8%的财富增加值，显然难以让农民富裕。从欧美、日韩等发达国家的情况来看，农业的 GDP 占比将会降低至 1%左右。中国的农民数量太多，是"三农"问题难以解决的根本原因。正因如此，杜润生才会反复强调"富裕农民，必须减少农民"。而且，对非农收入占绝大部分的深度兼业农户而言，农业不过是一种“补充收入”来源。与“以农为生”的农户相比，深度兼业农户不在意耕地产出和农业收入，也没有发展现代农业的动力。因此，让想退地、能退地的深度兼业农户和进城（离农）农户有偿退出农村土地，从而让想种地、会种地的农户获得更多生产资料，既有助于促进农民市民化，也有助于加快农民职业化和实现农民增收。

从政策方面看，自农村改革以来，中国的农村土地制度改革呈现出明显的单向度、渐进性赋权特点。党的十七届三中全会之后，顺应城镇化的新形势，农村土地制度改革不断深化。至2014年，中央“一号文件”提出“在落实农村土地集体所有权的基础上，稳定农户承包权、放活土地经营权”之后，农村土地改革“三权分置”的政策目标日益清晰。但是，这一阶段的政策并没有考虑城镇化进程中一部分农户终将放弃农村土地的总体趋势。实际上，随着城镇化引发的“人地分离”趋势加快，如果仅仅强调“三权分置”，可能会带来一些负面影响（叶兴庆，2015）。

那么，为了规避“三权分置”可能引发的问题，增强土地制度的包容性，必须考虑的是，如何通过其他的制度设计，为单向度、赋权式的土地改革提供一种补充方案。而且，由于当前农户分层分化十分明显，利益诉求日益多样化，想找到一种所有农民一致同意的农村土地制度改革方案不切实际。即便是现在看来十分成功的家庭联产承包责任制，在推行之初也并非所有农民都赞成，而且至今仍有一些地方在坚持集体统一经营而没有实行家庭承包制。因此，农村土地制度创新要充分考虑到不同类型、不同层次农户的差别化土地制度需求。

正是意识到上述问题，中央才不断加快推进农村土地制度改革试点工作，在2014年12月先后将农村土地承包经营权尝试退出和农村宅基地有偿退出作为试点的重要内容。此后的十八届五中全会通过的《国民经济与社会发展第十三个五年规划建议》和中央文件又多次提出引导进城落户农民依法自愿有偿转让土地承包权、宅基地使用权、集体收益分配权等。2019年实施的最新修正的《农村土地承包法》规定：“承包期内，承包农户进城落户的，引导支持其按照自愿有偿原则依法在本集体经济组织内转让土地承包经营权或者将承包地交回发包方，也可以鼓励其流转土地经营权。承包期内，承包方交回承包地或者发包方依法收回承包地时，承包方对其在承包地上投入而提高土地生产能力的，有权获得相应的补偿。”2020年实施的新修正的《土地管理法》则规定：“国家允许进城落户的农村村民依法自愿有偿退出宅基地，鼓励农村集体经济组织及其成员盘活利用闲置宅基地和闲置住宅。”农村土地退出成为中国农村土地制度改革的前沿热点。

不过，应当认识到，当前的农村土地退出试点工作仍然存在不少问题。其突出表现是，农村土地退出一般仅涉及承包地或宅基地中的一种，较少从农民乡城迁移和农业转型发展的角度整体考虑，而且基本不触及集体成员身份这一根本问题。这导致即使是全国农村改革试验区的农户，也只能退出某一种类型的土地，而不能退出其他类型的农村土地和集体成员身份。这与各试点地区所承担的改革试验任务有紧密关系。有试点地区反映，他们只能按照“封闭运行”“不得抢跑”的总体要求，在承包地、宅基地或者集体资产等单个方面进行改革尝试，不能突破中央设定的试点工作范围。尽管承包地、宅基地及其他农村土地确实存在很大差异，但是从农村人口向城镇迁移引发的“人地分离”和资源要素再配置的角度看，它们都是农民的土地财产，过度强调承包地、宅基地的区别，进而在实施土地退出时将其人为割裂，不符合习近平总书记提出的“系统性、整体性、协同性”改革要求，也不利于地方加快土地制度创新。因此，必须统筹考虑承包地、宅基地及集体成员身份的退出问题，为有能力、有意愿的农户彻底离开农业农村、融入城市提供制度安排。

第三章　文献综述

一、国外农村土地交易研究进展

目前，农村土地私有制是世界上大多数国家都实行的土地制度（何安华，2013）。虽然国外学术界也使用农村土地流转这一概念，但更多的学者还是选择用农村土地交易这一概念（刘克春，2008）。国外农村土地交易包括农村土地买卖、抵押、租赁、转让和置换等方式（华彦玲等，2006；刘克春，2006）。可见，中国狭义上的农村土地流转，是一个与国外的农村土地租赁相类似的范畴，而农村土地退出（广义上的农村土地流转）则从结果上突出了农民与农村土地分离这一事实，其含义与国外的农村土地交易多有类似。由于各国的国情不同，外国的农村土地制度与中国的农村土地制度存在较大差别，但是在中国“使市场在资源配置中起决定性作用”的市场化改革大趋势下，梳理国外学术界关于农村土地交易方面的最新研究进展，对深化中国农村土地制度改革无疑具有重要借鉴意义。

（一）关于农村土地交易作用的争论

长期以来，农村土地交易对于农民、农业和农村发展的影响，一直受到国内外学者的广泛关注。Greasley 和 Oxley（2009）对 1873~1939 年新西兰乡村经济的分析结果表明，农村土地交易市场广泛提高了涉农领域的经济收益，但与此同时，土地市场具有的易变性也给经济增长带来了不稳定性，加剧了经济波动。Bekar 和 Reed（2013）分析了中世纪英国乡村的土地买卖对农民收入不平等产生的影响，指出 12 世纪的制度创新降低了在市场上交易土地的成本，引发农民将购买或出售土地纳入农作物经营战略的资产组合中，最终造成拥有土地面积较少或居中的农民失去其土地成为雇佣工人。因此，过度的土地市场化交易会增加农户的不平等程度。而且，Lorenzetti（2014）对1860~1930年瑞士阿尔卑斯山地区的农业专业化实现路径进行研究发现，当地在农业急剧转型、农民加快分化的背景下（这与当前中国农村的情况颇为相似）实现农业专业化的主要动力是不断增长的国际食物市场的刺激，而农村土地交易的作用不明显——这一时期农村土地买卖仍然滞后，农地细碎化依然严重。因此，农业专业化似乎来自新的农作物的种植和农业技术进步，而并不取决于是否以市场化方式重组农村土地资源。可见，农村土地交易在发达国家历史上所发挥的作用并不积极。

但是，正如Van Bavel（2008）研究意大利历史上的土地租赁市场时所指出的，由市场外的土地转移和重新配置被市场交易所替代，具有很强的区域特征且在时间上不连续。因此在不同地区和不同时期，土地交易对经济社会产生的影响也会有所不同。一些学者的研究结果表明，对于发展中国家而言，农村土地交易似乎不会加剧农户间的不平等，还会从宏观上提高农村经济活力，推动社会发展。或者说，对发展中国家而言，土地的资产化及其交易主要表现为积极作用。比如，Deininger等（2015）利用三重差分法对中国成都农村综合改革试验区的面板数据进行研究发现，以农户“进城退地”为导向的土地改革不仅增加了农业产出和农产品多样性，提高了有关群体（尤其是较贫穷和受教育程度较低的群体）的消费和收入，还促进了青年劳动力向农业、农村回流和老年劳动力向非农产业转移。这与发达国家历史上农村土地交易的情况明显不同。

秘鲁著名经济学家德·索托（2000）认为，资本的创造是隐藏在错综复杂的正规所有权制度内的一个潜在过程，通过所有权机制可以有效激发穷人资产中的潜能，产生了大量的剩余价值。Deininger和Jin（2003）对越南土地使用权买卖和出租的研究表明，土地交易推动了农村土地从拥有较多者向缺地、少地农民的转移，能够更公平而有效地使用土地。Deininger等（2009）对印度土地市场的研究表明，土地买卖有助于实现要素均等化，并能让生产率更高者获得更多土地，从而提高经济效益。Gersbach和Siemers（2010）构建了一个两期的土地改革模型来分析土地所有权转移和人力资本形成的内在联系，发现土地改革的阵痛（在穷人之间引发的暂时不平等）难以避免，但成功的土地改革能让一个社会从贫穷的农业国向以人力资本为基础的发达经济体转变。

其他学者对撒哈拉以南非洲国家的研究结果也表明，取消土地交易限制，会使得土地权利从拥有大量土地的人向拥有很少土地的人手中转移，因此能够提高土地使用效率并促进平等（Holden and Otsuka，2013）。因此，发展中国家允许土地交易并不会造成土地兼并，反而可能有利于同时提升公平和效率。Jin 和 Jayne（2013）对肯尼亚 1142 个小农户固定样本进行研究发现，土地租赁市场可以提高农场的生产率，还可以显著提高原本受到土地束缚的农户的家庭收入。不过，承租人收入增加的绝对数量并不比租出户的更多，土地租赁市场对于降低农村贫困比率的效果不明显。在 1997 年，斯洛伐克的土地租赁市场的发育依赖于农业发展状况，因而私人租赁的土地还不到 11%（Duke et al.，2004）。2004 年 5 月正式加入欧盟之后，要素市场尤其是土地市场发展滞后，束缚了斯洛伐克农业调整的步伐及其在欧盟中的竞争力。但近些年，斯洛伐克通过实施涉及土地所有权、农地租赁及其价格的一系列法律和政策措施，农村土地市场快速发展，乡村经济活力迅速提升（Schwarcz et al.，2013）。这表明，农村土地交易是转变农业结构、提高农业生产率和竞争力的有效手段。因此，如何通过产权制度完善激发农村僵化资产的经济活力，是发展中国家需要重视的问题。

（二）农民参与土地交易的影响因素

20 世纪末以来，随着发展中国家相继实行农村土地制度改革，农村土地交易日益普遍，土地租赁、土地买卖等受到了国外学者的持续关注，相关文献可谓汗牛充栋。Wegren（2003）考察了俄罗斯农民参与土地市场的影响因素，发现收入因素（家庭的货币收入及其来源）是影响农民参与土地市场交易的重要原因——商业公司或者收入来源为商业的家庭更愿意购买农村土地，而结构因素（包括家庭规模、丈夫健康状况和教育水平、受访人年龄和性别）、经济援助网络（来自其他家庭成员、朋友或邻居、家庭成员供职农场、社区管理部门）和牲畜拥有情况等并不是农户参与土地市场的强解释因子。Deininger 和 Jin（2003）以越南为例，分析了影响转轨国家的农村土地（使用权）买卖和租赁市场发展的因素，认为给予农民长期的农村土地使用权和促进农村（外出）劳动力就业，都可以让土地买卖和租赁市场获得快速发展。Noev（2008）使用欧洲委员会 1998 年在保加利亚调查的 1108 个样本数据，考察该国自 1991 年启动土地改革之后取得的成效，发现在农民进入资本市场和劳动力市场都存在障碍时，除家庭具有的一些重要的社会经济特征和地区差异外，合同条件和土地的财产权利都会显著影响农民在土地租赁市场上的行为：交易双方的关系越正式，他们签订正式、可追溯土地租赁合同的可能性越大；拥有土地财产权的时间越长，农民越愿意签署一份正式的土地出租合同。

Deininger 等（2009）对 1982 年和 1999 年印度几千个农民土地买卖的数据进行研究发现，拥有较高生产率者更愿意购入土地（不完美的信贷市场，没能抑制这一趋势），农村土地买卖的重要原因是追求经济效率；与拥有最高土地禀赋的人相比，无地和少地者购入土地的概率会增加 15%；家里有未结婚儿子的农民购入土地的可能性也更高。但家庭资产的多少并不会显著影响农民的土地买卖行为，这表明投机动机并不是土地买卖的重要驱动因素。Rahman（2010）以孟加拉国为例，采用二变量 Tobit 模型考察了影响农民租入或租出土地的经济社会因素，发现可耕种土地较少但拥有牲畜和其他涉农资产较多的农民租入土地的可能性更高，同时基础设施发达和土地肥沃地区的农民租入土地的概率也更高；而拥有较多耕地，但是拥有牲畜和其他涉农资产较少、受教育程度较高、生存压力较小、接触农业推广较少的农民，租出土地的可能性更高。此外，发达地区的土地租赁也更为活跃。假如中国政府允许土地使用权买卖合法化，中国农民会有何种反应？Khantachavana 等（2013）在探寻中国农民参与意愿的基础上，给出了上述问题的一个答案：农户生计选择、资本劳动替代、市场基础设施、缺乏财产权保护、企业家精神、官僚机构和政治意愿等因素都将决定这一市场能否顺利运行。

进入 21 世纪后，受国际粮价持续走高和低利率、城镇化发展等因素的影响，农场不动产的价值，即农村土地的价值持续增加。一些学者开始关注欧美等发达国家的农村土地市场交易。Ciaian 等（2012）在考察欧盟的“共同农业政策”和总结有关地租、地价经验研究的基础上，指出土地市场制度和规定、交易成本、信贷市场约束及其盈利水平、实施合同的法律手段、土地使用的替代方案等，都可以影响农业土地市场及农地价值。对斯洛伐克农地交易市场中的法律法规进行分析后，Jarmila 等（2012）得到如下结论：限定土地出售价格几乎不会对农地市场中的交易产生任何显著影响——购买劣质土地的价格高于法律规定，而出售优质土地的价格低于法律规定；限定土地租赁最小期限（为 5 年）则会对土地交易造成扭曲，因为受外部条件变化的影响，农业企业需要租赁农地的期限可能少于 5 年。在美国，土地是很多农场主全部资产中的大部分，研究农地价值变化对农场主或农户行为来说有重要意义。Borchers 等（2014）对美国农地价值变化的研究表明，农地价值除了受到预期农业收益影响外，土地发展潜力也是一个重要的决定因素。Weber 和 Key（2014）

研究了农地升值对美国农地经营者和农地所有者的影响，发现土地升值给农场主带来的财富增加效应并不会诱使其改变（经营的）农场规模，但土地升值确实为他们购买更多额外的土地提供了条件或激励。由于老的农场主拥有的土地一般较多，上述结果对新农场主获得更多土地更为有利。

（三）农村土地改革与土地财产权研究

根据阿尔钦和德姆塞茨的财产权理论，制度是决定经济绩效的关键，而财产权是制度的基石。对很多转型国家来说，土地改革是城市经济和其他领域改革的先导，有关研究一直受到国外学者的关注。Wegren（2008）回顾了1991年俄罗斯土地改革的效果，并分析了当前土地改革的结局，指出目前受政府、农民、用地主体（工商企业、农业投资者等）三方的共同作用，俄罗斯实施的土地改革无法让大部分个人农民或其家庭成为“土地的主人”，土地仍然会被一小部分收入较高、人力资本充足的大地主所把持，大部分农民只拥有很少土地的现实难以改变。这是因政府主要关注粮食产量的最大化，且从政策上扶持大农场易于操作且成本较小，而给予小农户更多土地权利会进一步加剧农地细碎化造成不经济；追求家庭收入最大化的农户发现其收入与拥有土地的多少没有关系；工商企业和其他农业投资人致力于获得更多农村土地且在与农民的争夺中处于有利地位。Deininger 等（2009）使用印度农户的面板数据，结合国家层面上的土地改革措施，分析了土地改革对消除贫困和经济增长的影响，发现印度土地改革对于增加收入、积累人力和物质资本都有显著的正向作用。其他有关土地改革和经济发展关系的文献，支撑了上述论点。Bardhan 等（2014）利用联合生产理论分析指出，土地改革能通过对农场的生产率和工作产生作用来对农户分家和土地市场交易产生影响，他们使用孟加拉国西部农户的数据研究发现，土地分配项目提高了农民迁入率，显著地减少了无地农民，而且土地改革通过鼓励大地主把部分土地卖给少地、无地者促进了土地公平。

大量文献表明，土地制度和土地财产权不仅对发展中国家的经济绩效有重要作用，还会对人口迁移、农村社区和农业发展带来重大影响。Hare（2008）指出，自1993年越南实施土地法以来，有些地区仍然没有给农民土地使用权证，但是这对有关地区的农业生产率并没有产生直接影响，表明土地确权颁证还需要其他条件和制度配合，才能够促进农业生产率。现有大部分关于农村土地财产权的研究都把视角集中在地权稳定性和交易权上，而如何使用土地的决策权则被普遍忽视（Markussen et al.，2011）。如果限制农民农作物种植品种的选择，会对农民个体和宏观经济产生何种影响？Markussen 等（2011）对越南 12 个省的 2049 户农户的计量分析结果表明，普遍存在的、限制农作物多样性的种植品种的政策，虽然不会减少农民的收入，但会限制农民耕种土地的努力程度，进而很可能干扰农业生产效率，损害农业产出和粮食安全。

Chernina 等（2013）把 20 世纪初大量俄罗斯帝国农民从欧洲区域向亚洲区域的迁徙与 1906 年实施的“斯托雷平地契改革”联系起来，并运用双差分（Difference-in-differences）分析法研究土地财产权、土地的变现能力和农民在帝国内迁移的关系，发现地契改革增强了土地的变现能力并通过放松资金约束和降低机会成本来促进农民迁移，这一时期的农民迁移有接近 18%可以归结于土地流动性的提高。因土地改革而获得更多的土地财产权，不仅能促使农民在国内迁移，还会有效促进农民向国外移民。Valsecchi（2014）以墨西哥 20 世纪 90 年代的土地颁证项目为对象，考察了土地财产权与跨国移民的关系，得到如下结论：从概率上看，拥有土地权证的家庭有成员在国外的可能性高出 12%；从数量上看，土地颁证分别解释了 1994～1997 年墨西哥合作农场和整个墨西哥向国外移民新增人数的 26%和 13%～15%。虽然数十年来，发展中国家一直热衷于将土地财产权私人化，而且经济发展和农民向城镇迁移也不断对土地市场和私人拥有土地财产权提出更高要求，但是 Braate（2014）以公共物品博弈的准实验方法对秘鲁安第斯地区的 15 个农村社区进行研究后强调，联合财产权对于保留农村社区的合作准则非常重要，有联合财产权的农村社区的合作标准要显著强于私人财产权社区，将土地财产权私人化削弱了农民之间传统的合作准则。

二、国内农村土地退出研究进展

20 世纪末以来，尤其是近几年来，国内关于农村土地退出问题的研究日益增多，取得了丰硕的研究成果。

（一）农民的土地依赖与土地功能演变

几千年来，土地一直是农民安身立命的生产资料和生存保障，对农户而言是其家庭最重要的财产（柳建平，2012）。世世代代的农民依靠土地生存和繁衍，“土地是农民最大的社会保障”。董启民（2009）认为，农民依赖土地的原因有三个方面：一是看好土地的收益功能。古人“万物本于土，有土斯有财”和威廉·配第的“土地是财富之母”都描述了土地的收益功能。二是期望土地的增值功能。“春种一粒粟，秋收万颗籽”是这种增值功能的体现。三是依赖土地的保障功能。袁铖（2009）将上述土地功能总结为生产要素、财产和社会保障三种，指出在经济发展不同阶段农村土地制度的主要功能是不同的，当前中国农地的主要功能正在从社会保障功能向生产要素功能转化。也有学者把农村土地的功能二分为经济功能和社会保障功能，提出了农村土地的“双重功能论”（温铁军，2002；温铁军，2009）。王瑜等（2011）把农村土地的社会保障功能进一步划分为生存保障功能、就业保障（失业保险）功能和养老保障功能三种，对于留有公共用地的一些村庄来说，土地还具有一种救济保障功能。对于农村土地的社会保障作用如何影响土地流转，闫小欢和霍学喜（2013）的研究结果表明，一方面，土地的社会保障功能使得依赖于土地的农民更愿意租入土地从事专业化农业生产，推动了土地规模化经营；另一方面，土地的社会保障功能难以和其生产功能相剥离，导致一些农民不愿意长期出租，制约了农场土地流转。

近年来，随着城乡一体化的发展和社会保障水平的提高，农民对农村土地的依赖不断弱化，对很多农民而言，农业收入已经不再是其家庭收入的大部分，土地也不再是其“安身立命之所”。农村土地的经济和社会功能都在迅速发生变化。在经济功能方面，土地农业经营的收入功能持续弱化，土地的要素功能发挥受阻，土地的资产功能大打折扣（柳建平，2012）；在社会功能方面，土地的生存保障功能、就业保障（事业保险）功能和养老保障功能等都不断弱化。土地作为农民工外出就业的“蓄水池”功能依然存在，而解决劳动力就业的功能已不再有实质性意义（王瑜等，2011；柳建平，2012）。但农民的恋土情结仍然严重，参与土地流转尤其是长期土地流转的积极性不高。对此，一些学者认为，虽然不应当再以农村土地作为农民生存的根本保障，但目前尚不具备大规模剥离农村土地社会保障功能的条件（姜涛，2012），而且城镇化有风险，为了保持社会稳定和应对不期而至的经济危机，必须充分发挥农村土地的“蓄水池”作用，给进城农民回乡务农留有退路（温铁军，2009；贺雪峰，2010）。为了加快农地流转、提高农业生产率、改变农民的这种恋地情结，一些学者指出，在城乡一体化发展加快的大趋势下，中国应该针对不同类型的农户，循序渐进、因地制宜，分批次逐渐剥离农村土地的社会保障功能，并率先解决进城农民工的基本公共服务问题（姜涛，2012）。当然，鉴于农村土地的特殊性质和地位，以及传统文化的影响，在选择农村社会保障制度时，要考虑到土地的社会保障功能并不能完全由正式的社会保障制度所替代（王瑜等，2011）。

（二）农村土地退出的意义、方式及其效果

随着中国农村土地制度改革的不断深化和有关政策的出台，有关农村土地退出问题的研究逐渐增多。

1. 农村土地退出理论和实践意义的分析

杜文娇和任大鹏（2011）分析了农民退出土地承包权的法理依据，认为无论是从学理上对公平、公正的维护，还是从法益上对承包权、成员权的正确认知，或是实践中缓解人地矛盾、提高农地利用效率，建立农村土地承包经营权的退出机制都是必要且可行的。但长期以来，中国农民不仅缺乏退出土地承包权的有效激励（楚德江，2011），还缺乏主动退出的有效途径和自由选择权（王建友，2011）。陈会广和钱忠好（2011）在布坎南“自由选择权是财产权利价值的基础”这一思想基础上，结合克里斯特曼的所有权理论，把农民的土地财产权利分为剩余权和退出权，并指出不同类型的农民对土地权利的需求存在差异性，下一步的土地制度改革应重点强化农民的土地财产权利和选择自由。钟涨宝和聂建亮（2012）论述了完善农村土地承包经营权退出机制的必要性和政策合理性，指出应该从退出方、第三方、承退方多个参与主体联合发力，加快形成多种方式的承包地退出机制。刘奇（2013）指出，对于已经融入城市、具备退出条件的农民，可以从经济补偿、就业创业扶持和平等的社会保障三个方面鼓励其主动退出承包地。

一些学者分析了城镇化进程中实施农村土地退出的重要性。郭熙保（2014）从农民市民化的趋势出发，指出城镇化进程中要优化土地资源配置、解决农村衰落问题，必须同时推进户籍制度改革和农村土地改革，把静态集体成员变为动态的集体成员，并为进城落户农民有偿退出承包地提供通道。郭晓鸣、高杰（2016）指出，从发展规律看，承包地退出是城镇化和农业现代化进程不可逆转背景下重构农村人地关系的重要选择；从现实需求看，承包地退出是破解农村土地资源稀缺与闲置并存矛盾、加快农业现代化进程的内在要求。刘同山、孔祥智（2016）比较全面地分析了农村土地退出的必要性，指出允许部分农户有偿退出承包地，可以规避“土地流转困局”，减少农地非粮化、非农化的压力；可以避免产生新时期的“不在地主”，缩小城乡经济社会

发展差距；有利于促进农业规模经营，提升农业经营的稳定性和效益；有利于盘活农村资源资产，激发农村经济活力并促进农民市民化。

同时，有学者开始利用一手农户调查数据，测算农村土地退出（意愿）对农业经营绩效的影响。例如，高佳、李世平（2014）采用 DEA-Tobit 两步法，分析了承包地退出意愿对耕地利用效率的影响，发现退出意愿越强烈，耕地利用效率越低。但该文仅给出了影响方向，没能给出更直观的效率损失情况。刘同山（2018）基于黄淮海农区农户调查数据计量发现，想减少经营规模者不能退出土地、想增加规模者不能获得更多土地，合计造成了 12.16%的小麦产量损失。

2. 农村土地退出方式及其效果的分析

针对一些地方为实现农业规模经营或提高农村土地资源利用效率而实行的多种制度创新，很多学者进行了研究，取得了丰富的理论成果。扈映、米红（2010）归纳了浙江省嘉兴市的“两分两换”的实现方式及其利弊①，发现这一模式既可以节约大量宅基地，实现部分农民的资产增值，还可以促进土地流转，加速城市化进程。不过，这一模式也存在一些问题和风险，比如是否有吸纳农业劳动力的产业基础、资金压力、法律政策约束等。周建、施国庆（2011）对比分析了浙江省嘉兴市的“两分两换”，温州市的承包地、宅基地“双放弃换保障+两股一改②”和江苏省无锡市的“双置换”，认为尽管存在不少问题，但这些制度创新都能有效促进“人地分离”和城镇化，尤其是温州市的改革，农户迁入城镇后仍然保有集体资产收益权，为有意愿、有能力的农户城镇迁移提供了制度激励。张云华等（2011）考察了重庆的“地票”制度后指出，这一土地创新通过城乡建设性用地“占补平衡”为中国的城镇化提供土地，有利于统筹提高城乡土地资源利用效率，长期来看也有利于解决房价畸高的问题。但是，政府在地票交易中既是卖方又是买方，其行为缺乏透明性，寻租空间大，而且地票交易背后的收益分配不明晰，对农民的权益保护不力，因而受到一些质疑。

吴福明（2013）分析了土地股份合作的概念，指出所谓土地股份合作或土地入股，是指农民把土地承包经营权折成股份，入股到农业企业或合作社，农民入股后成为企业或合作社的土地股东，按股份多少获得收益，组织内的成

① 两分两换是指，宅基地和承包地分开、征地和拆迁分开+承包地换社会保障和宅基地换城镇住房。

② 两股一改是指农村集体资产股份化、集体土地股权化。

员实现利益共享、风险共担。而且，土地股份合作还会产生农村土地股权的“流通两难”问题——如果允许农户将土地股份进行交易，则不利于农地规模经营的稳定性；如果不允许股份交易，又束缚了农民的财产权。近年来，一些经济欠发达的粮食主产区也开始借鉴嘉兴市的思路施行农田规模经营和农民集中居住。蒋和平、蒋辉（2013）总结了河南省中鹤集团主导的“中鹤模式”，认为通过“承包地租赁+宅基地置换”实现农户与农村土地分离，不仅有效解决了耕地保护和粮食安全问题，提高了农地经营规模、土地产出率和劳动生产率从而增加了农民收入，还缩小了城乡差距，加速了城乡一体化发展。刘同山（2016）分析了重庆梁平农村承包地自愿有偿退出试点做法，发现适度打破传统的农村集体经济组织边界，引入外部资金资源承接离农、进城农户退出的农村承包地具有可行性。刘同山等（2016）分析了宁夏平罗为了“插花安置”生态移民进行的政府收储式农村承包地、宅基地一体退出改革，发现尽管补偿标准不高，而且要求农村承包地、宅基地和集体成员身份“一揽子”退出，但是农民参与的积极性很高。这再次表明，为离农、进城农民提供农村土地退出制度安排，对优化农村土地资源配置和激活农村经济发展具有重要意义。

上述有关文献表明，当前中国存在着多种多样的、富有创新安排的农民与农村土地分离方式。不同的土地退出模式，农民的参与程度和获得的收益、承担的风险也明显不同。有的模式对粮食安全、农业经营和农村经济发展都造成了巨大影响，需要引起各方面的关注。

（三）农村土地退出的影响因素

文献回顾表明，家庭结构以及衡量农民分化的职业特征、经济特征等都会影响农民的土地退出决策，分化形成的不同类型农民的土地退出意愿存在显著差别。李晓庆等（2012）利用重庆市北碚区 9 个村庄 441 户农户数据，对离农程度依次增强的四种类型农民的居民点（宅基地）整治意愿进行了考察，发现生计来源和收入水平影响农户的宅基地整治——非农户、二兼农户明显要比一兼农户、纯农户更愿意退出宅基地或获得相应补贴去城镇购置住房。商春荣、王曾惠（2014）研究发现，农民是否愿意转包或退出农村耕地，主要受到家庭已婚妇女的就业状况和是否有老年劳动力在农村从事农业生产等影响，一般而言，如果家庭中的已婚妇女在城镇有稳定工作，且家里没有 50 岁以上的老人务农，这样的家庭更容易放弃农村土地举家迁入城市。因此，为农村已婚妇女创造更多岗位，是加速推进城镇化的一个有效手段。

一些文献基于不同区域、采用不同研究方法探究了影响农民土地退出的具体因素。比如，较多学者研究发现，重庆在“地票”制度实施后，人口学特征、非农就业、退地补偿预期、赡养人口状况等因素，都会影响该地区农民的土地退出意愿（吴康明、陈霄，2011）。王兆林等（2011）对重庆市 1829 个农户调查发现，其承包地和宅基地退出意愿存在明显差别：愿意放弃承包地和宅基地的比例分别为 8.4%和 14.4%，不一定愿意的则分别为 17.2%和 22.6%，而且有序 Probit 计量分析发现，农民的承包地、宅基地退出意愿受到多种不同因素的共同作用。白积洋（2012）对湛江市 782 个农户考察发现，有 36.9%的农民愿意在适当条件下退出土地，而且回归结果表明，赡养老人和抚养子女的数量、承包地的规模和是否在城镇购房等，都会影响农民的土地退出意愿。罗必良（2013）对广东省 753 个样本农户的统计分析发现，多达 61%的农民愿意在一定条件下放弃承包权，农村土地的福利保障功能已经大大下降，二元 Logistic 模型分析发现，家庭务农人数、农业收入份额、耕地质量、产权认知强度、土地承包期、退出心理成本等，都对土地退出意愿有显著的负面作用，但承包土地面积越大，农民越倾向于退出农地。许恒周（2012）以山东临清市 317 户农民为考察对象，发现家庭供养系数越大（即家庭负担越重），农民就越看重宅基地的价值。许恒周等（2013）以天津 613 份农民工调查数据为基础，运用推—拉理论分析了不同年龄阶段农民工的宅基地退出意愿，发现教育程度、供养系数是重要的推动因素，而外出务工时间是重要的拉动因素。刘同山、牛立腾（2014）运用全国 647 户农户的调查数据，把农村退出土地的方式分为长期出租、政府征用、宅基地换城镇房和承包地换养老保险四种，运用二元 Logistic 计量分析发现，除年龄、性别、受教育程度和耕地亩均收入外，劳动供养率、脱离农业的程度、成员在城镇定居、参与土地流转等因素，都会显著影响农民的土地退出意愿，而且不同类型农民的土地退出方式偏好也存在明显差异。上述文献表明，异质性农民已成为城镇化的动力，拥有不同个人禀赋和家庭资源的农民的土地退出意愿也明显不同。

有学者运用结构方程模型（SEM）分析了农民分化对农村土地经营权抵押贷款意愿、农村宅基地流转意愿的影响，发现当非农收入占农户家庭总收入的比重增加时，农民以承包经营权做抵押获得银行贷款的意愿和宅基地流转意愿都会增强，而且职业分化程度和经济分化程度也都对两种意愿有正向作用（惠献波，2014；杨应杰，2014）。由于正规社会保障缺乏，农村承包地仍然被一部分尚未获得城镇养老保险的农村居民视为一种长期稳定、可靠的社会保障的替代品。这种社会保障作用抑制了农民以承包地做抵押获得银行贷款的意愿。刘同山等（2013）基于160个农民，运用SEM分析了农民的市民化能力、权益认知与其土地退出意愿的关系，发现农民的市民化能力和农村土地权益认知，都会对其土地退出意愿有显著的正向作用。这意味着随着农村土地产权改革的深入，获得更多土地权益权能的农民的土地退出意愿将逐步加强。

离农、进城农民不愿退出农村土地的原因还包括一些经济社会和情感因素。王银梅、刘语潇（2009）认为，农村社会保障制度建设滞后是导致中国部分离农、进城农民不愿意放弃农村土地的原因。农村土地被赋予了重要的社会保障功能，是农民生活、就业、养老等的安全保障，是农民家庭向城镇迁移时的重要退路。郭玲霞等（2011）指出，分化形成的不同类型农户对农村土地的依赖程度也不同——纯农户完全依靠土地、一兼农户部分依靠土地、二兼农户几乎不依靠土地、非农户完全不依靠土地，农户分化的过程即土地功能异化的过程。但是，他们认为，农民对土地的依赖需要进一步二分为现实（客观）依赖和心理（主观）依赖。在客观层面上，农户家庭非农收入越多，其对农村土地的现实依赖越弱；在主观层面上，即使放弃土地能够获得更多的收入，农民在没有获得稳定的社会保障时，也不会轻易放弃拥有的农村土地。一些学者发现，除了社会保障因素，农民还存在一个明显的“恋地情结”（黄宗智，2000），农民的年龄越大、从事农业生产的年限越长，这种恋土情怀越重。毫无疑问，这种情感因素也会在很大程度上对农民是否完全放弃农村土地、是否迁入城市产生重要影响。一些非农收入较高、城镇化能力较强的农民，对农村土地的现实依赖越来越弱。但这种分化对其是否愿意放弃农村土地的影响并不清晰——农民可能需要一笔城市发展启动资金而愿意有偿放弃农村土地，也可能已经迈过了市民化的“门槛”，更看重农村土地的情感价值或对土地价值有更高的期待而不愿意退出农村土地。

尽管越来越多的学者开始关注农村土地退出问题，但文献回顾发现，国内对农民土地退出的研究主要集中在农村承包地，相对忽略了宅基地。实际上，本书第一章已经指出，中国的农村宅基地浪费问题相当严重。而且，大部分文献对农村土地退出意愿的考察主要是笼统地询问农民的农村土地（主要是承包地）退出意愿，没有进一步划分不同的退出方式探寻农民的农村土地退出偏好。

（四）以财产权为导向的土地制度改革

土地制度作为农村基本经营制度的核心，事关农业生产发展、农村社会稳定和广大农民的利益，一直受到社会各界的高度关注。40 年前以家庭承包为特征的农村土地改革引发了中国经济的全面改革，其巨大成效有目共睹，但目前这一集体所有、家庭承包的土地制度却面临越来越多的问题，已经不适应城镇化、工业化发展和农业规模经营的需要。孔祥智、刘同山（2013）认为，当前土地制度至少有以下几个方面的问题：一是土地细碎化问题严重，难以实现农业规模经营；二是土地权利界定不清，影响了农地的利用效率；三是农业兼业化、老龄化严重，“谁来种地”“如何种地”问题突出。刘守英（2013）指出，当前土地制度在产权安排上存在二元产权和权能残缺，在市场形式上存在不同进入主体的不平等，在土地收益分配上存在相关利益主体得失分配不公，在管理体制上存在目标冲突和管理错位，结果导致土地成为维系传统发展方式的工具，潜在的经济和社会风险不断增加。邹学荣（2014）认为，中国当前的土地政策面临根本性矛盾、体制性矛盾、结构性矛盾、法律矛盾、发展性矛盾和现实性矛盾六大矛盾。郭熙保（2014）认为农村土地制度改革必须与户籍制度改革统筹推进，通过把当前静态的农村集体成员身份动态化，就可以同时解决农民市民化进城中农村衰落和承包地难以有偿退出的双重困境。唐忠（2015）把当前中国的农村土地制度问题归结为三点：一是集体所有权受到较多限制，而不像国有土地的产权那样完整；二是承包地调整普遍存在，没能认真落实“增人不增地、减人不减地”政策；三是农村劳动力持续向城镇迁移，造成农村劳动力和农村土地的不匹配情况越来越严重，如何提高农业竞争力，避免“日韩陷阱”值得思考。

上述问题只有通过不断深化土地制度改革，才能逐步缓解和消除，中国的农村土地制度改革势在必行。土地制度改革涉及方方面面，结合研究目的，本书仅对新一轮农村土地改革的作用意义、具体改革方式的争议与实施路径等方面的文献进行梳理。

一是新一轮土地制度改革的作用意义。毋庸置疑，土地制度改革有利于中国的工业化、城镇化和农业现代化，对经济社会发展有重大作用。倪澄澄（2008）认为，改革农村土地制度，既可以进一步激发农村经济社会活力，促进农业增产、农民增收、农村繁荣，又可以为中国经济发展提供广阔的农村市场、庞大的劳动力队伍，从而为经济长期向好发展奠定基础。杨民、杨献东（2005）梳理了典型国家的土地改革与工业化的关系，发现土地产权明晰对于工业化和经济发展是至关重要的，产权模糊会造成严重的激励扭曲和经济效率损失，好的土地产权关系可以促进工业化，坏的土地产权关系则会阻碍工业化。比较而言，中国的土地改革是不彻底的，短期效应好而长期效应差，为了推动农业发展和工业化，中国应该深化土地改革。最近，较多的文献把土地制度改革和中国的新型城镇化联系起来。邵宇（2013）指出，土地改革是改变过去10余年“土地城镇化”发展模式、平衡城乡利益矛盾的根本途径，已经成为新型城镇化顶层设计的核心。新的土地改革是中国启动经济转型、推动新型城镇化从而开启新一轮制度红利的中心环节和关键挑战。土地制度改革有望缓解当前中国土地制度的矛盾，能够提供新一轮的制度红利，从而保障中国经济的长期持续增长（于建嵘，2010；巴曙松，2014）。

二是土地制度改革的争议与路径。当前，学界对新一轮的农村土地制度改革主张主要有两种：一是基于公平考量的坚持农村土地集体所有制度；二是逐渐推行以市场为导向的新的土地制度（李小云等，2008）。考虑公平的学者，强调农村土地集体所有可以让每个社区成员都拥有一份农村土地。但要实现“耕者有其田”，就需要不断对土地进行调整，而这又会造成耕地细碎化、农业投资不足等问题。随着外出务工农民数量的急剧增加，农民市民化的风险和农业农村“退路”成为坚持土地集体所有的新的考量（温铁军，2009）。当然，农村土地这种劳动力“蓄水池”和城镇化“安全阀”的作用，主要还是考虑到当前社会保障不健全、已进城农民在城镇的生存和发展能力不强，故此突出了农村土地的生存保障和就业保障功能。考虑效率的一些经济学家认为，土地私有化是人类经历长期探索与实践而得出的具有普适性的结论，世界上没有哪个国家是在土地公有制之下富有起来的（文贯中，2006）。农村土地私有化能够让农民获得更多土地收益而变得更富裕，能够让农民卖掉土地带着资产进城，有利于农民的利益（杨小凯，2007）。在集体所有制基础上创新农地产权制度，不仅无法提高农村土地使用的经济效率，反而会让产权结构进一步复杂化，导致交易成本增加，甚至造成制度的锁定效应，给日后农地制度改革带来更大的阻力。私有化不仅可以提高农地产权的长期稳定性，增强农地产权的流动性，促进农村劳动力在城乡之间更有效率的配置，还可以为农民提供更为有效的社会保障，因此，农地私有可能是加快城市化进程的最佳改革方案（蔡继明，2007；王旭辉，2009）。

从近期制定或实施的有关法律政策来看，中国新一轮的农村土地改革似乎采取了中间路线——坚持农村土地的集体所有制，同时强化农民的土地权利和权能，也就是有限制的农村土地市场（唐忠，2015）。其中，2013年中共十八届三中全会提出的“赋予农民更多财产权利”，由于改革力度大、作用范围广，引发了社会各界的广泛热议。孔祥智、刘同山（2014）分析了赋予农民更多土地财产权利的必要性，指出这一改革有助于全面释放经济增长潜能，有助于推动城乡发展一体化，有助于统筹解决“三农”问题。叶兴庆（2013）指出赋予农民更多的土地财产权利至少包括以下内容：一是赋予农民公平分享土地增值收益的权利；二是赋予土地承包经营权抵押、担保权能；三是赋予农民住房财产权抵押、担保、转让的权能；四是赋予农民对集体资产股份占有、收益、有偿退出及抵押、担保、继承权。为了真正赋予农民更多的土地财产权，张晓山（2014）认为，首先要进一步协调中央政府与地方政府之间、政府与农民之间的利益关系，其次是必须改革和完善农村集体经济体制，最后还需要尽快修订相应的法律法规和出台相关的政策措施。韩俊（2014）指出，自20世纪70年代末农村改革以来，中国农村土地形成了承包权与经营权“两权分离”，再到赋予农民更多土地财产权利，落实经营权的抵押、担保等权能，中国逐渐完成了目前所谓的所有权、承包权和经营权“三权分置”的状态。

三、文献评论

近年来，国内外学者在农村土地市场化改革方面积累了丰富的研究成果，有关农村土地交易或农民土地退出的研究在理论和实证方面均取得了长足的进展。但在借鉴有关研究成果深化中国的农村土地制度改革、推动中国部分农户的“人地分离”时，有些问题仍需注意：

首先，国外对农村土地市场化改革和农村土地交易的研究结论，能否适用于以及在多大程度上适用于中国农村土地流转和退出实践？毫无疑问，国外关于农村土地交易的主流研究文献，特别是经济学类的研究文献，其研究范式都比较严谨。有关农民参与土地交易的理论假说、模型构建、样本数据、经济计量模型和假说检验等构成的分析框架以及数理工具在其中的应用等，都确保在特定经济社会环境下能得到相对客观、准确的研究结论，对农村土地改革和土地交易过程中各类主体的参与动机、行为模式、结果影响等有着比较好的解释力（何安华，2013）。但是，国外有关农村土地交易的研究，主要关注俄罗斯、东欧国家、越南、印度和非洲的一些发展中国家。这些国家无论是农村土地制度、人地资源禀赋，还是农民土地意识、传统文化差异、农地耕作习惯，甚至经济社会发展环境，都与中国当前的情况存在非常大的差异。而且，国外学者对某一问题的研究结论也不尽一致，存在一些争论甚至矛盾。这就要求在对待其研究结论时，既要做到客观、开放，又要避免“拿来主义”。因此，在研读有关成果文献时，要充分吸收其精华，同时注意其局限性，考虑各国不同的制度环境和市场条件，做到立足于中国当前发展阶段和基本国情来研究农村土地退出问题。

其次，国内研究农村土地退出的文献虽然随着城乡一体化的加速和越来越多农民举家迁入城市而迅速涌现，但农民土地退出仍然是比较前沿的一个研究领域，现有文献无论是在研究方法和工具的使用还是在选题视角、研究内容等方面都存在较多可以改进的地方。具体来看，当前国内关于农民土地退出的研究存在以下几个方面的问题：

一是主要是从土地流转的角度考察农民与农村土地的分离问题。不过，已有文献表明，当前土地流转的期限一般较短，大部分都在 5 年以内（黄延信，2011），而且“不在地主”一般会造成农业生产率损失（Schultz，1964；黄宗智，2000）。这不符合城镇化要求的一部分农民彻底离开农业农村融入城市。

二是关于农民的土地退出意愿，只是笼统地询问农民是否愿意退出农村土地，没有进一步细分各种不同的土地退出方式。但农民对不同的土地退出方式显然有不同偏好（刘同山、牛立腾，2014）。比如，一个农民可能受传统的农民意识束缚——只有迫于生计或败家子，才会“卖房卖地”——而不愿意“卖掉”土地（在当前制度约束下其实是土地承包经营权的转让）。但是，如果制定类似于法国或者日本的农民退休制度，每月向达到一定年龄的老年农民支付退休金，他可能会愿意放弃自家的承包地。

三是较少考虑兼业经营对农民的农村土地权益主张和土地退出意愿的影响。研究表明，在城市工作和生活经历产生的学习效应，能够唤醒农民的财产权利意识，从而让他们期待获得更多土地财产权利和权能。现代城市经济中的入股、租赁、抵押和买卖等行为，有可能会影响农民的土地退出意愿及其方式选择。

四是没有把承包地和宅基地纳入一个统一分析框架。当前关于农村土地退出的研究，一般都把研究对象限定为承包地、宅基地中的一种或者笼统的农村土地（在中国农民的语境下，“地”或者“土地”，一般是指承包地），很少有文献对承包地、宅基地退出进行统一考察。实际上，随着农村土地整治和村庄合并，农民进城之后离开农村土地，不仅是和承包地的分离，也是和宅基地的分离。

五是现有文献对当前农民土地退出的不同方式及其影响进行的考察较少，且对于以何种方式加快有意愿、有条件的农民与农村土地分离和农村土地改革方向存在争议。农民合作社的大量涌现和工商资本下乡步伐的加快，让中国农民土地退出的方式越来越多样。显然，不同的农村土地退出方式，不仅会影响政府的政策目标和农民的切身利益，还会对农业经营效率、国家粮食安全甚至社会稳定产生影响。因此，农村土地制度改革和农民土地退出方式制度安排，必须考虑不同土地退出方式对农业农村和政府目标的多重影响。

随着劳动生产力和规模经营程度的不断提高，农业农村仍将释放更多的劳动力。而城乡一体化进程又要求部分农民改变“离乡不离土、进厂不进城”的生存状况。因此，部分进城农民以各种形式与农村土地实现分离是大势所趋。针对已有文献的不足，在农村经济社会不断转型和城乡一体化迅速发展的大背景下，立足于农户兼业经营程度不断加深的社会现实，结合当前农村土地改革的趋势，把农村承包地和宅基地统一考虑，具体细分农村土地退出的不同方式来考察农民的退出意愿，进而从多个参与主体的角度分析不同退出方式特点及其对有关各方造成的影响，正是接下来所要研究的内容。

第四章　农村土地退出意愿与方式选择：基于两次农户调查

农民是一个充满智慧的群体，也是农业农村发展的主体和农村土地优化利用最主要的受益者。与其他人相比，农民更清楚自己需要什么样的制度。影响了中国改革发展 40 余年的农村土地承包制度，就是安徽凤阳县小岗村农民基于自身需求、大胆尝试最后被中央认可并全国推广而形成的。

正如邓小平同志所说："农村搞家庭联产承包，这个发明权是农民的。农村改革中的好多东西，都是基层创造出来的……""生产关系究竟以什么形式为最好，恐怕要采取这样一种态度，就是哪种形式在哪个地方能够比较容易、比较快地恢复和发展农业生产，就采取哪种形式；群众愿意采取哪种形式，就应该采取哪种形式"，"哪种形式能够调动群众的积极性就采用哪种形式"①。习近平总书记 2015 年 4 月在中央政治局第二十二次集体学习时指出，"要坚持不懈推进农村改革和制度创新，充分发挥亿万农民主体作用和首创精神，不断解放和发展农村社会生产力，激发农村发展活力。"习近平总书记 2016 年 4 月在安徽小岗村农村改革座谈会上讲话时进一步强调，"要尊重农民意愿和维护农民权益，把选择权交给农民，由农民选择而不是代替农民选择"（中共中央党史和文献研究院，2019）。

农村土地退出涉及离农、进城农民与农业农村土地的关系调整，事关农业农村经济发展和城乡经济社会转型。为了更好地把农村僵化的资源资产转变为资本，从而激发农村经济活力、推动实现乡村振兴，考察农民的农村土地退出意愿及其方式选择，对当前加快推进农村土地退出改革显然都具有重要意义。

① 韩长赋．邓小平处理农民问题的思想方法［N］．人民日报，2004-08-31.

一、农村土地占有和使用情况分析

自 1978 年农村改革以来，中国农村土地制度主要是对“集体所有、农户使用”这一基本制度的修补完善。为了社区公平、减少矛盾，大部分农村在将集体耕地向农户发包时，都采取了“按人均分、肥瘦搭配”的做法。虽然期间有些地方进行了土地调整连片，但总体来看，当前农村承包地使用权主要还是延续了原有的分配格局。由于宅基地与农民最重要的财产——农村房屋相联系，因此其私有产权属性更强。虽然为了节约村庄建设用地，法律要求农村居民“一户一宅”，但是“户”的概念界定不清，在农村普遍“从夫居”的社会现实下，不少地方是根据农户家庭有多少男性继承人来分配宅基地。

随着大量农业农村人口向城镇非农领域迁移，当前农村承包地、宅基地的占有和使用也开始出现一些新动向。要分析农民的农村土地退出意愿，需要首先掌握农民的农村土地占有和使用情况。此处利用 2014 年和 2018 年两次农户调查数据，对农村承包地、宅基地占有和使用现状进行比较分析。之所以在 2014 年农户调查的基础上再报告 2018 年的情况①，有以下几个原因：一是 2014 年的农户调查的样本县（市、区）数量较少，且选择的随机性不够；二是暑假期间很多农民外出务工，会造成农户样本选择偏差；三是使用两次数据，可以从比较中探寻农业农村发展的变化。

（一）农村承包地占有和使用现状

1. 冀鲁豫三省 779 户农户情况分析：基于 2014 年调查

（1）人均耕地面积。在 778 个有效样本②中，农户家庭人均承包集体耕地面积最小为 0 亩（即未承包耕地），最大为 10 亩，样本均值为 1.51 亩（SD=1.19）。可见，在 2014 年，三个样本省的农户人均占有耕地面积较少，只有 1.51 亩。

分省来看，河北 217 个样本农户家庭人均承包集体耕地面积最小为 0，最大为 8 亩，样本均值为 1.79 亩（SD=1.18）；河南 309 个样本农户家庭人均承

① 2019 年农户调查是对 2018 年调查的补充完善，故这里不对其进行分析。

② 可能是由于调查员在如何调查时遗漏某个问题，或其他原因，导致有效样本少于总样本。下同。

包集体耕地面积最小为 0.05 亩，最大为 10 亩，样本均值为 1.67 亩（SD=1.49）；山东 252 个样本农户家庭人均承包集体耕地面积最小为 0.13 亩，最大为 2.57 亩，样本均值为 1.08 亩（SD=0.36）。比较而言，河北、河南样本地区的人均耕地面积较大，而山东样本地区的人均耕地面积明显较小。人均耕地面积差异，可能是由于地区差异造成的。

（2）地块数量及平均面积。从地块数量看，在 777 个有效样本中，农户承包的耕地地块数最少的为 0 块（即未承包耕地），最多的为 20 块，样本均值为 3.25 块（SD=2.25）；从地块平均面积看，在 775 个有效样本中，农户承包的耕地平均每个地块面积最小为 0.18 亩，最大的为 35 亩，样本均值为 2.57 亩（SD=2.11 亩）。由于样本农户户均经营耕地面积为 7.5 亩左右，承包的耕地每个地块面积只有 2.57 亩，意味着平均每个农户有 3 块地。可见，2014 年，冀鲁豫三省的承包地细碎化情况比较严重。

分省来看，在地块数量方面，河北 217 个样本农户家庭承包的耕地地块数量最小为 0 块，最多为 22 块，样本均值为 4.19 块（SD=2.81）；河南 307 个样本农户家庭承包的耕地地块数量最少为 1 块，最多为 12 块，样本均值为 2.65 块（SD=1.97）；山东 253 个样本农户家庭承包的耕地地块数量最少为 1 块，最多为 10 块，样本均值为 3.18 块（SD=1.68）。

在地块平均面积方面，河北 216 个样本农户家庭承包的耕地平均每个地块面积最小为 0.18 亩，最大为 10 亩，样本均值为 2.36 亩（SD=1.30）；河南 307 个样本农户家庭承包的耕地平均每个地块面积最小为 0.20 亩，最大为 35 亩，样本均值为 3.29 亩（SD=2.90）；山东 252 个样本农户家庭承包的耕地平均每个地块面积最小为 0.50 亩，最大为 6.50 亩，样本均值为 1.88 亩（SD=0.96）。可见，从单个地块的平均面积来看，河南最大，河北次之，山东最小。结合农村承包耕地的地块数量和地块平均面积，比较而言，河北、山东的耕地细碎化情况严重，而河南的耕地细碎化情况较好。

（3）耕地流转情况。流出方面，在 768 个有效样本中，有 14.32%的样本农户在 2014 年已经出租了土地。分省来看，河北 215 个样本农户，有 17.67%的比例已经出租耕地；河南 301 个样本农户，有 8.30%的比例已经出租耕地；山东 252 个样本农户，有 18.65%的比例已经出租耕地。流入方面，在 761 个有效样本中，有 12.48%的样本农户在 2014 年租了别人家的地。其中，租入地块最多的是 8 块，平均租入地块数为 2.05 块（SD=1.33）；租入土地面积最小的为 0.7 亩，最大的为 300 亩，平均租入土地面积为 12.37 亩（SD=

39.24)。分省来看，河北214个样本农户中有19.16%的农户租了别人家的承包地；河南295个样本农户中有8.14%的农户租入了别人家的承包地；山东252个样本农户中有11.90%的农户租入了别人家的承包地。

总的来看，2014年农村承包地流转已经非常普遍，分别有14.32%和12.48%的样本农户参与了农村承包地流出和流入。比较而言，河北、山东的承包地流转比例较高，河南的承包地流转比例明显较低。

（4）农民收入及其构成。在777个有效样本中，农户家庭总收入最小值为1120元，最大值为557000元，家庭总收入均值为77522.92元（SD=57636.04），非农收入占家庭总收入之比的均值为72.19%（SD=0.28）。进一步分析发现，有多达63.45%的农户，家庭非农收入占比超过3/4；有16.60%的农户，农业收入占比超过一半，其中有7.85%的农户家庭收入完全来自农业（见表4-1）。分省来看，河北217个样本农户家庭收入均值为81998.42元（SD=51545.08），非农收入占比的均值为66.69%；河南307个样本农户家庭收入均值为69236.76元（SD=61411.67），非农收入占比的均值为67.67%；山东253个样本农户家庭收入均值为83738.98元（SD=56857.80），非农收入占比的均值为83.40%。另外，从人均收入来看，农户2013年家庭人均收入最小的为450元，最多的为139250元，样本均值为15745.69元（SD=10201.17）。

由此可知，农户分化比较严重，大部分农户的收入来源已经非农化。而且与河北、河南相比，山东地区的农户兼业经营情况更为突出。不过，需要指出的是，“以农为业、力农致富”的职业农民也有了一定比例。

2. 黄淮海农区1026户农户情况分析：基于2018年调查

（1）人均耕地面积、地块数及单个地块面积。在1026个样本中，1998年前后二轮承包时，农户家庭分地最少的为0亩（即没有承包地），最多的为34亩，平均分到耕地6.73亩（SD=4.79）；1998年前后二轮承包时，1024户有承包地的农户，分到的地块数量最少为1块，最多为26块。从当时人均分到的承包地面积看，1020个有效样本中，人均承包地最少的为0.1亩，最多的为6.2亩，平均每人分到承包地1.62亩（SD=0.92）。到20年后的2018年，农户家庭有承包地最少的0亩，最多的为41亩，户均承包地7.35亩（SD=5.77），人均承包地面积仍然为1.62亩（SD=1.47）。从调研中发现，耕地变多的一个原因是一些农户进行了垦荒，但由于人口的增加，导致人均耕地面积没有明显变化。

自二轮承包以来，786 户（占比 76.68%）的农户家里的承包地没有调整过。我们可以根据这些承包地没有调整的样本（承包地面积仍然为二轮承包时的面积），结合 2018 年家庭人口数量，考察人地关系的变化。结果发现，承包地没有调整过的农户，家庭人均承包地面积从 1998 年前后的 1.59 亩（SD=0.87），减少为 2018 年的 1.42 亩（SD=1.25）。对于这些承包地面积没有变化的农户而言，家庭人口的增加，导致家庭人均承包地面积减少了。

分省来看①，1998 年二轮承包时，河北 270 个农户家庭人均承包地面积为 1.53 亩（SD=0.93）；河南 251 个农户家庭人均承包地面积为 1.13 亩（SD=0.55）；山东 282 个农户家庭人均承包地面积为 1.99 亩（SD=1.08）。对于 786 户承包地没有调整过的农户，河北、河南、山东三省家庭户均承包地地块数分别为 3.73 块（SD=2.92）、2.61 块（SD=1.42）和 3.43 块（SD=1.90）。结合 2014 年调查可知，河南的家庭承包地地块数较少，而河北、山东的家庭承包地块数较多。这一定程度上反映了各地不同的耕地细碎化情况。

（2）耕地流转情况。流出方面，在 1026 个样本农户中，2017 年有 280 户（占比 27.29%）流出了承包地，其中有 148 户（占比 14.42%）把全部承包地都流转了出去（出租）。分省来看，河北 271 个样本农户中，有 12.18%的比例出租了承包地；河南 254 个样本农户，有 24.80%的比例出租了承包地；山东 284 个样本农户中，有 29.93%的比例出租了承包地。流入方面，有 172 户（占比 16.76%）样本农户租入了土地，最多的租入 400 多亩，最少的租入 0.1 亩以实现连片经营。分省来看，河北 271 个样本农户中，有 15.13%的农户租入（流入）了土地；河南 254 个样本农户中，有 14.96%的农户租入了土地；山东 284 个样本农户中，有 20.77%的农户租入了土地。

比较流出、流入情况可以发现，河北的农村土地出租比例较低，山东、河南的农户土地出租比例较高，土地流出的农户比例从高到低排序为：山东（29.93%）>河南（24.80%）>河北（12.18%）；山东租入土地的比例明显较高，而河北、河南农户租入土地的比例较低，土地流入比例从高到低排序为：山东（20.77%）>河北（15.13%）>河南（14.96%）。上述结果意味着，河南农民更愿意把土地出租出去，而且不太愿意租入土地。之所以如此，可能由于河南是粮食大省，耕地主要用来生产粮食，因而比价效益较低，造成农民离

① 黄淮海农区以山东、河北、河南为主，包括苏北、皖北等地区。为了与 2014 年情况做比较，也为了突出重点，这里仅报告河北、河南、山东三省的情况。

农，而山东的蔬菜、水果等经济作物比较发达，所以能够支撑更多农民从事农业。上述结果也意味着，河南的农地可能会更多向种粮大户、农业企业等经营主体集中。

（3）农民收入及其构成。在1026个样本农户中，家庭总收入最小值为-21283元（经营亏损），最大值为973634元，家庭总收入均值是81290.92元（SD= 72929.59）。与2014年调查相比，农民的家庭总收入增加了3768元。2018年调查的样本农户非农收入占家庭总收入之比的均值为77.91%（SD=0.36），与2014年的调查相比，提高了约5个百分点。这表明，从收入角度看，农民的离农趋势仍在继续，农民家庭收入的增加，可能得益于非农就业。

2018年，多达67.19%的农户，家庭非农收入占比超过3/4；有18.72%的农户，农业收入占比超过一半，其中有10.94%的农户家庭收入完全来自农业（见表4-1）。与2014年的调查结果对比可知，经过几年的发展，传统小农户向离农户和职业农户分化的趋势明显。一方面，“以农为业”的职业农民开始变多，相比2014年增加了3个百分点（从7.85%增加至10.94%）；另一方面，完全退出农业的离农户也大幅增加，相比2014年增加了近7个百分点（从3.99%增加至10.74%）。

表4-1　两次样本农户家庭收入来源及农户兼业类型

年份	农户类型	总计	纯农户	一兼农户	二兼农户		离农户
					高兼农户	深兼农户	
			R=0	0<R<50%	50%≤R<75%	75%≤R<100%	R=100%
2014	农户数（户）	777	61	68	155	462	31
	农户占比（%）	100	7.85	8.75	19.95	59.46	3.99
	农户平均收入（元）	77522.9	43867.3	70115.2	63976.3	87605.30	77471.3
2018	农户数（户）	1015	111	79	143	573	109
	农户占比（%）	100	10.94	7.78	14.09	56.45	10.74
	农户平均收入（元）	81150.9	24018.8	58481.4	65723.6	96421.8	95724.1

注：R为非农收入占家庭总收入的比例。例如，R=1表示家庭收入完全是非农收入，即为离农户；R=0表示该类农户只有农业收入，即为纯农户。为了更好地了解农户的构成，我们将非农收入占比超过50%的二兼农户划分为高兼农户和深兼农户。另外，2014年和2018年样本农户分别有2户和11户上一年的农业收入为负数，本表未将其归类。

分省来看，河北271个样本农户家庭收入均值为82164.9元（SD=

58108.38)，非农收入占比的均值为79.20%；河南254个样本农户家庭收入均值为73098.35元（SD=53321.87），非农收入占比的均值为86.73%；山东284个样本农户，家庭收入均值为73122.03元（SD=56857.80），非农收入占比的均值为66.76%。比较发现，与2014年的农户调查结果相比，河北、河南两省农户的家庭平均收入和非农收入占比都略有增加，山东农户家庭平均收入和非农收入占比都有较大程度降低。这一结果再次表明，农户家庭收入的增加，可能主要受非农就业情况的影响。非农就业对于农户家庭收入可能有正向促进作用。

（二）农村宅基地占有和使用现状

1. 冀鲁豫三省779户农户情况分析：基于2014年调查

（1）宅基地占有情况。总体来看，除极个别农户没有分到宅基地外，大部分农户都有1处宅基地，不少农户甚至拥有多处宅基地。而且农户占有的宅基地面积过大的情况也十分突出，具体情况如下。

宅基地数量方面，在779个样本农户中，有58.15%的农户家里有1处宅基地，有33.38%的农户家里有2处宅基地，有8.34%的农户家里有3处及以上的宅基地，其中最多的一户家里的宅基地甚至有5处。分省来看，河北217个样本中，有72.35%的农户家里宅基地不少于2处，有17.51%的农户家里的宅基地达到3处及以上，另外样本中有5处宅基地的也是河北农户；河南309个样本中，家里有1处、2处和3处宅基地的比例分别为83.17%、16.18%和0.65%，只有2户农户宅基地达到3处，没有超过3处宅基地的农户；山东253个样本中，家里有1处、2处、3处和4处宅基地的农户分别占比54.15%、35.97%、8.70%和1.19%。可见，所谓的“一户一宅”并没有实现。相对来讲，河南的宅基地管理比较好，山东居中，河北的宅基地管理最为松散。

宅基地面积方面，779个样本农户，宅基地面积最小的为0，面积最大的为6亩，面积均值为0.62亩（SD=0.54），有73.10%的农户家里的宅基地面积在0.3亩以上。即便是只有一处宅基地的452个样本农户，宅基地面积均值也达到0.40亩（SD=0.44）。分省来看，河北农户宅基地面积均值为0.84亩（SD=0.53）；河南样本农户宅基地面积均值为0.45亩（SD=0.57）；山东样本农户宅基地面积均值为0.62亩（SD=0.43）。根据河北、河南、山东的规定，农村宅基地面积一般不超过0.3亩（即3分地）。可见，除了“一户多宅”问题比较普遍外，农村宅基地面积超标问题也比较严重。相对而言，河北宅基地面积超标问题最为严重，山东次之，河南的情况最好。

（2）宅基地使用情况。调查发现，相当比例的农户家里有长期闲置的宅基地和房屋，一些农户已经进行了农村宅基地使用权转让。而且，农村宅基地闲置和交易情况存在明显的地区差异。

宅基地闲置方面，当被问及家里“有没有长时间不住人或者没盖房子的宅基地”时，在 776 个回答该问题的样本农户中，有 132 个（占比 17.01%）给出了肯定答案，这表明中国农村宅基地利用效率低的情况比较严重。分省来看，河北样本农户家里有长时间不住人或者没盖房子的宅基地的比例为 27.78%；河南样本农户家里有长时间不住人或者没盖房子的宅基地的比例为 6.51%；山东样本农户家里有长时间不住人或者没盖房子的宅基地的比例为 22.55%。可见，农户农村宅基地和房屋长期闲置问题比较突出。河北、山东长期闲置的宅基地和房屋比例超过 1/5。河南农村宅基地和房屋长期闲置情况则好很多。其原因可能是河南的宅基地管理比较严格，以及前面提到的河南农户的宅基地数量和面积都相对较少。

宅基地交易方面，当被问及家里“有没有买过或者卖过宅基地（使用权）”时，在 778 个回答该问题的样本农户中，有 35 个（占比 4.50%）给出了肯定答案。可见，农村宅基地使用权转让在农村有一定比例。不过，受限于国家法律法规和政策规定，这一时期的农村宅基地使用权交易，主要发生在村集体经济组织成员内部。分省来看，河北样本农户家里买过或者卖过宅基地（使用权）的比例为 12.90%；河南样本农户家里买过或者卖过宅基地（使用权）的比例为 0.32%；山东样本农户家里买过或者卖过宅基地（使用权）的比例为 2.37%。上述结果表明，河北的宅基地使用权转让已经比较普遍，山东有零星的宅基地使用权转让，河南则基本没有人转让宅基地使用权。前面的分析已经表明，河北农户的宅基地数量多、面积大、闲置情况严重。农村宅基地交易的比例，可能与当地宅基地占有和闲置情况有关。

2. 黄淮海农区 1026 户农户情况分析：基于 2018 年调查

（1）宅基地占有情况。与 2014 年农户调查的情况基本相同，多达 45.52%的农户家里有不止一处宅基地，而且宅基地面积偏大问题突出（见表 4-2）。具体情况如下：

宅基地数量方面，在 1026 个样本农户中，有 53.02%的农户家里有 1 处宅基地，有 36.45%的农户家里有 2 处宅基地，有 9.06%的农户家里有 3 处及以上宅基地，其中最多的两户家里的宅基地多达 6 处。从冀鲁豫三省的样本来看，河北 271 个样本中，有 57.56%的农户家里宅基地不少于 2 处，有 11.07%的农户家里宅基地达到 3 处及以上，其中两户有 6 处宅基地；河南 254 个样本中，家里有 1 处、2 处和 3 处宅基地的比例分别为 64.96%、31.89% 和 3.15%，只有 8 户农户宅基地达到 3 处，没有超过 3 处宅基地的农户；山东 284 个样本中，家里有 0 处、1 处、2 处、3 处和 4 处宅基地的农户分别占比 4.93%、45.77%、36.62%、11.27%和 1.41%。与 2014 年的调查进行比较发现，拥有两处以上宅基地农户的比例有所上升，无论是管理较松散的河北、山东，还是管理相对较好的河南，拥有 2 处及以上宅基地的农户比例都有增加。经过几年的发展，“一户多宅”问题更加严重。

表 4-2　两次样本农户的宅基地个数及其频率分布

2014 年调查				2018 年调查			
宅基地个数	频率	百分比（%）	累计百分比（%）	宅基地个数	频率	百分比（%）	累计百分比（%）
0	1	0.13	0.13	0	15	1.46	1.46
1	453	58.15	58.28	1	544	53.02	54.48
2	260	33.38	91.66	2	374	36.45	90.94
3	51	6.55	98.2	3	78	7.6	98.54
4	13	1.67	99.87	4	12	1.17	99.71
5	1	0.13	100	5	1	0.1	99.81
—	—	—	—	6	2	0.19	100

宅基地面积方面，在 1011 个有宅基地的样本农户中，宅基地面积最小的是 0.10 亩，最大为 8 亩，平均面积为 0.66 亩（SD = 0.48）。分省来看，河北样本农户宅基地面积均值为 0.77 亩（SD = 0.45）；河南样本农户宅基地面积均值为 0.49 亩（SD = 0.27）；山东样本农户宅基地面积均值为 0.64 亩（SD = 0.42）。对比 2014 年的情况发现，河北农户宅基地平均面积有所减小，而河南、山东农户宅基地面积略有增加。宅基地面积超标情况依然严重。

（2）宅基地使用情况。随着农村人口向城镇迁移，家里有闲置宅基地的农户比例明显增加。同时，由于农村建设用地日趋紧张，很多地方已经不再新批宅基地，农户之间宅基地使用权转让的情况也日益普遍。具体情况如下。

宅基地闲置方面，当被询问“家里是否有闲置宅基地（不含闲置房屋）”

时，在 1022 个回答该问题的农户中，有 158 个（占比 15.46%）给出了肯定答案。与 2014 年（包括闲置房屋情况）相比，宅基地闲置比例大幅上升，农村建设用地低效率、无效率利用问题日益严重。分省来看，河北样本农户家里有闲置宅基地的比例为 11.44%；河南样本农户家里有闲置宅基地的比例为 9.84%；山东样本农户家里有闲置宅基地的比例为 22.86%。与 2014 年情况相比，河北有闲置宅基地农户的比例明显下降，但河南有闲置宅基地农户的比例则明显上升，山东有闲置宅基地农户的比例基本没有变化，仍然接近 1/4。总的来看，连宅基地闲置较少的河南，比例也接近 10%。农村宅基地闲置情况不容忽视。

宅基地交易方面，当被问及“家里是否买过或者卖过宅基地（使用权）”时，在 1024 个回答该问题的样本中，有 125 个（占比 12.21%）给出了肯定答案。与 2014 年 4.50%的比例对比可知，近几年农村宅基地使用权转让越来越普遍。分省来看，河北样本农户家里买过或者卖过宅基地（使用权）的比例为 17.04%；河南样本农户家里买过或者卖过宅基地（使用权）的比例为 7.51%；山东样本农户家里买过或者卖过宅基地（使用权）的比例为 13.03%。与 2014 年相比，短短 4 年时间，三个省份的农村闲置宅基地使用权转让比例都有了大幅增加。以宅基地使用权交易比例最高的河北来看，有过农村宅基地使用权交易经历的农户多达 17.04%。上述结果表明，中国农村的宅基地流转市场逐渐形成。宅基地使用权流转，可能是造成河北闲置宅基地比例大幅下降的重要原因。

二、农村承包地退出意愿及方式选择

尊重农民意愿是当前农村改革的基本原则，因而也是判断农村土地退出改革及其实现方式可行与否的根本依据。本部分基于 2014 年、2018 年两次农户调查，具体分析农户的农村土地退出意愿及其方式选择。

（一）冀鲁豫三省 779 户农户情况分析：基于 2014 年调查

（1）农民的承包地权益主张。权益主张直接表征了农民对农村土地退出这一事件的态度，一定程度上能够反映农民的土地退出意愿。

虽然中共中央十七届三中全会就提出要保持现有土地承包关系稳定，在

“增人不增地，减人不减地”基础上落实土地承包关系长久不变，但部分农民对于是否应当根据人口调整承包地有自己的看法。2014 年冀鲁豫三省的农户调查结果显示，绝大部分（占比 81.70%）受访农民认为，“应该给农民耕地的长久使用权（不调整土地）”，但也有一部分（占比 18.30%）受访农民认为，承包地还是调整的好，这样“新生的小孩、新娶的媳妇都可以获得一份土地”。对于是否应该允许农民自由转让承包地（使用权），受访农户的态度也不尽相同。约有 1/4（25.78%）的受访农民认为，应该允许农民自由转让承包地（使用权）；而 3/4（74.22%）的受访农民则认为，不应该允许农民自由转让承包地（使用权）。这表明，农民关于农村土地的权益主张有明显差异。但无论如何，给予农民更多权益，延长土地承包期，是顺应民意、能够增加社会福利的政策。

随着越来越多农业农村人口离农、进城并逐渐融入城市，这部分人的农村承包地如何处置受到社会各界高度关注，这也是中央启动农村土地退出的一个原因。对于这一问题，农民有自己的看法。约有 3/4（占比 76.52%）的受访农民认为，已经在城里落户，且有稳定工作的外出人员，其农村承包地不应该再予以保留——因为既然在城里有稳定工作，户口也不在村里了，他们就不应该“吃双份”。近 1/4（占比 23.48%）的受访农民认为，虽然这些进城的村民已经不在村里了，但是他们的承包地应该给他们留着。其原因有两方面：一是“万一他们在城里混不下去了，还可以回来”；二是这是他们自家承包的土地，还没到承包期就应该继续保留。显然，前者是从市民化风险的角度考虑，表明 2014 年前后，农村承包地对于一部分农民而言仍然具有剩余劳动力“蓄水池”和社会发展“稳定器”的作用（温铁军，2012）。

（2）不同方式下农民的承包地退出意愿。对于不同的承包地退出方式，农民的参与意愿有显著不同。2014 年冀鲁豫三省农户调查时，笔者将承包地退出方式具体分为“入股式”“转让式”“征地式”和“换社保式”四种，分别询问 779 个样本农民的承包地退出意愿，其结果如图 4-1 所示。总体来看，与市场化的“转让式”承包地退出相比，农民更偏好政府主导的承包地退出方式。

对于“入股式”承包地退出，在 779 个样本农民中，有 69.45%的农民愿意把自己家的承包地折资入股到企业，获得入股分红，只有 30.55%的农民给出了否定答案。这表明，以入股的方式有偿退出农村承包地，比较容易被农民接受。如何在农村土地退出时，发挥好村集体经济组织的作用，大力发展农村

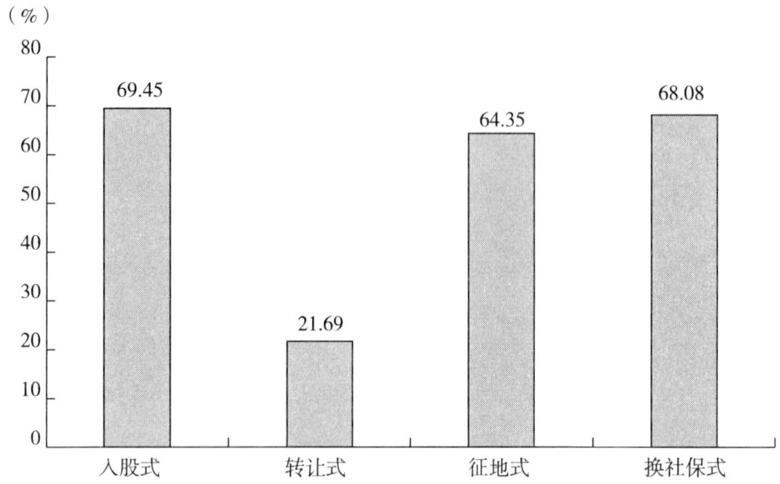

图 4-1　不同方式下冀鲁豫农户愿意退出承包地的比例（2014 年）

土地股份合作社，值得学界和政界重视。分省来看，在河北、河南、山东三个省的 217、309 和 253 个样本中，分别有 77.42%、71.20%和 60.47%的农民愿意通过入股的方式退出承包地。

对于“转让式”承包地退出，即使特意强调假如法律政策允许①，在 779 个样本中，也只有小部分（占比 21.69%）农民愿意把一部分或全部的承包地使用权转让出去。分省来看，河北、河南、山东三个省的 217、309 和 253 个样本，分别有 20.74%、24.60%和 18.97%的农民愿意出售承包地（使用权）。可见，三个省农民出售承包地（使用权）的意愿，从强到弱依次为河南、河北、山东。大部分农民之所以不愿意转让（出售）承包地使用权，主要有三个方面的考虑：一是土地是吃饭的保障，换成钱之后不稳妥；二是要把土地留给子孙后代，“不能把子孙的饭都吃了”；三是出售了就再也没有了，不想永远失去土地。由于调查时我们特意指出了可以转让一部分承包地使用权，仍然只有 1/5 的农民愿意转让承包地使用权，这意味着即使采取更激进的农村土地制度改革，把农村土地私有化，绝大部分农民也不会把全部承包地卖掉。上述结果还表明，2014 年前后，相当一部分农民的观念仍然比较保守，认为“卖了就再也没了”，而没有考虑到一旦农村承包地使用权转让市场形成，他们可以在需要时再购置别人转让的承包地使用权以重新获得土地。

① 实际上，法律一直允许集体经济组织成员内部的承包地转包，本质是承包地使用权的转让。

为了考察农民的承包地退出受偿意愿，即在获得多少货币补偿时，农民愿意放弃农村承包地，我们追问了“如果愿意转让（出售），每亩承包地给多少钱，你才肯转让（使用权）”这一问题。在169位（占比21.69%）愿意以“转让式”退出承包地的农民中，有118位明确给出了农村承包地转让的（意向）价格，其中有81位（68.64%）农民给出了比较明确的价格。从统计特征来看，这些农民退出农村承包地的受偿意愿最小值为1万，最大值100万，平均为每亩14.76万元，众数为每亩10万元（18个样本，占比22.20%）。分析发现，有87.70%的农民退出一亩承包地的受偿意愿不超过20万元，只有12.30%的农民要求20万元以上的承包地退出补偿。其他一些农民则没有给出明确的承包地退出对价。具体而言，4位农民认为价格要“足够高”，8位农民给出的答案为“不好说”或“不知道”，25位农民接受“市场价格”。这表明，大部分农民都有了较强的市场交易意识。在考虑退出农村承包地时，都愿意“随行就市”或者有比较理性的价格预期，而不是漫天要价。

对于“征地式”承包地退出，如果补偿标准合理，约有2/3（64.35%）的农民愿意接受政府征地，而1/3左右（35.65%）的农民不愿意接受政府征地。当然，其中有些回答“愿意”接受政府征地的农民，其内心可能并不真正乐意，只是觉得政府征地个人没有讨价还价余地而选择接受。分省来看，在河北、河南、山东三个省的217、307和253个样本中，分别有65.90%、77.20%和47.43%的农民，愿意通过征地的方式退出承包地。无论如何，上述结果都表明，尽管一直遭受指责，政府征地实际上是比较受农民欢迎的一种方式。如何在农村土地退出中更多、更好地发挥政府作用，值得重视。至于一些地方因征地而引发的农民抗争（上访等）事件，可能是由于征地补偿款分配不合理，一些农民没有得到合理的补偿，或者被征用的土地面积太大致使这部分农民的生计受到了严重影响。当然，也有可能是农民对征地补偿的期望值太高，产生心理落差而上访。

对于“换社保式”承包地退出，如果条件（给予的养老金）合适，超过2/3（68.08%）的农民，愿意用承包地换养老保险等工资性收入的方式，永久退出农村承包地，只有不到1/3（31.92%）的农民不愿意以“换社保”的方式退出农村承包地。分省来看，在河北、河南、山东三个省的216、309和252个样本中，分别有70.37%、69.58%和64.29%的农民，愿意通过换社保的方式退出承包地。上述结果表明，虽然部分农民可能有恋地情结，但是相当多的农民愿意把承包地有偿交给国家，如果国家借鉴法国、日本曾经的做法，推行“农民退休制度”，会受到大部分农民的赞成。一些地方试行的“承包地换养老保险”改革，是顺应农民意愿的一种创新探索。

（3）进城后农村承包地可能的处置方式。为了分析完成乡城迁移之后，离农、进城农民会如何处置农村承包地，我们在调查问卷中设置了如下问题：“如果你们全家都搬到城里去了，且农村承包地（使用权）可以转让（出售/卖掉），你将选择如何处理？”，并给出“荒着”“让亲属种”“租出去”“出售”和“其他（回来种）”共5个选项。分析767个回答该问题的样本农民的答案发现，约有3/4（74.32%）的农民选择在举家迁移至城镇后把承包地“租出去”；有6.13%的农民回答在举家迁移至城里后把农村承包地（使用权）出售；让亲属耕种或者干脆撂荒的比例分别为10.82%和0.39%；选择“家人回来种”等其他方式处置承包地的比例为8.34%。进城后农民对农村承包地的处置方式如图4-2所示。

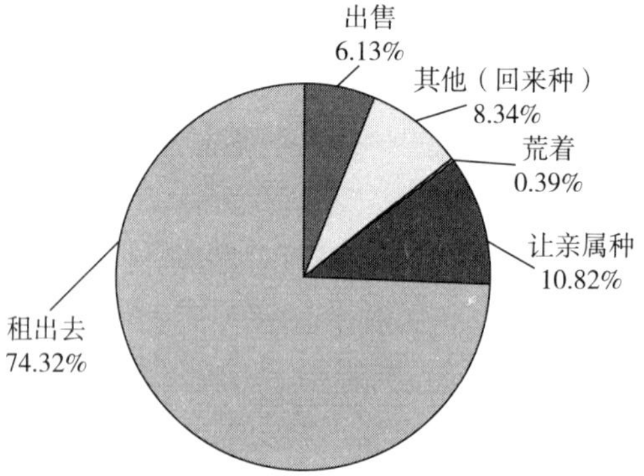

图4-2　不同方式下冀鲁豫农户愿意退出承包地的比例（2014年）

可见，即使农村承包地使用权可以转让，2014年冀鲁豫地区的大部分农民在进城后也不愿意出售承包地使用权，农民仍然有较强的恋土情结。离农、进城而不愿弃地，意味着如果没有适当的引导离农、进城农民退出农村承包地的政策，“不在地主”将难以避免。另外，在767个样本农民中有3人选择全家进城后将耕地抛荒，意味着如果不能对离农、进城农民的农村承包地实行“再配置”，那么可能会引发耕地撂荒。

（二）黄淮海农区1026户农户情况分析：基于2018年调查

为了分析几年后农民承包地退出意愿是否有改变，同时考虑到“换社保式”本质上是将承包地使用权转让给国家，笔者 2018 年对黄淮海农户调查时，不再保留“换社保式”，而是将农村承包地退出方式分为“入股式”“转让式”和“征地式”三大类，并将“转让式”具体分为转让给私人和转让给国家两种方式，分别询问农民的农村承包地退出意愿，其结果如图 4-3 所示。

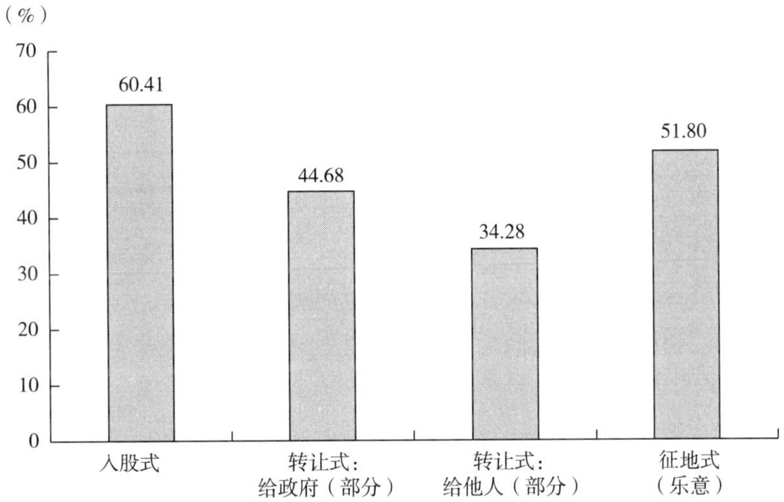

图 4-3　不同方式下黄淮海农民愿意退出承包地比例（2018 年）

（1）对于“入股式”承包地退出。为了更好地反映农民的承包地退出意愿，我们 2018 年调查时，不再笼统地问农民是否愿意把自家的承包地折资入股（这暗含了农民可以将一部分承包地入股），而是基于农村承包地归集体所有、入股一般需要经过村集体这一实际情况，特意询问受访者（主要是户主或家里的“主事人”）“是否愿意把全部承包地都入股到村里，交由村里统一出租或统一经营”。结果表明，在 1023 个回答该问题的样本农民中，有 405 个（占比 39.59%）给出了否定答案，有 618 个（占比 60.41%）给出了肯定答案，即愿意把全部承包地都交给村里统一出租或统一经营。显然，如果只是部分承包地入股，愿意将承包地入股到村集体的比例会更高。上述结果意味着，多达六成的农民生产生活已经不再依赖土地，否则他们不会愿意将自家全部的承包地交给村里统一出租或经营。

分省来看，河北 270 个样本农民，有 139 个（占比 51.48%）愿意将自家全部的承包地入股到村里，交由村里统一出租或统一经营；河南 252 个样本农民，有 158 个（占比 62.70%）愿意将自家全部的承包地入股到村里，交由村里统一出租或统一经营；山东 284 个样本农民，有 178 个（占比 62.68%）愿意将自家全部的承包地入股到村里，交由村里统一出租或统一经营；天津、安徽、江苏的 53、85、79 个样本农民，分别有 83.02%、75.29%和 44.30%的农民愿意将自家全部的承包地入股到村里，交由村里统一出租或统一经营。需要指出，我们调查的江苏邳州样本村，很多农民种植蔬菜，务农收益比较高，这可能是造成他们承包地退出意愿较低的原因。除江苏地区外，其他几个地方农民愿意以“入股式”退出承包地的比例都超过 50%，其中天津农民愿意将全部承包地的比例超过 80%。可见，对大部分农民而言，务农不再是农民生存的方式，农村土地也主要发挥资产价值。

（2）对于“转让式”承包地退出。认识到对于农民而言，转让部分承包地使用权与转让全部承包地使用权不仅是量的不同，更是质的差异（调查的结果也确实表明转让部分和转让全部时，农民的意愿有非常大的差别）。我们在 2018 年询问农民“是否愿意转让部分承包地使用权”时，不再像 2014 年调查时那样，不加区分地询问农民是否愿意把一部分或全部自家的承包地（使用权）转让，而是分别询问是否愿意转让一部分承包地使用权、是否愿意转让全部承包地使用权。同时，2014 年询问农民的转让意愿时，没有设定一个承包地（使用权）转让价格。在市场经济条件下，价格是影响市场交易的最重要因素，不考虑价格显然缺乏说服力。针对这一问题，2018 年我们设定具体转让价格后，再询问农民的承包地使用权转让意愿。由于“土地价格不外是资本化的因而是预期的地租”（马克思，2004），所以我们采用替代市场法，以受访者所知的当地承包地出租的最高年租金乘以 40 年[①]，作为承包地使用权转让价格。此外，前面已经提到，农民对于将承包地使用权转让给私人或者转让给国家，可能有不同的认识，故 2018 年将“转让式”承包地退出分为转让给私人（本集体成员）和转让给政府两类。调查结果如下：

首先，当设定价格询问农民是否愿意转让一部分承包地使用权时，对于转让给国家，在 1025 个样本中，有 458 个（占比 44.68%）给出了肯定答案，

① 之所以是 40 年，是因为笔者在 2018 年调研时，大部分地区距离二轮承包结束还有 10 年的时间，而且党的十九大提出二轮到期后，现有农村土地承包关系再延包 30 年（其后的政策尚不明朗）。那么按照政策，农民有 40 年的承包地使用权。

即愿意把一部分承包地使用权有偿交给国家；对于转让给本集体其他成员，在1024个样本中，有351个（占比34.28%）给出了肯定答案。其次，当设定价格询问农民是否愿意转让全部承包地时，对于转让给国家，有236个（占比23.02%）给出了肯定答案，即愿意把全部承包地使用权有偿交给国家；对于转让给本集体其他成员，有195个（占比19.04%）给出了肯定答案。上述结果表明，对于退出一部分承包地和退出全部承包地，农民的意愿有明显差别。另外，相对于转让给本集体其他成员（更不要说转让给本集体之外的人），同样的退出补偿价格，农民更愿意有偿交给国家。这意味着政府可以在农村承包地退出中发挥更多作用。

分省来看，在设定价格后，在河北、河南、山东的271、253和284个样本中，分别有114个（占比42.07%）、95个（占比37.55%）和153个（占比53.87%）农民愿意转让一部分承包地（使用权）；分别有61个（占比22.51%）、45个（占比17.79%）和85个（占比29.93%）农民愿意转让全部承包地（使用权）。相对而言，无论是部分退出还是全部退出，山东农民的承包地退出意愿都更为明显。另外，与2014年农民的承包地使用权“转让式”退出意愿（21.69%样本农民愿意把一部分或全部的承包地使用权转让出去）相比，2018年冀鲁豫三省农民的承包地意愿明显增强。按照这一发展趋势，将会有越来越多的农民愿意退出农村承包地。天津、安徽、江苏的样本数较少，这里不再对其情况展开分析。

（3）对于“征地式”承包地退出。按照当地的征地补偿标准，询问农民是否愿意接受国家征地，在1025个样本中，有777个（占比75.80%）农民给出了肯定答案，即愿意接受政府征地，只有1/4的农民给出了否定答案，明显高于2014年冀鲁豫三省调查时农户回答愿意的比例。不过，为了了解农民是否因觉得国家征地没有商量余地而选择接受，笔者特意追问了愿意接受政府征地的农民，心里是否真正乐意接受政府征地。结果发现，在777个愿意接受政府征地的农民中，有246个（占总样本的比例为24.00%）内心其实并不乐意。扣除这些样本，有51.80%的农民愿意并乐意以当地补偿标准接受政府征地，表明有超过半数的农民，愿意通过被政府征地的方式有偿退出农村承包地。

另外，笔者还将政府征地补偿方式分为三种：把所有补偿一次性给现金、把征地补偿分月给（像养老保险那样）、去城里买房抵减一部分购房款，追问了愿意接受政府征地的农民，最喜欢哪种补偿方式。结果发现，在743个回答该问题的有效样本中，分别有 479 个（占比 64.47%）、230 个（占比 30.96%）和 34 个（占比 4.58%）农民选择了第一、第二和第三种补偿方式。这一结果表明，对于“征地式”承包地退出，大部分农民更喜欢拿到一次性的现金补偿。

分省来看，按照当地的征地补偿标准，在河北、河南、山东的 271、253 和 284 个样本中，分别有 194 个（占比 71.59%）、200 个（占比 79.05%）和 231 个（占比 81.34%）农民愿意接受政府征地。其中，河北、河南、山东样本农民中，分别有 126 个（占比 46.49%）、125 个（占比 49.41%）和 172 个（占比 60.56%）农民内心乐意政府征地。上述结果再次表明，近半数冀鲁豫农民不再依赖农村土地，他们已经有较强的承包地退出意愿，而且政府征地也是一种比较受农民欢迎的承包地退出方式。天津、安徽、江苏的样本数较少，此处同样不再对其情况展开分析。

此外，笔者还通过询问受访农民“全家都已经进城、落户且有稳定收入的人，长期保留农村的承包地，你觉得是否合理”来调研农民的主张。结果发现，在 1026 个受访农民中，有 660 个（占比 64.33%）认为“不合理”，有 269 个（占比 26.22%）认为“合理”，剩余 97 个（占比 9.45%）认为“不好说”。进一步的分省统计结果表明，各省受访农民回答“不合理”“合理”和“不好说”的比例大致相同，此处不再详细报告。可见，大部分农民认为“不在地主”不太合理，因此开展农村承包地退出改革，让离农、进城农民有偿退出农村承包地，有很好的社会基础。

三、农村宅基地退出意愿及方式选择

（一）冀鲁豫三省 779 户农户情况分析：基于 2014 年调查

（1）农民的宅基地权益主张。与农村承包地有一轮、二轮承包且在承包期间可能会进行调整不同，宅基地作为农民“房屋之基”，一旦分配就很难再调整。因此与承包地相比，宅基地的私有产权属性更强。考察农民对宅基地的权益主张，既有助于了解农民的宅基地退出意愿，也可以为下一步相关宅基地制度改革提供思路。

当被问及“是否应该允许农民自由买卖宅基地（使用权）”时，在 775 个[①]回答该问题的样本农民中，有 395 个（占比 50.97%）给出了肯定答案，即认为应该允许自由转让宅基地使用权，另外 380 个（占比 49.03%）则给出了否定答案。城市尤其是大城市周边的“小产权房”问题，是造成农村宅基地制度改革滞后的重要原因。农村房屋是宅基地的地上附着物，也是农民最重要的私有财产。中共十八届三中全会指出，要“慎重稳妥推进农民住房财产权抵押、担保、转让”。那么，从农民的角度来看，他们对农村房屋买卖持什么样的态度？在城乡一体化加速的背景下，应该允许农民把自己的房屋卖给非本村人吗？为了考察传统农区农民对农村房屋交易的态度，我们询问了农民“是否应该允许农民把自家房屋卖给非本村人”这一问题。在回答该问题的 768 个样本农民中，有 376 个（占比 48.96%）给出了肯定答案，即认为应该允许农民把自家房屋卖给非本村人，另外的 392 个（占比 51.04%）则给出了否定答案。

随着大量农村人口向城镇迁移，他们退出的农村宅基地如何处置，受到社会广泛关注。当被问及“已经在城里落户，且有稳定工作的外出人员，还应该保留农村宅基地吗”时，在 779 个样本农民中，有 593 个（占比 76.12%）给出了肯定答案，即认为应该保留。当我们追问原因时，有些农民指出，“这（宅基地）是他祖辈传下来的，是他个人的”。只有 23.88%的农民（186 个）认为，不应该让进城落户农民保留农村宅基地。相比而言，有多达 76.52%的受访农民认为，不应该让进城落户农民保留农村承包地。这一结果再次表明，农民对于承包地和宅基地具有不同的权益主张。长期来看，由于农村人口持续减少，村庄撤并将是大势所趋。我们询问了“如果村庄要撤并或搬迁，你觉得村民有权拒绝吗”这一主要涉及宅基地及房屋退出的问题。结果发现，在 776 个回答该问题的样本农民中，有 502 个（占比 64.69%）给出了肯定答案，也就是说农民有权拒绝村庄撤并或搬迁。

（2）不同方式下农民的承包地退出意愿。宅基地退出方式不同，农民的参与意愿也不尽相同。为了更全面地考察农民的宅基地退出意愿，我们在 2014 年冀鲁豫三省农户调查时，将宅基地退出方式具体分为“入股式”“转让式”“换城镇房式”和“集中上楼式”四种，分别询问 779 个样本农民的宅基

① 尽管在调查时，调查员特意强调答案没有对错，但是仍有些农民对表达自己的真实看法非常担心——笔者在山东询问一个户主时，其妻子过来对她丈夫说：你跟他（指笔者）瞎说吧，回头把你抓起来。正是由于上述原因，个别农民最终也没有给出他们的主张，导致样本量有所减少。下同。

地退出意愿，其结果如图 4-4 所示。总体来看，与市场化的“转让式”宅基地退出相比，农民更偏好村集体与政府主导的宅基地退出方式。

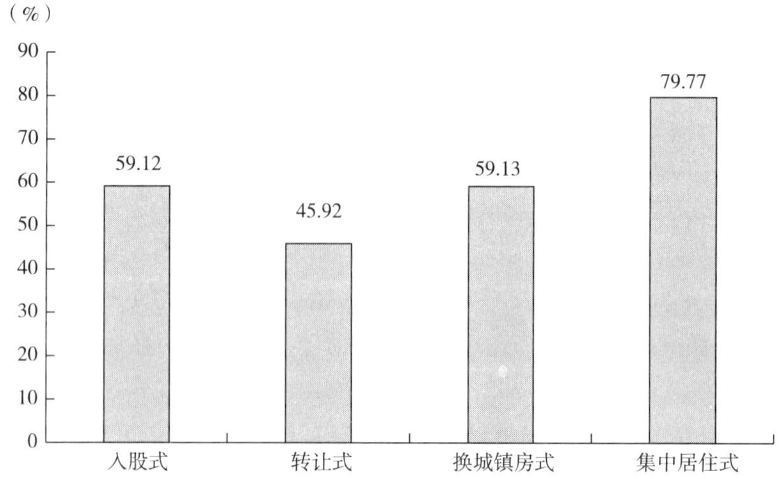

图 4-4　不同方式下冀鲁豫农民愿意退出宅基地的比例（2014 年）

对于“入股式”宅基地退出，调查发现，当被问及“愿意把你家的宅基地折资入股到企业获得分红吗”时，在 773 个回答该问题的样本中，有 457 个（占比 59.12%）给出了肯定答案，即愿意把自家的宅基地交给企业使用、获得分红，只有 40.88%的农民给出了否定答案。分省来看，在河北、河南、山东三个省的 217、307 和 249 个样本中，分别有 58.99%、63.84%和 53.41%的农民，愿意通过入股的方式退出宅基地。相比而言，河南农民更愿意以入股的方式退出农村宅基地。需要指出，询问时并没有特意指出是闲置宅基地，已经有近 60%的农民愿意参与。如果特意指出是闲置宅基地，农民的参与意愿可能更高。这意味着，在乡村振兴和产业资金下乡的背景下，盘活农村宅基地，受到大部分农民的欢迎。

对于“转让式”宅基地退出，我们询问了农民是否愿意转让自家闲置的宅基地（如果有）使用权，在回答该问题的 760 个农民中，有 349 个（占比 45.92%）给出了肯定答案，即愿意将自家闲置的宅基地使用权转让。另外 411 个（占比 54.08%）给出了否定答案。分省来看，在河北、河南、山东三个省的 214 个、303 个和 253 个样本中，分别有 51.96%、45.54%和 41.50%的农民，愿意通过转让的方式退出宅基地。三省农民出售闲置宅基地（使用权）

的意愿，从强到弱依次为河北、河南、山东。

为了了解农民宅基地退出的受偿意愿情况，我们追问了愿意转让宅基地（使用权）的农民，“每一块宅基地（以 3 分[①]地计算）给多少钱，你才肯卖？”有 271 个农民给出了宅基地退出的受偿价格。具体来看，这些农民退出一块 3 分地大小的宅基地的受偿意愿，最小值为 0.3 万元，最大值为 45 万元，平均受偿意愿为 5.10 万元，众数为 3 万元（占 271 个样本的 19.9%）。分组统计发现，51.70%的农民的宅基地退出受偿意愿为 0.3 万~3 万元；29.80%的农民的宅基地退出受偿意愿为 3 万~6 万元；只有 14.00%的农民的宅基地退出受偿意愿在 10 万元以上。可见，如果宅基地可以买卖，对于冀鲁豫而言，绝大部分（86.00%）的宅基地使用权交易价格将在 6 万元以下。

对于“换城镇房式”宅基地退出，我们询问农民是否愿意用自家的承包地换城镇住房，在回答该问题的 778 个农民中，有 460 个（占比 59.13%）给出了肯定答案，即愿意用自家宅基地换城镇住房，有 318 个（占比 40.87%）给出了否定答案。分省来看，在河北、河南、山东三个省的 217 个、308 个和 253 个样本中，分别有 59.45%、65.58%和 50.99%的农民，愿意以“换城镇住房”的方式退出宅基地。三个省农民出售闲置宅基地（使用权）的意愿，从强到弱依次为河南、河北、山东。对比可知，愿意以宅基地换房的农民比例，远高于愿意通过“转让式”退出宅基地的农民比例。这意味着，与现金相比，实物补偿（住房）在 2014 年更受冀鲁豫农民的欢迎——正如在调查时一些农民所说的，“钱花光了，就什么都没了”。通过进一步的分析发现，家里在城镇买房的农民，愿意用宅基地换城镇住房的比例更高，达到 62.04%。在城镇扎根的农民，退出农村宅基地的意愿可能更强。随着越来越多的农民在城里购置房屋，他们的农村宅基地退出意愿可能会更强。

对于“集中上楼式”宅基地退出，我们通过询问农民“如果政策搬迁到中心镇或者城里的同一个小区，你愿意吗”来考察农民参与宅基地退出和“集中上楼”的意愿。村庄搬迁的一个目的是提高农村建设用地利用效率，因此通常会伴随着农民“集中上楼”。调查结果表明，在 776 个回答该问题的农民中，有 619 个（占比 79.77%）给出了肯定答案，即愿意退出自家的宅基地及房屋，集中上楼居住。另外只有 20.23%的农民给出了否定答案。分省来

① 分是中国农民常用的农村土地面积的度量单位，10 分为一亩。在河北、河南和山东等地，一个正常的宅基地面积为 3 分左右。

看，在河北、河南、山东三个省的 217、309 和 250 个样本中，分别有 82.03%、82.20%和 74.80%的农民愿意以“集中上楼”的方式退出宅基地及房屋。可见，虽然农民“集中上楼”受到一些人的指摘，但是近八成农民对此给予支持。当然，我们这里的询问给出了具体的补偿标准，以及上楼居住需要额外支付的费用。无论如何，为了改善农村基础设施状况，更好地为农民提供公共服务，适度集中和上楼居住，是不可逆转的大趋势。这也是近些年来，越来越多的村庄实施集中居住的重要原因。

（3）进城后农民房屋（连同宅基地）可能的处置方式。为了考察农民举家迁移至城镇后，打算如何处置农村房屋，我们询问农民“如果你们全家都搬到城里去了，且房屋可以出租或者买卖，你将选择如何处理”这一问题，并给出“空着”、“让亲属住”、“租出去（如果可以）”、“卖掉”和“其他（具体说明）”5 个选项。图 4-5 展示的统计结果表明，在农民举家迁移至城市之后，即使农村房屋允许自由买卖，也只有将近 11%的农户愿意卖掉，选择“闲着，偶尔回来看一下、住一下”的农户比例多达 45%，选择出租（如果可以租出去的话）的农户比例约为 38%，选择“给亲属用/交由亲属管理”的农户比例约为 5%。另有不足 1%的农民选择交由政府处理。实际上，随着大量农村人口向城镇迁移，农村房屋出租市场很小，供大于求的现象将会越来越突出，否则就不会有那么多的“空心村”和闲置房屋。总之，上述结果意味着，如果不采取有效的措施，农村房屋和宅基地闲置问题将长期存在，那么德·索托（2000）意义上的穷人的资产僵化造成的农村经济发展机会损失也就难以避免。

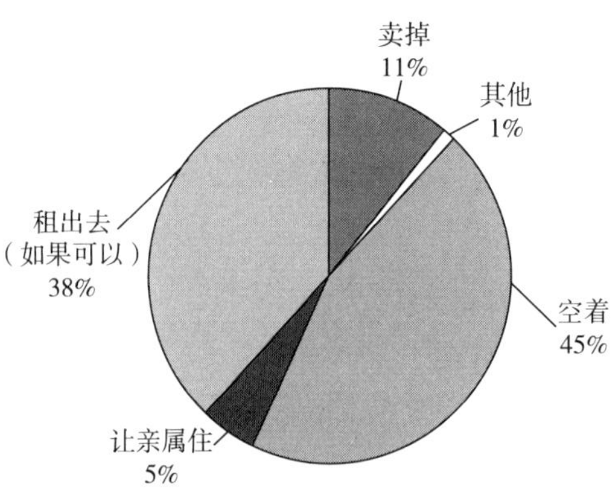

图 4-5　进城后农民对宅基地可能的处置方式（2014 年）

农村土地属于集体所有，而用途管理主要归当地政府，因此农村土地退出及后续的利用，都离不开村集体和当地政府发挥作用。为了了解农民的态度，笔者询问了样本农民，“你认为承包地、宅基地使用权转让，需要通过村集体或当地政府吗”。结果发现，在776个回答该问题的农民中，有549个（占比70.75%）给出了肯定答案，即农村承包地、宅基地使用权流转交易需要通过村集体或当地政府。这表明，大部分农民都认可村集体和当地政府在农村土地交易中的地位，村集体和当地政府可以在农村土地优化利用中发挥更大作用。

（二）黄淮海农区1026户农户情况分析：基于2018年调查

2014年的冀鲁豫调查，询问农民的宅基地退出意愿时，没有区分样本农户家里是否有闲置宅基地，因此得到的结论不够准确。为了更细致地分析农民的宅基地退出意愿，同时考虑到闲置宅基地和闲置房屋有明显差别，2018年笔者对黄淮海农区农户调查时，特别针对家里有闲置宅基地的农户，区分了在给定市场价格下，农民将闲置宅基地（使用权）转让给别人与转让给国家的意愿，并询问了家里有闲置房屋的农民，是否愿意把长期闲置的房屋连同宅基地一体转让给别人。同时，本次调查还询问了农民参与整村搬迁的意愿（也是一种宅基地和房屋退出的方式）。结果如图4-6所示。

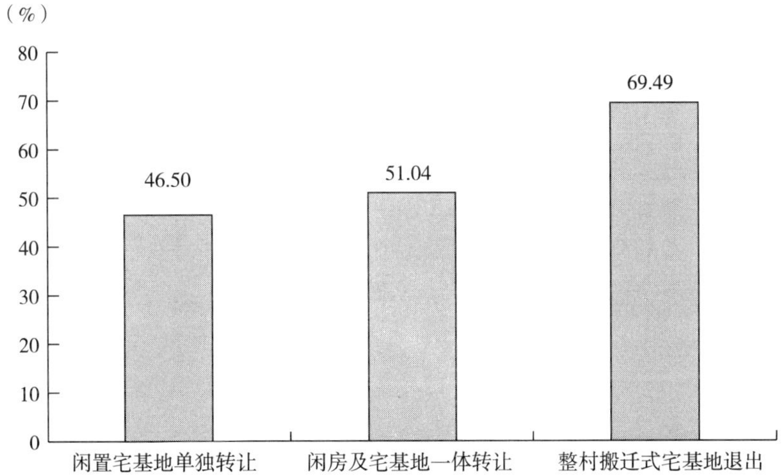

图4-6　不同方式下农民的宅基地退出意愿（2018年）

（1）有闲置宅基地者的宅基地转让意愿。总体来看，在 158 个家里有闲置宅基地的农户中，有 94 个（占比 59.49%）农户愿意将自家闲置宅基地以当地市场价格转让给他人或政府，或者以每分地 1 万元的补偿价格转让给他人或交给政府①。这一比例明显比 2014 年冀鲁豫调研的比例更高，一方面，可能是因为经过几年的发展，闲置宅基地比例在上升，所以农民的宅基地退出意愿在增强；另一方面，可能是由于 2014 年冀鲁豫农户中相当大比例没有闲置宅基地，因而其宅基地退出意愿较弱。

从不同的退出方式来看，如果是按照当地市场价格，在 78 个知道当地宅基地市场交易价格的样本中，有 30 个（占比 38.46%）农户给出了肯定答案，即愿意按照当地的市场价格转让给他人；有 52 个（占比 53.85%）农户愿意按当地市场价格将闲置宅基地交给政府。在 79 个不知道当地宅基地市场交易价格的样本中，如果是他人或者国家以每分宅基地 1 万元的价格接受农民闲置的宅基地，有 43 个（占比 54.43%）农户愿意将自家闲置的宅基地（使用权）转让给他人，有 52 个（占比 65.82%）农户愿意将自家闲置的宅基地交给国家。可见，无论哪种方式，与转让给他人相比，农民都更偏好政府主导的农村闲置宅基地有偿退出。因有闲置宅基地的农户样本较少，这里不再分省查看。

（2）闲置房子及宅基地“房地一体”转让意愿。在 1026 个农户样本中，有 142 个（占比 13.84%）农户家里有长期闲置的房子，其中 141 个回答了是否“愿意把自家闲置的房子连同宅基地一体转让给他人（卖掉）”这一问题。结果发现，有 72 人（占比 51.04%）农户给出了肯定答案，即愿意把自家长期闲置的房屋连同宅基地一起卖掉。另外，值得注意的是，对于家里已经在城镇买房且农村有闲置房子的 56 个样本而言，其愿意转让闲置房子及宅基地的比例为 51.79%，与没在城镇买房的相差无几。这表明，是否在城镇拥有住房，可能并不会显著影响农民处置农村闲置房屋的意愿。如果这一结论可靠，那么政策就不能期待农民离农、进城后会自愿退出农村闲置房屋和宅基地。因有闲置房子的农户样本较少，这里也不再分省查看。

（3）“整村拆迁（集中居住）式”宅基地退出。伴随着农村居民收入水

① 调查员首先询问受访者当地买一块宅基地（使用权）大概要多少钱，再问这价格的宅基地面积一般是多大，然后由调查员计算出单位面积的价格。最后，用这一价格作为市场价格，询问有闲置宅基地的农户家庭，是否愿意将自家闲置的宅基地出售。对于不知道市场价格的受访者，调查员则根据有关改革试验区的经验和普遍价格，设定一个价格——每分宅基地 1 万元，询问受访者是否愿意将自家闲置的宅基地出售。

平的提高和乡村振兴战略的推进，越来越多的地方正在进行村庄重建——比如后面将会提到的山东青州、福建晋江、浙江义乌等地。这些地方的经验表明，以整村拆迁或集中居住的方式退出农村宅基地，也是一种可行的方式。因此，2018 年黄淮海农区农户调查，询问了农民“如果整村一起搬迁到新村、乡镇或者城里的同一个小区，你家愿意吗?”结果发现，在 1026 个农户样本中，有 713 个（占比 69.49%）给出了肯定答案，即愿意整村搬迁，而且进一步追问发现，有 80.06%的农户不仅愿意搬迁，内心也是乐意的。分省来看，在河北、河南、山东三个省的 271、254 和 284 个样本农户中，分别有 65.31%、71.26%和 72.54%的农户愿意整村搬迁。而且，天津、安徽、江苏样本参与的比例也都在 60%以上，其中天津更是高达 83.02%。这一结果表明，大部分农民能够接受整村搬迁和集中居住。整村搬迁和集中居住，可能是未来推动农村土地退出、提升农村建设用地利用效率的重要方向。

上述结果表明，无论何种方式，农民都有较强的农村宅基地退出意愿。也就是说，实施农村土地退出、推进农村宅基地交易和集约化、高效利用，有很好的民意基础。

四、打破社区：农村土地退出意愿的拓展分析

国际经验表明，城镇化具有不可逆性。随着越来越多的农民离农、进城，大部分农村社区大量的人口净流出无疑会成为常态。这会导致在农村社区内部，离农、进城农民想有偿退出农村土地，却缺乏承接者。为了让农村土地资源流动起来，消除农村土地“供求错配、空间错位”，除了整村搬迁和集中居住外，对于一些适合发展的地区，引进外部资源和人口、打破传统农村社区是大势所趋。从实践来看，党的十九大报告提出了乡村振兴战略。乡村振兴需要以合理的机制引导人才、资金回乡村发展，而这需要一定的土地。实际上，在北京、上海、江苏等经济发达地区，本地愿意务农者不断减少，因此越来越多的外地农民到这些地方从事现代农业进而定居。虽然受制于土地制度，这些人不能获得更为充分的土地使用权，但从本质上来说，他们已经可以被视作经营地的居民。

传统农村社区是农民的社区，在农村土地退出时，如果要打破社区，引入外部资源和人口，需要尊重这些人的意愿。因此，在 2018 年黄淮海农区农户调查时，笔者特意设计了“如果政策允许，有外人想在你们村买房子和承包

地，并成为集体的一员，你的态度是”这一问题，并让受访者从“1=坚决不同意、2=不同意、3=无所谓、4=同意、5=完全同意”这5个选项中选择一个，来探寻农民对于引入外部人口、打破所在社区边界的看法。结果表明，在1025个回答该问题的农户中，“完全同意”或“同意”的农户分别为119户（占比11.61%）、233户（占比22.73%），“不同意”或“坚决不同意”的农户数分别为208户（占比20.29%）、163户（占比15.90%），其他302户（占比29.46%）持“无所谓”态度。调查结果分析如图4-7所示。

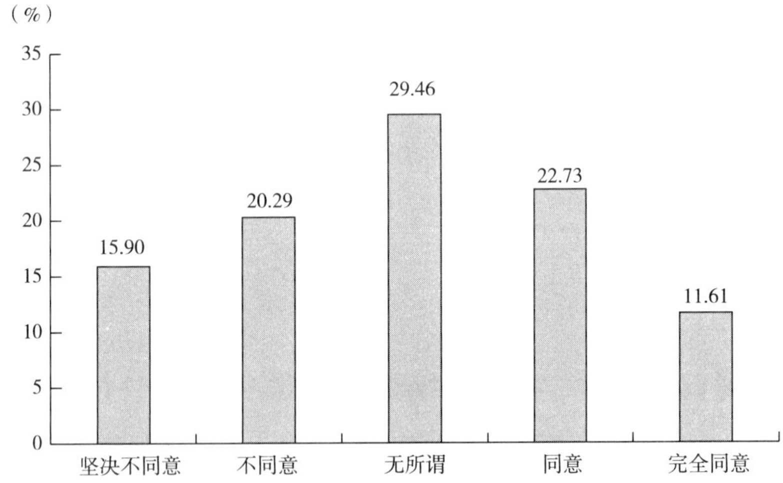

图4-7 农民对外人到本社区购房置地的态度（2018年）

对相似的态度“同意”与“完全同意”，以及“不同意”与“坚决不同意”合并后发现，在1025个回答该问题的样本农户中，有34.34%的农户选择给出了积极的答案，也就是说，超过1/3的农户同意外人到本社区购置房子和土地使用权并成为本集体的一员。有29.46%的受访者给出了“无所谓”的选项，另外35.19%的受访者表示“不同意”或“坚决不同意”。总体来看，对于是否应该允许外村人到本村发展，农民的意见可以概括为“三个1/3”，即1/3赞成、1/3反对、1/3表示无所谓。这意味着，打破农村社区的传统边界和集体经济组织的封闭性，在更大范围内优化配置农村土地，目前仍存在较大的争议，农民对这一改革存在比较大的意见分歧。

考虑到不同类型农户可能有不同的态度，笔者应当将样本分层分类进行分析，探究到底什么样的人更愿意接受打破传统农村社区，尤其是分析愿意退出农村土地者是否更易接受传统农村社区打破。

在 94 个有闲置宅基地且愿意转让给他人或以相同补偿价格有偿交给政府的农户中，“同意”或“完全同意”外人来本村购置承包地、宅基地使用权和房子的比例，合计达到 53. 12%，而“不同意”或“坚决不同意”的比例合计为 31. 91%。可见，与全样本相比，家里有闲置宅基地且愿意转让的农民，接受外人来本村购买承包地、宅基地使用权的比例提高了近 20 个百分点（从 34. 34%提高到 53. 12%）。在 72 个有长期闲置房子且愿意转让给别人的样本农民中，“同意”或“完全同意”外人来本村购置承包地、宅基地使用权和房子的比例，合计达到 50. 69%，而“不同意”或“坚决不同意”的比例合计为 28. 77%。可见，与全样本相比，家里有长期闲置房子且愿意转让的农民，接受外人来本村购买承包地、宅基地使用权的比例也更高，从占全样本的 34. 34%增加到 50. 69%。调查的详细统计结果见图 4-8。

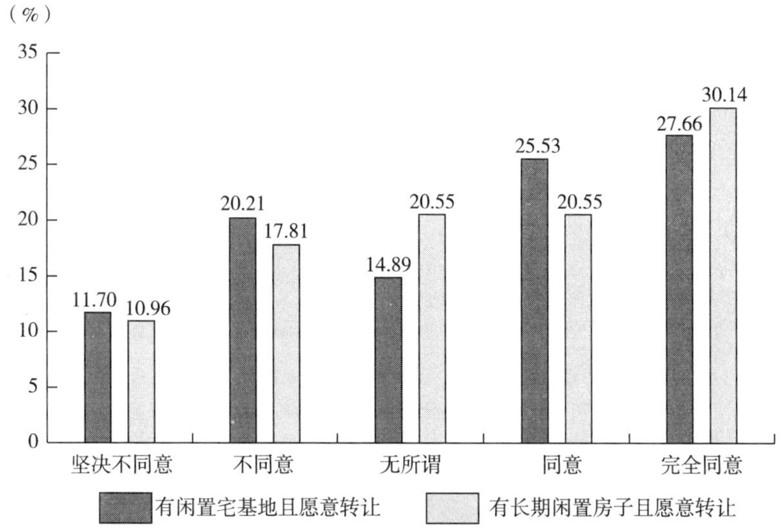

图 4-8　有闲置宅基地和房子且愿意转让的农民对外人到本社区购房置地的态度（2018 年）

这一结果意味着，随着越来越多的农民愿意有偿退出农村闲置宅基地和房子，打破传统农村社区边界，会受到越来越多的农户支持。考虑到今后仍会有大量农村人口持续向城镇迁移，未来一个时期，农村闲置宅基地和房屋将会进一步增多。就此而言，打破农村社区边界将是大势所趋。所以政策安排应当从将来一个时期农民离农、进城和现在一些老年农民终将退出农业农村的角度进行设计，适度打破传统农村社区边界。

下面分别考察在不同的退出方式、不同的退出数量下，愿意退出农村承包地的农民对外人来本村购置农村承包地、宅基地的态度。

一次性给予40年当地最高租金，在愿意将自家一部分承包地交给国家的458个样本农民中，“同意”或“完全同意”外人来本村购置承包地、宅基地使用权和房子的比例，合计达到42.79%，而“不同意”或“坚决不同意”的比例，合计为32.32%；对于愿意将自家全部承包地都交给国家的236个农民而言，“同意”或“完全同意”外人来本村购置承包地、宅基地使用权和房子的比例，合计达到49.15%，而“不同意”或“坚决不同意”的比例合计为29.67%。

还是一次性给予40年当地最高租金，在愿意将自家一部分承包地转让给本村人的351个样本农民中，“同意”或“完全同意”外人来本村购置承包地、宅基地使用权和房子的比例，合计达到47.00%，而“不同意”或“坚决不同意”的比例合计为31.34%；在愿意将自家全部承包地都交给本村人的195个样本农民，“同意”或“完全同意”外人来本村购置承包地、宅基地使用权和房子的比例，合计达到53.85%，而“不同意”或“坚决不同意”的比例合计为30.25%。详细统计结果见表4-3。

表4-3　有承包地退出意愿者对外人到本村购房置地的态度及其频次（2018年）

	愿意将一部分承包地出售给国家（N=458）			愿意将全部承包地出售给国家（N=236）		
	样本数	比例（%）	累计百分比（%）	样本数	比例（%）	累计百分比（%）
坚决不同意	61	13.32	13.32	31	13.14	13.14
不同意	87	19.00	32.31	39	16.53	29.66
无所谓	114	24.89	57.21	50	21.19	50.85
同意	125	27.29	84.50	67	28.39	79.24
完全同意	71	15.50	100	49	20.76	100
	愿意将一部分承包地转让给本村人（N=351）			愿意将全部承包地转让给本村人（N=195）		
	样本数	比例（%）	累计百分比（%）	样本数	比例（%）	累计百分比（%）
坚决不同意	46	13.11	13.11	26	13.33	13.33
不同意	64	18.23	31.34	33	16.92	30.26

续表

	愿意将一部分承包地转让给本村人（N＝351）			愿意将全部承包地转让给本村人（N＝195）		
	样本数	比例（%）	累计百分比（%）	样本数	比例（%）	累计百分比（%）
无所谓	76	21.65	52.99	31	15.90	46.15
同意	105	29.91	82.91	60	30.77	76.92
完全同意	60	17.09	100	45	23.08	100

可见，愿意退出承包地的农民，对于接受外人来本村购置承包地、宅基地使用权的可能性更高，而且愿意退出全部承包地的农民接受外人来本村购置承包地、宅基地使用权的比例明显高于愿意退出一部分承包地的农民。由于承包地退出意愿反映了农民对农村土地的依赖程度，愿意转让全部承包地的农民，比愿意转让部分承包地的农民和不愿意转让承包地的农民，更倾向于同意外人来本村购置承包地、宅基地使用权就不难理解。

五、耕地撂荒：农村土地退出意愿的行动表达

与农村人口向城镇迁移后农村宅基地及房屋长期闲置的结果类似，离农、进城农民想减少经营面积却不能将承包地流转出去，只好懒散经营，甚至干脆将耕地撂荒，从而造成严重的农业绩效损失。中国人多地少，耕地资源高度紧张，粮食安全长期紧平衡，不少农产品需要进口。2020 年新冠疫情暴发后，一些国家限制粮食出口。在这样的情况下，为了保障国家粮食安全，让中国人的饭碗主要“装中国粮”，必须重视耕地撂荒现象。据笔者了解，安徽南部、河南南部等山区和丘陵地区，由于没人租，耕地抛荒的比例接近 1/10。以安徽省黄山市祁门县为例，据当地农业部门调查，2012 年，该县耕地抛荒的面积多达 11521.99 亩（占全县耕地总面积的 8.05%），其中 2/3 是全年抛荒。

近年来，随着农业、农村人口向城镇非农领域迁移，耕地抛荒有从山区、丘陵地区向平原蔓延的趋势，江淮平原、长江中下游平原季节性抛荒开始增多。笔者于 2019 年 7~8 月对江苏、山东、安徽三省 15 县（市、区）935 户农户调查发现，有 232 户（占比 24.81%）家里有撂荒的耕地，其中 58 户，或者说 1/4 是全年撂荒。也就是说，总体来看，江苏、山东、安徽这些样本农

户，有24.81%的农户家里有耕地撂荒，有5.73%的农户家里有耕地全年撂荒。从撂荒的耕地面积来看，样本农户撂荒耕地面积最小的为0.1亩，面积最大的为1412亩①，耕地撂荒平均面积为23.40亩（SD=102.41）。除撂荒1412亩的个别样本农户外，还有58户农户家里撂荒的耕地面积在10亩（含）以上。考虑到农户承包的土地一般“户均不过十亩”，上述结果意味着有58户农户（也恰巧占家里有撂荒耕地的农户的1/4）季节性撂荒了自家租入的耕地。对于家里有耕地全年撂荒的农户，有23户家里全年撂荒耕地在2亩以上，其中两户全年撂荒耕地在10亩（含）以上，最大的一户全年撂荒16亩。从耕地撂荒的年限来看，在撂荒的农户中，有55.81%的农户是2014年开始将耕地撂荒的，而且2018年是新增撂荒耕地户最多的一年，占撂荒农户比例的14.53%。分省来看，在江苏、山东、安徽的227、443、265个样本农户中，分别有10户（占比4.41%）、64户（占比14.45%）和158户（占比59.62%）家里有耕地撂荒。安徽省的样本农户中，竟然有近60%的农户家里有耕地撂荒，其中36户（占撂荒农户数的26.09%）或者说超过1/4的农户家里有耕地全年撂荒。无论如何，上述结果表明，样本地区的耕地撂荒已经比较普遍，而且即便是租入土地从事规模经营的农户，也存在非常明显的撂荒现象。

像宅基地长期闲置一样，“耕地撂荒”也是农村土地无效率利用的极端体现，是农民承包地退出意愿的行动表达。对于抛荒与农民承包地退出意愿的关系，可以通过比较有无耕地抛荒两类农户的承包地退出意愿进行验证。对2019年苏鲁皖三省农户调查数据分析发现，如果一次性给予40年当地最高年租金，以交给/卖给国家为例，家里有耕地抛荒的农户中，分别有49.35%、33.77%的农户愿意退出一部分或全部承包地；家里没有耕地抛荒的农户中，分别有45.70%、31.52%的农户愿意退出一部分或全部承包地。家里有耕地撂荒的样本农户中，在给定退出补偿价格时，愿意退出一部分或全部承包地的比例，分别比没有抛荒的农民群体高出3.65个和2.25个百分点。由此可知，家里有承包地抛荒的农户，农村承包地自愿有偿退出的意愿确实更强。农户可能正是因为想有偿退出承包地而不得，才无奈将其撂荒。关于承包地退出意愿对耕地撂荒影响的分析，第八章将进行专题论述。

① 这是安徽省六安市金安区一个租地经营的大户。由于小麦产量低、市场价格也低，种植的成本收益不合适，再加上秸秆处理比较麻烦，该大户租入的本来应该用于小麦、水稻轮作的耕地，实际只种植了水稻。

在向城镇非农领域迁移的过程中，离农或者兼业农民是否继续种地、种多少地、如何种地，是农民考虑成本收益后的理性决策。那些甚至流入土地从事规模经营的专业大户将耕地撂荒，根源在于务农的经营收益太低。农民在意收入、追求效用最大化的行为动机，与国家强调国家粮食安全的政策目标明显不同。如果继续耕种带来的收益小于投入的成本，即经济上不划算，农民想退出承包地又没有通道，那么即便暂未将耕地抛荒，他们也会懒散经营，最终造成农业经营效率和粮食产量损失。实际上，在列入国家发展和改革委员会价格司《全国农产品成本收益资料汇编》的 15 种主要农产品中，2018 年小麦、玉米、大豆、油菜籽、棉花、散养生猪的净利润都是负值。其中，玉米是连续 4 年净利润为负，大豆、油菜籽、棉花则是连续 5 年净利润为负。即便不考虑自营地折租、家庭用工折价，稻谷、小麦、玉米三种粮食平均每亩收益也只有 481.7 元。正如总书记所说："种一亩粮的收入还比不上打几天工。"因此，如何加快深化农村土地退出，推动宝贵的耕地资源在剩余农业人口中"再配置"，从而提升土地利用效率和农业经营效益，是今后一个时期农村土地制度改革亟待破解的问题。

第五章　闲置宅基地退出意愿的计量分析：城镇可行能力视角

农村人口转化为城镇人口，同时农村建设用地减少、城镇建设用地增加是城市化进程的主要体现。但中国城市化进程中却呈现出农村人口减少，而农村宅基地却不降反增的现象。根据国家统计局的数据，2008~2013 年全国农村户籍人口由 70399 万人减少至 62961 万人，五年间减少 10.6%。但农村宅基地面积却由 2008 年底的 1.36 亿亩增加至 2013 年底的 1.7 亿亩，五年增长 25.0%（魏后凯、刘同山，2016）。根据中国社会科学院农村发展研究所《农村绿皮书（2018~2019）》的数据，2018 年农村宅基地空置率为 10.7%，空房率最高达七成（魏后凯等，2019）。农村宅基地不减反增、闲置宅基地大量存在，反映了中国农村建设用地利用的粗放、低效。而城镇建设用地与农村建设用地长期并增，必然侵蚀耕地资源，对农业生产造成破坏。

农村宅基地是房屋之基。长期以来，农村宅基地交易受到法律法规和政策的严格限制。在“房地一体”的客观现实下，这实际上造成农村住房市场缺失，农民不能处置自家闲置的房屋。因此，与农村宅基地低效率利用相伴而生的，是大量农村房屋的长期闲置。农村宅基地的主要用途是盖房。一般而言，农民认为只有没盖房的、“完全闲着”的宅基地，才是闲置宅基地，已经盖上房屋的宅基地不能被称为闲置宅基地①。不过，从提高农村宅基地利用效率和人地资源匹配的角度看，农村宅基地盖上房子但房屋闲置的，其宅基地实际上并没有得到有效利用，因此，本章将有闲置房屋也认定为有闲置宅基地。

近年来，随着大量农村人口向城镇非农领域转移，农村房屋闲置情况日益

① 对 2018 年黄淮海农区和 2019 年苏鲁皖三省的调查数据检验发现，农户家里是否有闲置宅基地、是否有闲置房屋的相关系数为分别 0.45 和 0.41，表明是否有闲置宅基地和是否有闲置房屋有相关性但相关性不强，二者不是一回事。

突出。笔者 2018 年 1~3 月在黄淮海农区和 2019 年 7~8 月在苏鲁皖三省抽样调查结果显示，黄淮海农区 1026 户样本农户中，13.8%（142 户）的农户家里有长期闲置的房子；苏鲁皖三省 935 户样本农户中，14.9%（139 户）的农户家里有长期闲置的房子。江西省委农办的调查则表明，按常住农户数计算，江西省 1008 个样本村庄中，有 371 个自然村（占比 36.8%）的“空心化”率在 40%以上①。国家统计局的数据显示，2012 年，中国农村居民人均住房面积为 37.1 平方米，每平方米的住房价值为 689.1 元，假如从农村向城镇迁移的人口以 2018 年的 1790 万人计算，则农村每年将会新增 6.64 亿平方米的闲置住房，折合市场价值超过 4570 亿元。一旦考虑到存量，农村长期闲置房屋的价值将十分惊人。农民是弱势群体，农村是落后地区，大量的农村房屋资产长期闲置，对农民进城、乡村振兴乃至中国经济发展毫无益处。可见，农村宅基地和房屋低效利用已经成为影响中国经济整体效率的突出问题，如何推进农村宅基地制度改革，加快让离农、进城农户自愿有偿退出闲置宅基地及闲置房屋，日益受到政府和学者的重视。

为了有效推进农村闲置宅基地退出，有必要厘清影响农民宅基地退出意愿及行为的主要因素。在农民退出宅基地情况较少的背景下，当前国内研究集中于农民宅基地退出意愿的影响因素。已有研究大体分为两类：一是基于“推拉理论”的研究。一些研究在英国学者拉文斯坦（E. G. Ravenstein）提出的“推拉理论”框架下将影响农民乡城迁移及宅基地退出意愿的因素划分为“推力”因素和“拉力”因素，强调了“推力”因素中的非农经济活动（许恒周等，2014；于伟等，2016）、城镇化水平（佟艳等，2017）、户籍制度改革（朱新华，2014）、持有宅基地数量（龚宏龄，2017）、农地流转（王敏等，2016；高瑞、费罗成，2019）；“拉力”因素中的农业生产（彭长生、范子英，2012）、保障功能（张怡然等，2011）、家庭负担（陈霄，2012）、乡土情结（汤爽爽等，2017）对农民宅基地退出意愿的影响。二是基于权利视角的研究。许恒周等（2013）研究发现，宅基地确权对第一代农民工宅基地退出意愿没有显著影响，但对新生代农民宅基地退出意愿有显著促进作用。彭长生等（2013）实证研究了农民宅基地产权认知对其宅基地退出意愿的影响，得出农民对继承权的认知水平对宅基地退出意愿有显著正向影响，对抵押权的认知水平对宅基地退出意愿有显著负向影响，而对所有权、处置权的认知状况对宅基

① 江西省委农办．江西省“空心村”调研报告［J］．乡村振兴文稿，2019（2）．

地退出意愿影响不显著。而且，彭长生等（2019）对安徽、湖南两省 512 户农户数据进行计量分析发现，确权对农村宅基地流转的影响不显著，且会让农民更不愿意接受征地。韩文龙和刘璐（2020）将农民对宅基地的权属意识划分为显性权属意识和隐性权属意识，认为显性权属意识对农民宅基地退出意愿没有显著影响，而隐性权属意识对农民宅基地退出意愿有显著负向影响。此外，一些学者探索从其他视角分析农民宅基地退出意愿的影响因素，杨玉珍（2015）基于行为经济学视角研究得出禀赋效应、现状偏见、不确定性厌恶、锚定心理、社会性特征等因素显著影响农民宅基地退出意愿。朱新华、陆思璇（2014）基于风险视角研究得出，农民宅基地退出意愿随着其抗风险能力的增强先升高后降低。刘同山（2016）将农民宅基地退出方式分为资产化和直接处置两种，分析了农户的宅基地退出意愿。

已有研究从不同视角揭示了农民宅基地退出意愿的影响因素，得出了很多有价值的结论，为进一步研究宅基地退出奠定了重要的基础。但现有文献也存在以下三点不足：一是缺乏着眼于农民在城镇可行能力的研究。宅基地退出本质上是城市化进程对城乡二元结构的冲击，是城市化进程对城乡资源重新配置的要求，是城市化进程中农民自主选择的结果。借鉴阿玛蒂亚·森的自由发展观，农民是否愿意退出宅基地归根结底取决于农民能否在城镇获得其所期望生活的可行能力。因而以城镇可行能力视角分析农民宅基地退出意愿的影响因素有重要的理论价值。二是在考察农民宅基地退出意愿时，主要是笼统地问农民是否愿意退出宅基地，而没有具体分析农户家里是不是有闲置宅基地。拥有一处宅基地和拥有多处宅基地的农民，影响其农村宅基地退出决策的因素显然不尽相同。当农户在农村只拥有一处住宅时，宅基地对于他们而言意义非凡，不仅是其全家安身之所，也是心灵的最终归属地和情感寄托之物（龚宏龄，2017）。这时农村宅基地退出不仅关系到退出收益，还关系到其农民身份和生活方式的转变。因此拥有一处宅基地和拥有闲置宅基地的农民，其宅基地退出意愿差别很大，且退出意愿的影响因素也不尽相同。而且，决定农民是否有闲置宅基地的变量可能对其宅基地退出意愿变量产生断尾作用，导致样本选择偏差，影响估计结果的一致性。三是作为一项权利的让渡，闲置宅基地使用权让渡（以下简称“宅基地转让”）的价格或者说退出补偿，显然是影响农民宅基地退出意愿的关键，但是现有绝大部分研究在考察农民的宅基地退出意愿时，都没有限定退出补偿标准，因而弱化了研究意义。

鉴于此，本章关注农民在城镇的可行能力对其宅基地退出意愿的影响，并且着重研究在给定价格条件下，有闲置宅基地农户的宅基地退出意愿，提出更加明确的研究结论和政策建议。

一、理论分析

（一）作为福利评价标准的可行能力

可行能力理论是阿玛蒂亚·森福利经济学和发展经济学理论的核心概念。在批判继承古典功利主义和罗尔斯、诺奇克代表的“自由权优先”理论，并借鉴亚里士多德关于“人的功能”论述和亚当·斯密关于“必需品”论述的基础上，森（2002）提出可行能力概念，将其作为福利评价的价值标准。森将可行能力定义为个体实现各种可能的功能性活动的实质自由，认为这种实质性自由既是发展的目的，也是促进发展的手段。可行能力视角的福利分析能够避免功利主义学派忽略权利、自由、分配等因素而过分关注个体心理因素以及“自由权优先理论”重程序而轻后果的缺陷，将更多重要的价值要素纳入个体福利考察范围，扩大了福利评价的信息基础，因而是更合理的福利评价标准。

森提出了可行能力概念，但并没有对可行能力的内涵给出规定，他只是提出工具性自由的五分法，即将工具性自由划分为政治自由、经济条件、社会机会、透明性保证以及防护性保障，并指出可行能力应包括免受痛苦，如饥饿、营养不良、可避免的疾病、过早死亡等最基本的功能性活动，再逐步扩展到更多更高层次的项目。实际上，哪些因素应该纳入可行能力清单是一个价值选择问题，取决于研究问题的性质和研究者的立场、方法。中国学者基于本国国情对农民可行能力的内涵进行了探讨。高进云等（2007）在考察城市化进程中的失地农民福利时，从家庭经济收入、社会保障、居住条件、社区生活、环境和心理六个方面反映可行能力。袁方、史清华（2013）将农民工的可行能力划分为六个方面，即社会机会、防护性保障、精神感受、经济状况、生活状况和工作满意状况。王伟、马超（2013）选取经济状况、居住条件、社会机会、社会保障、心理因素五个方面的指标反映失地农民的可行能力。叶静怡、王琼（2014）利用因子分析法，将进城务工人员的功能性活动划分为教育和能力、经济资源、防护性保障、心理条件、社会资本和健康状况六个方面。胡清华等（2019）从经济水平、社会保险、居住条件、居住环境和心理水平五个维度反映被征地农民的可行能力。总体来看，这些划分方式均从其研究对象的实际出发考察其不同层面的功能性活动，并主要参考了森对工具性自由的划分。

（二）城镇可行能力对农民宅基地退出意愿的影响

城市化进程中，农民向城镇迁移的基本动力是城镇有更好的工作生活条件，能够实现个人和家庭更好的发展。农民在城镇的可行能力的提高能够提升其对城镇生活的满意度，并降低其为了应对进城失败而保留宅基地作为最后保障的需求，从而提高其宅基地退出意愿。基于农民在城镇的基本功能性活动，参照已有研究，笔者将农民在城镇的可行能力划分为家庭经济状况、城镇就业稳定性、城镇住房情况和城镇社会资本四个维度。

1. 家庭经济状况

经济状况是影响农户城镇可行能力的核心因素。城乡壁垒打破以后，一个有更多收入或财富的农民，显然有更强的城镇可行能力，无论这种收入或财富是来自农业还是非农领域。就农村宅基地退出而言，收入最低的那部分农户，城镇可行能力差，因而他们更加珍视农村的宅基地和房屋，所以退出意愿较低。不过，收入最高的那部分农户，其城镇可行能力较强，转让农村闲置宅基地获得的收入给其带来的效用增加，抵不过“城里有房、村里有地”的成就感以及让农地“有在那里”（贺雪峰，2010）的心理满足感等，因而其闲置宅基地退出意愿反而更弱。改革开放之初，大部分农民都在贫困线上挣扎，其经济状况主要受收入的影响。后来经济状况改善，主要是来自家庭收入。那么，从上面的分析可以看出，家庭人均收入对农民的闲置宅基地退出意愿的影响可能不是线性的，而是“倒 U 形”的。据此提出假说 1：

H1：农民的宅基地退出意愿随着家庭人均收入的增加先增强再减弱，即存在“倒 U 形”关系。

2. 城镇就业稳定性

城镇稳定的工作是吸引农民离开农业、农村向城镇迁移的主要因素，也是农民城镇可行能力的最基本、最直接的体现。如果农民能够在城镇拥有一份稳定的工作，也就意味着有了比较稳定的非农收入来源。这样迁移到城镇的农民，将更有条件为自己和孩子投资，增加在健康、医疗和教育上的支出，从而开启人力资本投资的良性循环（班纳吉、迪弗洛，2018），使家庭经济条件逐步改善。这将有助于农民在城镇定居而降低农户对农村宅基地保障功能的需求，从而提高农民退出宅基地的意愿。相反，不稳定的城镇就业会使农民处于一种脆弱性之中，他们城镇迁移和城镇融入的不确定性加大，可能更需要农村宅基地作为“退路”，因而闲置宅基地退出的意愿较低。而且，在城镇有稳定就业的农民，更容易在《劳动法》的影响下，获得一份稳定的城镇职工社会保障。这种城镇社会保障能够保障离农、进城农民的基本生活，作为一种“托底机制”提升进城农民应对风险的能力。也就是说，稳定的城镇就业不仅会让农户有更多的收入，还会提升农民的城镇可行能力，增强农民城镇迁移的安全感，从而增强离农、进城农户退出农村宅基地的意愿。基于以上分析，笔者提出本章假说 2：

H2：非农就业稳定性对于农民的宅基地退出意愿有正向作用，即城镇就业稳定性越高，农民退出宅基地的意愿越强。

3. 城镇住房情况

住房条件不仅承载着家庭成员的生活起居，而且是社会身份的体现（Rachel，2002），与个体的生理和心理健康息息相关（Robeyns，2003）。如果农民在城镇没有稳定住房或住房条件太差，而在农村有相对宽敞的房屋和较好的自然环境，他们会更可能将城镇作为临时务工或经营的场所，而不会把全家搬到城市定居，因而退出宅基地的意愿较弱。相反，良好的城镇居住条件使农民更有条件举家迁居城镇并更好地融入城镇生活，从而更可能退出农村宅基地。而且，农村宅基地及房屋，与城镇住房具有替代性。农民向城镇迁移、在城镇拥有住房，是造成农村宅基地、房屋闲置的重要原因。因此在城镇是否拥有住房，可能会对农民的农村宅基地处置意愿产生影响。基于以上分析，笔者提出假说 3：

H3：拥有城镇住房，对农民的农村宅基地退出意愿有正向作用。

4. 城镇社会资本

城镇熟人网络能够从多个方面增强进城农民在城镇的可行能力，如帮助农民在城镇找到合适的工作、提供临时住所、遇到疾病等突发事件时施以援手等（Munshi，2003）。这些互惠行为有助于提升农民在城镇生活的福利水平，对农民定居城镇可以起到很大的推动作用。此外，社会资本本身就是个体福利水平的重要体现，城镇社会网络能够满足农民在城镇的情感诉求（叶静怡、王琼，2013），从而增强其对城市生活的适应性和认同感，并弱化其对农村传统社会网络的依赖。综合来看，城镇社会资本丰富的农户更容易在城镇实现其经济和社会需求，退出农村宅基地的意愿也越强。基于以上分析，笔者提出假说 4：

H4：城镇社会资本越丰富，农民退出宅基地的意愿越强，即城镇社会资本对农民的宅基地退出意愿有正向作用。

二、变量、数据与模型

（一）变量选择

1. 被解释变量

为了更全面地考察农民的闲置宅基地退出意愿，笔者将农民的闲置宅基地退出意愿具体分为是否愿意把闲置宅基地转让给国家或他人、是否愿意将闲置宅基地和闲置房屋转让给国家或他人。之所以用是否愿意把闲置宅基地、闲置房屋转让给国家或他人，考察农民的闲置宅基地退出意愿，是因为宅基地是房屋之基，有闲置房屋，也就意味着闲置宅基地。因此转让闲置房屋，实际上也包括闲置宅基地退出。而且，农民一般认为，闲置的宅基地是没有建造房屋的宅基地，一旦盖上房屋，无论房屋是否长期闲置，农民都认为宅基地已经用了，不是闲置的。

从宅基地真正有效利用的角度看，有闲置房屋，实际上宅基地也没有得到有效利用，因此，如果建造好房屋而长期闲置，也可以认为是宅基地闲置。也就是说，笔者首先基于狭义的闲置宅基地考察农民的闲置宅基地退出概念，然后再从广义的闲置宅基地视角，结合闲置房屋，考察农民的闲置宅基地退出意愿。这相当于对变量进行了重新界定，即用广义的闲置宅基地退出，对狭义的宅基地退出进行稳健性检验。

在具体问卷调查时，调研员先询问农民当地宅基地交易市场价格，如果受访者知道当地宅基地交易的价格，则询问其是否愿意在此价格下转让闲置宅基地；如果因当地暂时没有闲置宅基地交易或者受访者不了解当地市场的价格，调查问卷则根据黄淮海农区比较普遍的宅基地使用权交易价格，设定每分地一万元的补偿标准，询问农民是否愿意将闲置宅基地转让给他人或者交给国家。

2. 核心解释变量

理论分析表明，农户的城镇可行能力可以从四个方面来反映。家庭经济状况决定农户可支配的经济资源，可以用农户家庭人均收入来表示。稳定的非农就业是城市化过程的动力之一，也是决定农户在城镇发展能力的重要因素。为了全面反映农户城镇就业的稳定性水平，笔者选择以农户家庭城镇就业劳动力稳定性得分加总除以城镇就业劳动力人数得出农户城镇就业稳定性变量。农户在城镇买房是其在城镇定居能力的重要标志（王敏等，2016），此处以农户是否在城镇买房反映农户的居住条件。已有研究多以网络成员的数量作为社会资本额的主要衡量指标（陈昭玖、朱红根，2011；王恒等，2019），因此，笔者以农户在城镇的社会网络人数反映社会资本，通过询问被访者“与别人相比，你家人在城里认识的人相对是偏多、偏少还是差不多”来获得。

3. 控制变量

笔者将控制变量分为三类：户主特征变量、农户家庭特征变量以及制度环境变量。户主特征变量包括户主（即受访者）的年龄、受教育年限、受访者健康状况、受访者是否有子孙。家庭特征变量包括家庭成员数、农业收入占比、人均宅基地面积以及人均农耕地面积。制度环境变量包括农户是否买卖过宅基地、是否有宅基地证以及农户对基层政府的信任情况。大量研究表明，上述三类变量不仅影响农民是否有闲置宅基地，也是影响农民宅基地退出意愿的重要因素（如陈霄，2012；王敏等，2016；彭长生等，2019）。

上述变量界定及具体测量标准如表 5-1 所示。

表 5-1 变量、指标与具体测量标准

变量		指标名称	变量定义	均值	标准差
被解释变量	闲置宅基地退出意愿	是否愿意把闲置宅基地转让给国家或他人	0=否；1=是	0.107	0.310
		是否愿意把闲置宅基地、闲置房屋转让国家或他人	0=否；1=是	0.135	341
解释变量	城镇可行能力	城镇就业稳定性	城镇就业劳动力稳定性得分（不稳定=1；一般=2；很稳定=3）加总除以城镇就业劳动力人数	1.607	1.286
		家庭人均收入	2017 年家庭总收入除以家庭人数（万元）	0.625	0.517
		是否在城镇买房	0=否；1=是	0.181	0.421
		城镇社会资本	与别人相比，家人在城里认识的人：1=偏少；2=差不多；3=偏多	3.154	1.274
	个人特征	受访者年龄	受访人报告的年龄	53.794	11.335
		受访者受教育年限	受访人报告的受教育年限（从小学计起）	6.814	4.554
		受访者健康状况	1=很健康；2=比较健康；3=一般；4=比较差；5=非常差	1.995	1.079
		受访者是否有子孙	0=否；1=是	0.845	0.362

续表

变量		指标名称	变量定义	均值	标准差
解释变量	家庭因素	家庭规模	受访人报告的家庭人数	0.698	0.459
		农业收入占比	2017年家庭农业收入占家庭总收入的比例	0.221	0.359
		家庭人均宅基地面积	家庭拥有的宅基地（含盖上房子的）总面积除以家庭人数（亩）	0.138	0.092
		人均经营耕地面积	2017年经营的耕地面积除以家庭人数	5.862	2.611
	制度环境	是否买卖过宅基地	0=否；1=是	1.715	3.266
		是否有宅基地证	0=否；1=是	0.122	0.328
		基层政府信任情况	对乡镇政府的信任打分：1分最低、10分最高	1.871	0.861

（二）数据说明

本章使用的数据为2018年黄淮海农区调查的1026户农户数据。由于个别村庄实施了“集中居住”，一些样本农户已经退出了自家的宅基地且上楼居住，再加上有样本个别变量数据缺失，最终使用的样本数量略少于1026。

（三）模型设定

只有对家里有闲置宅基地的农户，询问其宅基地退出意愿才有意义。也就是说，这是一个对于特定样本进行计量分析的问题，符合Cragg（1971）提出的“跨栏模型”（Hurdle Model）分析思路。为了克服回归分析中的样本选择偏差问题，笔者构建了跨栏模型。首先，设定农户是否愿意退出闲置宅基地的方程为：

$$y_j^* = x_j\beta + u_{1j} \tag{5-1}$$

其中，y_j^* 表示样本农户 j 是否愿意退出宅基地；x_j 为影响样本农户 j 宅基地退出意愿的各种变量；u_{1j} 为随机误差项。

然而，并不是所有农户家里都有闲置宅基地。只有家里有闲置宅基地的农户，即只有当 $y_j^*>0$ 时，使用Probit模型考察农户是否愿意有偿退出宅基地才有现实意义，可以用模型表示为：

$$y_j^{probit} = (y_j^* > 0) \tag{5-2}$$

也就是说，农户是否愿意退出闲置宅基地，并不是总能被观察到。对于样本农户 j，只有在农户家里有闲置宅基地时，它才能被观察到，也就是有如下选择方程：

$$y_j^{select} = (z_j\gamma + u_{2j} > 0) \tag{5-3}$$

其中，z_j 为影响样本农户 j 家里是否有闲置宅基地的因素；u_{2j} 为随机误差项。

假定 u_1 和 u_2 均服从均值为 0、方差为 1 的正态分布，且两者的相关系数 $corr(u_1, u_2) = \rho$。当 $\rho \neq 0$ 时，使用一般的 Probit 模型估计将产生有偏的结果，此时为了保证回归结果的一致性，需要使用可以处理样本选择问题的模型。在被解释变量为二分变量时，常用的处理样本选择问题的模型有 Heckprobit 模型与条件混合过程（Conditional Mixed Process，CMP）。与 Heckprobit 模型相比，CMP 估计在处理偏态分布自变量信息时更有效率（Roodman，2011），因此，本章采用 CMP 方法进行回归分析。

此外，在对有闲置宅基地的农户进行稳健性检验时，受访者报告的家庭闲置宅基地退出意愿、是否愿意整村搬迁（问卷中的 D13），都有“愿意＝1”和“不愿意＝0”两种，是典型的二值选择问题，故采用 Probit 模型进行计量分析。在拓展分析时，对于外人到本村买房子和承包地（使用权）并成为集体一员的态度，受访者有“坚决不同意＝1”“不同意＝2”“无所谓＝3”“同意＝4”和“完全同意＝5”五种选择，变量是有序变量，故使用有序 Probit 模型进行估计。因 Probit 和有序 Probit 模型比较常用，此处不再对其展开说明。

三、计量结果及其分析

（一）农民闲置宅基地退出意愿的 CMP 估计

多变量的相关性检验发现，各解释变量之间的相关系数，除是否有子孙与家庭规模之间的相关系数为 0.44 外，其他变量间的相关系数都在 0.4 以下。而且多重共线性检验结果发现，各解释变量间的条件数为 29.04，可以认为模型不存在多重共线性。上述结果表明，数据适合进行计量分析。而且，利用 Stata15 分析软件的 CMP 估计结果表明，是否有闲置宅基地与是否愿意把闲置宅基地转让给国家或他人，以及是否有闲置宅基地、闲置房屋与是否愿意把闲置宅基地、闲置房屋转让给国家或他人，两个方程之间的残差相关系数都通过了10%的显著性水平检验，表明两个方程存在明显的样本选择偏误，有相同的因素同时影响农户家里是否有闲置宅基地（及闲置房屋）和农民的闲置宅基地（及闲置房屋）退出意愿，因此采用CMP方法对数据进行估计是适当的。表5-2的CMP估计结果表明：

1. 农户家庭人均收入和城镇社会资本均对其宅基地退出意愿有显著提升作用

农户家庭人均收入对其退出宅基地意愿有显著正向影响，影响系数为0.437，在0.10的水平上显著，但人均收入的二次项对农户宅基地退出意愿没有显著影响。因此，实证结果不能支持农户家庭收入对其宅基地退出意愿的“倒U形”影响，本章研究假说H1没有得到实证支持。实证结果与理论分析相背离的原因可能在于样本农户人均收入水平整体仍较低。2018年国民经济和社会发展统计公报显示，2018年中国城镇居民人均可支配收入为39251元，但农户样本中家庭人均收入达到这一水平的仅有42户，占样本总量的4.09%，而高收入农户群体比例更低。由于农民收入水平整体较低，虽然现实中存在贺雪峰（2010）指出的部分高收入农户因追求心理满足感而不愿退出农村宅基地的情形，但农民收入水平对其宅基地退出意愿的影响在整体上还未呈现出“倒U形”趋势。但可以预见，随着中国农业供给侧结构性改革和乡村振兴战略的推进，中国高收入农户占比将不断提高，农户收入水平对其宅基地退出意愿的“倒U形”影响将可能出现。目前数据则显示，农户收入水平对其宅基地退出意愿存在正向影响，这一结论与张怡然等（2011）、陈霄（2012）和于伟等（2016）的研究结果一致，反映了在中国当前发展阶段，农户收入水平越高，其在城镇的生存发展能力越强，其对宅基地的社会保障需求越弱从而更愿意退出农村闲置宅基地。

农户在城镇认识人的多少对其是否愿意把闲置宅基地转让给国家或他人、是否愿意将闲置宅基地和闲置房屋转让给他人两个变量均有显著正向影响，影响系数分别为0.424和0.341，均在0.01的水平上显著，表明城镇社会资本对农户宅基地退出意愿有显著的促进作用，研究假说H4得到实证支持。城镇社会资本通过经济和社会生活中的互惠合作提升了农户在城镇生存发展的能力，降低了其对宅基地社会保障功能的依赖。此外，龚宏龄（2017）研究表明，情感寄托功能是影响农户宅基地退出意愿的重要因素。社会资本能够从心理上增进农民对城镇的融入感，降低其对农村旧的社会关系的依赖，淡化其“落叶归根”的观念，从而有助于提高农民退出闲置宅基地的意愿。

2. 农户非农就业的稳定性、是否在城镇买房对其宅基地退出意愿没有显著影响

农户非农就业稳定性对其是否愿意把闲置宅基地转让给国家或他人、是否愿意将闲置宅基地和闲置房屋转让给他人两个变量均没有显著影响，本章研究假说 H2 没有得到实证结果支持。已有研究大多支持非农就业稳定性正向影响农户宅基地退出意愿的观点。许恒周等（2013）研究表明，是否签订劳动合同对两代农民工宅基地退出的影响都显著。陈霄（2012）研究表明，家庭成员务工工作变换频率对农民宅基地退出意愿有显著的负向影响。虽然一些文献发现，农户家庭成员就业稳定性对农户宅基地退出意愿有正向影响，但本章的计量结论发现，农户非农就业稳定性对其宅基地退出意愿的影响未通过显著性检验。其原因可能是由于样本农户非农就业稳定性整体较差，样本中农户家庭就业稳定性超过 2 的农户仅有 12 户，占样本总量的 1.17%。

农户是否在城镇买房对其是否愿意把闲置宅基地转让给国家或他人、是否愿意将闲置宅基地和闲置房屋转让给他人两个变量均没有显著影响，本章研究假说 H3 没有得到实证结果支持。王敏等（2016）研究表明，在城镇购房的农户通常有较强的城镇定居能力，退出宅基地对其生产生活的负面影响较低，因而退出宅基地意愿更强。但陈霄（2012）的研究中，是否在城镇购房对农户宅基地退出意愿的影响同样没有通过显著性检验。作者认为这是由于在城镇购房的样本农民太少，所占比例太低所致。本章使用的样本农户中，在城镇购房的农户有 180 户，占样本总量的 17.54%。可见，农户是否在城镇买房对其宅基地退出意愿的影响没有通过显著性检验的原因不能归于买房样本过少。实际上，在回归分析中，CMP 估计第一步回归结果显示，农户在城镇买房对其有闲置宅基地有显著正向影响。综合来看，在城镇买房的农户宅基地闲置的可能性更大，但其退出宅基地的意愿却不一定更高。农户有能力在城镇买房既表明其在城镇有较好的居住条件，也反映了其有较高的经济能力，因而对农村宅基地保障功能的依赖性较弱，但在城镇买房的农户通常收入较高，宅基地对其作用主要是投资功能而非保障功能。当前农村宅基地退出价格较低，不利于宅基地作为投资品价值的实现，从而抑制了这部分农户退出宅基地的意愿。而宅基地退出价格低很大程度上是由于现行政策将宅基地使用权和农民房屋交易限制在村集体经济组织内部，造成市场半径小，受让人缺乏。

3. 控制变量回归结果分析

（1）户主个体层面控制变量。第一，户主健康状况对农户是否愿意把闲

置宅基地转让给国家或他人、是否愿意将闲置宅基地和闲置房屋转让给他人两个变量均有显著正向影响，影响系数分别为0.239和0.163，前者在0.01的水平上显著，后者在0.05水平上显著。该结果可能反映了健康水平较高的户主对农户在城镇实现定居更有信心，从而退出宅基地的意愿较强。第二，户主是否有子孙对农户是否有闲置宅基地有显著影响，但对其宅基地退出意愿没有显著影响。有子孙对宅基地退出意愿并没有显著影响，可能反映了在宅基地退出问题上农户的多种考量，农户既可能因家系观念和乡土意识而不愿退出农村土地，也可能为了子孙在城镇更好地发展而选择退出宅基地，将所得用于资助子孙在城镇更好的发展，从而造成了是否有子孙对农户宅基地退出意愿影响的不确定性。

（2）农户家庭层面控制变量。第一，家庭人均宅基地面积对农户是否愿意把闲置宅基地转让给国家或他人、是否愿意将闲置宅基地和闲置房屋转让给他人两个变量均有显著正向影响，影响系数分别为2.683和2.452，二者均在0.05的水平上显著。这一结论与于伟等（2016）的研究结果一致，反映了宅基地占用面积较大的农户其宅基地粗放利用和闲置状况更突出，如果给予一定的经济补偿，其更愿意退出闲置宅基地以提高家庭资源配置效率。第二，家庭人均经营耕地面积对农户是否有闲置宅基地有显著负向影响。该结论反映了农户对耕地和宅基地使用的互补性，即经营耕地多的农户经济活动重心更可能在农村，对宅基地的依赖越大，退出宅基地意愿越弱。第三，家庭规模对农户是否有闲置宅基地和闲置房屋均有显著正向影响。这可能是因为盖房存在“规模经济”，盖一处就够一家人住了，另一处闲置。

（3）制度环境变量。第一，是否买卖过宅基地对农户是否愿意把闲置宅基地转让给国家或他人、是否愿意将闲置宅基地和闲置房屋转让给他人两个变量均有显著正向影响，影响系数分别为0.438和0.575，前者在0.10的水平上显著，后者在0.01的水平上显著。农户买卖过宅基地既反映了当地宅基地市场较为发达，也表明农户有宅基地交易经验，因而对农户退出其闲置宅基地有促进作用。第二，是否有宅基地权证对是否愿意退出宅基地的影响不显著。宅基地确权虽然能够使得宅基地和房屋的交易变成可能，增加了农户对宅基地经济价值的预期从而影响农民宅基地退出意愿，但韩文龙等（2020）研究表明，在远离省会的地区，宅基地确权不能在短期内使农户对宅基地所有权属性认知得到很大提高，进而对宅基地退出意愿也没有显著影响。彭长生等（2019）的研究则表明，宅基地确权对流转意愿的影响不显著，而对留传和征收意愿的影响非常显著，原因是确权增强了农民对宅基地“私有”的认知程度，从而更愿意将宅基地留给子孙；确权使那些逐步脱离农业和农村的农民对政府征收方式退出宅基地抱有更高的预期，从而提升了其征收意愿；但由于现有法律禁止宅基地向村集体外成员流转，农民对宅基地流转的预期价值较低，确权并不能改变多数农民不愿意流转宅基地的现实。

表 5-2 闲置宅基地退出意愿的 CMP 估计结果

变量	是否愿意把闲置宅基地转让给国家或他人		是否愿意把闲置宅基地、闲置房屋转让国家或他人	
	是否有闲置宅基地	是否愿意转让	是否有闲置宅基地、闲置房屋	是否愿意转让
非农就业稳定性	0.138 (0.118)	-0.183 (0.202)	0.078 (0.108)	-0.170 (0.176)
家庭人均收入	0.032 (0.047)	0.437* (0.255)	0.025 (0.044)	0.132 (0.233)
家庭人均收入平方项	—	-0.053 (0.043)	—	-0.001 (0.042)
是否在城镇买房	0.256** (0.122)	0.027 (0.200)	0.539*** (0.129)	0.209 (0.161)
城镇社会资本	0.094 (0.067)	0.424*** (0.129)	0.139** (0.063)	0.341*** (0.102)
受访者年龄	0.003 (0.005)	0.012 (0.009)	0.005 (0.005)	0.011 (0.008)
受访者受教育年限	0.004 (0.011)	-0.026 (0.026)	0.000 (0.011)	-0.023 (0.023)
受访者健康状况	0.112** (0.053)	0.239*** (0.091)	0.063 (0.049)	0.163** (0.079)
受访者是否有子孙	0.377* (0.204)	-0.370 (0.411)	0.268 (0.183)	-0.018 (0.297)
家庭规模	0.105*** (0.029)	—	0.120*** (0.028)	—
农业收入占比	-0.128 (0.215)	-0.320 (0.559)	-0.127 (0.151)	-0.139 (0.446)

续表

变量	是否愿意把闲置宅基地转让给国家或他人		是否愿意把闲置宅基地、闲置房屋转让国家或他人	
	是否有闲置宅基地	是否愿意转让	是否有闲置宅基地、闲置房屋	是否愿意转让
家庭人均宅基地面积	6.377*** (0.639)	2.683** (1.297)	6.624*** (0.618)	2.452** (1.157)
人均经营耕地面积	-0.069* (0.038)	—	-0.034 (0.027)	—
是否买卖过宅基地	0.243 (0.149)	0.438* (0.247)	0.343** (0.142)	0.575*** (0.209)
是否有宅基地证书	0.105 (0.120)	-0.150 (0.228)	0.174 (0.112)	0.044 (0.183)
基层政府信任情况	-0.021 (0.020)	—	-0.013 (0.019)	—
常数项	-3.573*** (0.454)	-3.153*** (1.000)	-3.553*** (0.422)	-2.908*** (0.917)
方程 1 和方程 2 残差相关系数 ρ	0.989* (0.578)		0.811* (0.474)	
Wald 卡方检验	155.55*** (p=0.000)		203.06** (p=0.000)	
样本量	1003		1004	

注：*、**、*** 分别表示 10%、5%、1%的显著性水平；除 Wald 卡方检验外，其他参数括号内为标准误；因有部分农户上楼集中居住，导致家里没有宅基地而未进入方程，再加上个别变量数据缺失，进入回归方程的样本量少于 1026。

（二）农民闲置宅基地退出意愿的边际分析

为了更直观地考察解释变量对被解释变量的影响，在 CMP 估计的基础上进行编辑分析，结果见表 5-3。表格左侧为在农户有闲置宅基地且给定转让价格的条件下，解释变量各因素的变化对受访者闲置宅基地转让意愿的边际影响。结果表明，在有闲置宅基地且转让价格给定的条件下，对于闲置宅基地转让意愿，只有城镇社会资本和家庭规模 2 个变量，在给定的显著影响上，对农民的闲置宅基地转让意愿产生作用。具体而言：①城镇社会资本提高一个等级，农户愿意转让自家闲置宅基地的概率提高 16%。②家庭成员每增加一人，农户愿意转让自家闲置宅基地的概率降低 2.9%。家庭规模对农户宅基地退出意愿有负向影响的结果与彭长生（2019）的研究结果一致，原因是，当前城镇房价飙涨，对于家庭常住人口越多的农民来说，其进城居住的成本越高，宅基地和房屋的居住功能越能凸显出来，因而其宅基地退出意愿越弱。

表格右侧为在有闲置宅基地、闲置房屋且给定闲置宅基地转让价格条件下，解释变量各因素的变化对受访者闲置宅基地、闲置房屋转让意愿的边际影响。结果表明，在有闲置宅基地、闲置房屋且给定闲置宅基地转让价格条件下，对于闲置宅基地、闲置房屋转让意愿，城镇社会资本、受访者健康状况、家庭规模和是否买卖过宅基地 4 个变量，都会显著影响农民的闲置宅基地、闲置房屋转让意愿。具体而言：①城镇社会资本提高一个等级，农户愿意转让自家闲置宅基地和闲置房屋的概率提高 12%。②户主健康状况每提高一个等级，农户愿意转让自家闲置宅基地和闲置房屋的概率提高 5.8%。③家庭成员每增加一人，农户愿意转让自家闲置宅基地和闲置房屋的概率降低 2.8%。④买卖过宅基地的农户比未买卖过宅基地的农户愿意转让自家闲置宅基地和闲置房屋的概率整体提高 17.8%。

总体来看，两种回归分析中，农户城镇社会资本都对其宅基地退出意愿有重要影响。随着城乡融合的推进，以及农村人口持续向城镇转移（从而农民在城里的社会资本越来越多），如果政策允许，会有越来越多的农户愿意转让自家闲置的宅基地。

表 5-3 闲置宅基地退出意愿 CMP 回归的边际分析

变量	是否愿意把闲置宅基地转让给国家或他人		是否愿意把闲置宅基地、闲置房屋转让国家或他人	
	dy/dx	德尔塔方法的标准误	dy/dx	德尔塔方法的标准误
非农就业稳定性	-0.118	0.084	-0.095	0.076
家庭人均收入	0.182*	0.097	0.053	0.105
家庭人均收入平方项	-0.023	0.017	0.000	0.019
是否在城镇买房	-0.058	0.082	-0.034	0.073
城镇社会资本	0.160***	0.043	0.120***	0.042
受访者年龄	0.004	0.004	0.004	0.003
受访者受教育年限	-0.012	0.011	-0.010	0.010

续表

变量	是否愿意把闲置宅基地转让给国家或他人		是否愿意把闲置宅基地、闲置房屋转让国家或他人	
	dy/dx	德尔塔方法的标准误	dy/dx	德尔塔方法的标准误
受访者健康状况	0.074**	0.037	0.058*	0.033
受访者是否有子孙	-0.265*	0.155	-0.072	0.129
家庭规模	-0.029***	0.009	-0.028***	0.007
农业收入占比	-0.105	0.247	-0.032	0.200
家庭人均宅基地面积	-0.567	0.583	-0.467	0.567
人均经营耕地面积	0.019**	0.009	0.008	0.006
是否买卖过宅基地	0.125	0.099	0.178**	0.088
是否有宅基地证书	-0.094	0.089	-0.022	0.080
基层政府信任情况	0.006	0.005	0.003	0.004

注：*、**、*** 分别表示 10%、5%、1%的显著性水平。

（三）基于 Probit 模型的宅基地退出意愿稳健性检验

为了验证 CMP 估计结果的稳健性，笔者对家里有闲置宅基地和闲置房屋的样本农户，使用典型的 Probit 模型重新进行回归分析，即选定有闲置宅基地的样本后再进行 Probit 模型估计。表 5-4 所示的结果表明，核心解释变量中的家庭人均收入、城镇社会资本对农民宅基地退出意愿的影响，在给定水平上通过了显著性检验，而非农就业稳定性和是否在城镇买房仍像 CMP 估计的结果一样，没有通过给定水平的显著性检验。而且控制变量中，受访者健康状况对农户宅基地退出意愿仍然显著。总的来看，对有闲置宅基地的样本农户的 Probit 模型估计结果表明，CMP 估计结果具有很好的稳健性。

表 5-4　农民闲置宅基地退出意愿的稳健性检验：Probit 模型估计

	是否愿意把闲置宅基地转让给国家或他人		是否愿意把闲置宅基地、闲置房屋转让国家或他人	
	系数	稳健标准误	系数	稳健标准误
非农就业稳定性	-0.338	0.280	-0.288	0.225

续表

	是否愿意把闲置宅基地转让给国家或他人		是否愿意把闲置宅基地、闲置房屋转让国家或他人	
	系数	稳健标准误	系数	稳健标准误
家庭人均收入	0.586**	0.294	0.134	0.265
家庭人均收入平方项	-0.065	0.049	0.006	0.046
是否在城镇买房	-0.190	0.205	-0.002	0.171
城镇社会资本	0.488***	0.147	0.320***	0.121
受访者年龄	0.009	0.012	0.009	0.009
受访者受教育年限	-0.038	0.035	-0.027	0.028
受访者健康状况	0.259**	0.119	0.179*	0.098
受访者是否有子孙	-1.184***	0.451	-0.289	0.337
家庭规模	0.005	0.059	-0.031	0.048
农业收入占比	-0.454	0.760	-0.238	0.577
家庭人均宅基地面积	-0.337	0.993	0.055	0.830
人均经营耕地面积	0.092	0.137	0.058	0.095
是否买卖过宅基地	0.372	0.297	0.459*	0.235
是否有宅基地证书	-0.278	0.262	-0.026	0.214
基层政府信任情况	0.047	0.043	0.047	0.036
常数项	-1.059	0.957	-1.269	0.835
LR 卡方值	35.60（p=0.003）		25.26（p=0.065）	
伪 R2	0.156		0.085	
样本量	157		221	

注：*、**、*** 分别表示 10%、5%、1%的显著性水平；因一些变量的数据缺失，进入回归方程的样本量少于有闲置宅基地的农户数量且模型 1 和模型 2 略有不同。

四、宅基地退出的拓展分析：整村搬迁与谁来承接

前文通过询问农户“是否愿意把闲置宅基地转让给国家或他人、是否愿意将闲置宅基地和闲置房屋转让给他人”来分析农户宅基地退出意愿。但城市化进程中，农户有时会面临整村搬迁到新村或城镇的情形，有必要考察农户

对整村搬迁到新村或城镇的意愿。此外，由于农村人口普遍向城镇迁移，如果一直将宅基地交易范围限定在集体成员范围内，农村宅基地市场“供大于求”状况将无法改善。考虑到未来政策可能放开宅基地交易对象的限制，有必要考察农户对外村人在本村买房买地的态度。因此，笔者进一步分析农户对整村搬迁到新村或城镇的意愿和农户对外村人在本村买房买地的态度。2018 年黄淮海农区农户问卷调查结果显示，在删除已经退出宅基地、上楼居住的样本后剩余的 1011 个样本中，有 700 个（占比 69.24%）农户“愿意=1”整村搬迁到新村或城镇，只有 311 个（占比 30.76%）农户“不愿意=0”；对外村人在本村买房买地持“坚决不同意=1”“不同意=2”“无所谓=3”“同意=4”和“完全同意=5”的农户样本分别有 159 个（15.74%）、205 个（20.30%）、299 个（29.50%）、229 个（22.67%）、119 个（11.78%）。

为了考察有闲置宅基地、闲置房屋和宅基地退出意愿的农户是否愿意整村搬迁到新村或城镇以及对外村人在本村买房买地的态度，此处以农户是否愿意整村搬迁到新村或城镇为被解释变量，利用 Probit 模型将其对农户是否愿意把闲置宅基地转让给国家或他人、是否愿意将闲置宅基地和闲置房屋转让给他人进行回归；以农户对外村人在本村买房买地的态度为被解释变量，利用有序 Probit 模型将其对农户是否愿意把闲置宅基地转让给国家或他人、是否愿意将闲置宅基地和闲置房屋转让给他人进行回归，估计结果见表 5-5。

表 5-5 所示的计量结果表明，不管是用狭义的宅基地退出还是广义的宅基地退出指标，与不愿意退出闲置宅基地的农户相比，愿意退出闲置宅基地的农户对整村搬迁到新村或城镇的意愿更高，对外村人在本村买房买地的支持程度更高。具体而言，①与不愿意把闲置宅基地转让给国家或他人的农户相比，愿意把闲置宅基地转让给国家或他人的农户同意整村搬迁到新村或城镇的概率提高 44.3%，在 0.05 的水平上显著；②与不愿意把闲置宅基地转让给国家或他人的农户相比，愿意把闲置宅基地转让给国家或他人的农户支持外村人在本村买房买地的程度有 41.6%的概率提高一个等级，在 0.05 的水平上显著；③与不愿意将闲置宅基地和闲置房屋转让给国家或他人的农户相比，愿意将闲置宅基地和闲置房屋转让给国家或他人的农户同意整村搬迁到新村或城镇的概率提高 38.5%，在 0.05 的水平上显著；④与不愿意将闲置宅基地和闲置房屋转让给国家或他人的农户相比，愿意将闲置宅基地和闲置房屋转让给国家或他人的农户支持外村人在本村买房买地的程度有 32.9%的概率提高一个等级，在 0.05 的水平上显著。

表 5-5　是否同意集中居住及对跨社区转让态度的估计结果

变量	是否同意集中居住：Probit		对宅基地、房子跨社区转让的态度：O_Probit	
是否愿意把闲置宅基地转让给国家或他人	0.443** (0.221)	—	0.416** (0.168)	—
是否愿意把闲置宅基地、闲置房屋转让国家或他人	—	0.385** (0.185)	—	0.329** (0.144)
其他变量	已控制	已控制	已控制	已控制
常数项	-0.448 (0.924)	-0.577 (0.753)	—	—
LR 卡方检验	14.98* (p=0.096)	19.68*** (p=0.020)	18.66*** (p=0.028)	19.97*** (p=0.018)
伪 R2	0.074	0.069	0.036	0.026
样本量	158	223	158	223

注：*、**、*** 分别表示 10%、5%、1%的显著性水平，括号内为稳健标准误。

结合表 5-5 和表 5-2 的结果，可以预期，城镇化进程中随着农民收入的提高和城镇社会资本的积累，会有越来越多的农民愿意有偿退出农村宅基地，而且农户接受整村搬迁的意愿会进一步提高，而且会有越来越多的农民支持打破传统农村社区边界，让外村人到本集体承接进城农民自愿退出的宅基地。

五、结论与进一步讨论

本章采用黄淮海农区 1026 个农户样本数据分析了农民在城镇的可行能力对其闲置宅基地退出意愿的影响，采用 CMP 估计法处理样本选择偏差问题，并选择有闲置宅基地的农户样本，用典型的 Probit 模型进行了稳健性检验。然后进一步探讨了农户对整村搬迁到新村或城镇的意愿以及对本村以外的人在本村买房买地的意愿。研究结论如下：

第一，农户家庭经济状况和城镇社会资本是影响其闲置宅基地退出意愿的重要因素。由于样本农户中高收入者占比过少，人均收入对农户宅基地退出意愿的影响没有呈现理论预期的“倒U形”结果，当前阶段样本区农户宅基地退出意愿与农户人均收入仍呈正相关关系。农户在城镇的社会资本越丰富，其在城镇的生存发展能力越强，从而退出闲置宅基地的意愿越强。城镇社会资本提高一个等级，农户愿意转让自家闲置宅基地的概率提高16%；农户愿意转让自家闲置宅基地和闲置房屋的概率提高12%。

然而，农户非农就业稳定性和是否在城镇买房对其宅基地退出意愿没有显著影响。农户非农就业稳定性对其宅基地退出意愿的影响没有通过显著性检验的原因可能是因为样本中就业稳定性高的农户过少；是否在城镇买房对农民宅基地退出意愿没有显著影响可能反映了在城镇买房的农民已经具备了较强的经济能力，对当前较低的宅基地退出收入不太敏感，而宅基地价格较低与中国宅基地交易范围受限、无法通过市场机制有效地发现宅基地的价值有关。

第二，除城镇可行能力外，其他一些变量也会影响农户的宅基地退出意愿。农户个体特征中，户主健康状况是影响农户宅基地退出意愿的重要因素，户主健康状况每提高一个等级，农户愿意转让自家闲置宅基地和闲置房屋的概率提高5.8%。农户家庭特征中，家庭人均宅基地面积对农户闲置宅基地退出意愿有显著正向影响，反映了宅基地占用面积较大的农户其粗放利用和闲置状况更突出，通过退出闲置宅基地优化家庭资源配置的意愿更强。制度环境变量中，是否买卖过宅基地是影响农户退出闲置宅基地的重要因素，买卖过宅基地的农户比未买卖过宅基地的农户愿意转让自家闲置宅基地和闲置房屋的概率整体提高17.8%。而是是否有子孙和是否有宅基证对农户宅基地退出意愿影响不显著，前者可能反映了不同类型农户在为子孙发展考虑时的复杂性；后者可能反映了宅基地确权不能在短期内使农户对宅基地所有权属性认知得到很大提高。

第三，愿意退出闲置宅基地的农户对整村搬迁到新村或城镇的意愿更高，对外村人在本村买房买地的支持程度更高。可以预见，随着城市化水平的推进，农民经济状况将持续改善、城镇社会资本也将随着进城农民数量的增加而不断丰富，农户在城镇的可行能力将稳步提高，其退出闲置宅基地的意愿将逐步增强，对打破传统农村社区边界来配置劳动力和土地资源的支持也将逐步增强。

为了提高土地资源利用效率的同时保障农民切身利益，推进更高质量的城市化，农村闲置自愿有偿宅基地退出工作应注意以下三个方面：

首先，不断完善农民在城镇就业、住房、公共服务、社会保障、社会融入等方面的政策，消除城镇务工或经营的农民经济上和心理上的障碍，使他们不再需要农村宅基地作为生存保障。一是优化产业结构，加强就业培训，妥善解决农民城镇就业问题。大力发展各种吸纳劳动力能力强的服务业、都市农业等产业，增强经济发展对劳动力的吸纳能力。加强对农村劳动力的技能培训和职业培训。做好充分的培训需求分析，共性培训与个性需求互补，确保培训内容确实满足劳动力发展所需，调动劳动力参与培训的积极性。二是建立进城农民住房保障制度，不断优化城乡住房置换、购房补助、廉租房等政策，解决进城农户的稳定住房问题。三是建立城乡统一的公共服务和社会保障制度，加快建立城乡统一的劳动力市场、消除对农民城镇就业的歧视性政策，改善农民工子女教育环境，探索将住房保障、医疗保障及养老保障、最低生活保障等社会保障与户籍分离。四是从舆论宣传、社区参与等方面加强对进城农户的关注和支持，增强进城农户对城镇生活的融入感。

其次，试点地区应加快研究制定更加科学、合理的农民工自愿退出宅基地的经济补偿机制，构建与城镇住宅用地管理制度挂钩的农村宅基地复垦整理、收回储备、上市交易的政策框架体系，尊重农民意愿，逐步适当放松宅基地使用权流转对象的限制，扩大宅基地交易半径、完善宅基地价格形成机制的探索，推动已经在城镇有稳定的就业和住房、基本脱离农村生活的农民有序退出闲置宅基地。对于一户多宅、面积超标、非集体成员继承等问题，探索宅基地有偿使用制度。这部分农户有较强的闲置宅基地退出意愿，应该作为闲置宅基地退出的重点对象。从国家层面上讲，旧房子也是属于农民的私人财产，一户多宅、面积超标、非集体成员继承等问题可能是历史原因形成的，不能完全认定是违法；从制度层面讲，严格执法，无偿腾退拆除，存在很大的隐患，社会风险非常大。对于这类问题，可以探索建立农村宅基地有偿使用制度，可通过缴纳有偿使用费，获得一定年限的土地使用权；鼓励农户自愿有偿退出闲置宅基地，确定有偿退出宅基地的补偿标准，维护农民利益，建立合理的利益分配机制，充分调动这部分农户自愿有偿退出闲置宅基地的积极性。

最后，增强宅基地相关政策和规定的宣传力度，有序引导农村人口向中心村、城镇集中居住，优化农村土地资源利用效率。宅基地确权办证已在全国普遍推开，但受制于较低的文化程度和不足的政策宣传，农民对宅基地的权属意识仍有待强化。因此，在地方政府进一步推进农村宅基地确权登记发证工作的同时，应多渠道宣传宅基地产权政策，使农民对宅基地权利有更清晰的认识。根据各地城市化水平适时推进农村撤并工作，大力支持中心村、城镇产业发展，提高其吸纳农村转移劳动力的能力，加快实现中心村、城镇与其辐射农村在公共服务和社会保障上的均等化，完善搬迁农民集中安置点的居住和配套设施建设。

第六章　农业机械化、农地租赁与农民的承包地退出意愿

新世纪以来，随着工业化、城镇化的推进，中国农业农村发生巨大变化。一方面，农业现代化程度大幅提高，农业机械在多个环节代替了人工劳动。国家统计局的数据显示，2018 年，中国农业机械总动力达到 10.07 亿千瓦，是 2000 年 5.26 亿千瓦的将近 2 倍。其中联合收割机数量从 2000 年的 26.26 万台激增至 2018 年的 205.92 万台，增长了近 8 倍。2019 年，全国农作物耕种收综合机械化率超过 70%[①]。另一方面，农村土地制度改革持续深化，基于所有权、承包权、经营权"三权分置"的农村土地经营权租赁（以下简称"农地租赁"）迅速兴起，农村土地资源配置速度加快。农业农村部的数据显示，2007 年，全国农地租赁面积达 0.64 亿亩（占家庭承包耕地总面积的 5.2%），至 2018 年底，农地租赁面积达 5.39 亿亩（占家庭承包耕地总面积的 40.17%）。农地租赁的兴起，是由农业农村人口大量持续向城镇迁移引发的。同时，农地租赁还有效地提升了农业规模经营程度。全国第三次农业普查结果表明，2016 年全国有规模农业经营户 398 万户。

"离农、进城"农民将自家承包地的耕地租出去，收取租金，会造成农业农村财富流向城镇居民。当前中国的城乡发展差距依然明显，而且一般而言，能够离农、进城的农民是能力比较强、经济条件比较好的农民。因此，将相对落后地区的农村、相对贫穷的农业从业者的财富，以租金的形式流向城镇和较富裕的群体，显然有失社会公平正义，也不符合中央要求的"工业反哺农业、城市反哺乡村"的方针和"农业农村优先发展"的改革思路。不仅如此，由于占有农地（使用权）却不在农业生产现场的一方不能及时处理农业生产和

---

① 2019 年我国农业科技进步贡献率达到 59.2%. 新华网，2020-01-26，http://www.bj.xinhuanet.com/2020-01/26/c_1125503142.htm.

投资决策，农地租赁这类“不在所有”会造成农业经营效率损失（Schultz，1964）。所以，欧美国家总的趋向是“耕者有其田”，而不是“耕者租人地”。例如，据美国国家农业统计服务中心的数据，1997 年，美国农业经营者中，完全所有者兼经营者①所占的比例，已经从 1935 年的 47.1%增加至 60.0%，而部分所有者兼经营者的比例，则从 1935 年的 10.0%增加至 30.0%②。

让“离农、进城”农民自愿有偿退出农村承包地，是近年来农村土地制度改革的前沿领域。因此，从农业机械普遍使用和农村土地租赁市场日渐繁荣的国情、农情出发，分析二者对农民承包地退出意愿的影响，有助于理解中国的农村土地使用状况走向进而制定更加合理的政策。

一、机理分析

城乡时代大变革引发的农村人口向城镇迁移和农业农村转型发展，是农村承包地退出的根本动力。其本质是农业生产方式转变以及农村耕地资源在剩余农业人口中的“再配置”。因此，分析农户的承包地退出意愿，需要从农业生产方式的集中体现——农业机械化和农村土地经营权流转（即农地租赁）市场两个方面着手。

农业机械的普遍使用，会改变农业生产方式，削弱人地联系，并从多个角度重塑农民与土地的关系，最终影响农户的承包地退出意愿。首先，从情感角度看，农业机械在越来越多的环节替代人工劳动，农户参与农业生产的程度大幅减少，农民的“恋土情结”将持续减弱（刘同山，2016；王文龙，2017）。笔者在 2018 年黄淮海农区农户调研时发现，小麦耕、种、收三个环节全部实现机械化的农户比例分别为 96.3%、90.9%和 94.1%，一些农户连打药、施肥甚至“送粮回家”都交由社会服务主体完成，“种地不下田”现象普遍（刘同山、孔祥智，2019）。与长期“汗滴禾下土”的农民相比，不参与农业生产的农户可能“恋土情结”更弱，更愿意有偿退出承包地。其次，从经济角度看，农业机械化支持了农业劳动力向非农领域转移，让农户收入来源非农化，农村

① 完全所有者兼经营者，也就是只经营自己所有的土地的农业经营者，类似于中国的自耕农概念。

② 资料来源：美国国家农业统计服务中心官方网站，https：//www.nass.usda.gov/Publications/Ag_Statistics/2018/Chapter09.pdf.

承包地对很多农户而言不再是生活的依靠，而像是一份能带来收益的资产。或者说，农业机械化为一些拥有承包地的农户退出农业生产、成为“不在地主”提供了条件（费孝通，2007；郭熙保，2014）。如果补偿价格合适，追求收益最大化的农户可能会愿意放弃承包地这一资产。最后，从社会角度看，农业机械化全方位替代劳动力，不仅减少了农户参与农业生产的时间，还减弱了农业生产的社会性和农户间的合作互助（杜鹏，2017；王海娟、胡守庚，2019），加剧了农民生产生活的个人化、原子化（张良，2017），从而降低了农村熟人社区的社会粘性和农户退出承包地的社区拉力。此外，农业机械使用比例高，表明当地耕地质量好、市场机制较完善。这样的地方，农地的市场价值更高、农民的市场化意识也更强，因而也可能让农户更愿意退出承包地。基于此，笔者提出研究假说1：

H1：农业机械化对农户的承包地退出意愿有正向作用，或者说农业机械化率越高，农户的承包地退出意愿越强。

在农村土地所有权、承包权、经营权“三权分置”的制度安排下，随着农业劳动力向非农领域转移而兴起的农村土地经营权流转，作为农地资源市场化配置的重要实现方式，可能会从租入和租出两个方面影响农户的承包地退出意愿。对于有农地租出的农户，农地出租和承包地退出本质都是农地经营规模的减小，而且具有很强的替代性①（高海，2020）。在“替代效应”影响下，出租农地的农户可能不再需要以承包地退出的方式减少农地经营规模，因此其承包地退出的需求和意愿将会减弱。与之相比，未将农地出租的农户承包地退出意愿将更强。对于有农地租入的农户，农地租入可能会唤醒他们的承包地权利意识，使其在农地租赁参与中获得以市场化方式配置和利用耕地资源的理念（杨璐璐等，2017），使其认识到“只要出租金不会无地种”，改变“不能失去承包地”的传统观念，让其有更高的承包地退出意愿。也就是说，农地租赁参与对租入农地的农户具有市场意识“激活效应”，因此有农地租入的农户，可能更愿意有偿退出承包地。基于上述分析，笔者提出研究假说2：

H2：与有农地租出的农户相比，未参与农地租赁和租入农地的农户承包地退出意愿更强。

此外，作为农业生产方式转变的一个重要体现，农业机械化可能会对农地租

① 如果租赁期限足够长，且租赁合约的实施能够得到充分保障，那么租赁和转让将几乎没有差别。例如，当前城镇国有土地出让，实际上就是将土地使用权出租给用地主体70年或40年。

赁产生影响。有研究发现，农业机械化对农地经营权流转有正向的促进作用，机械化水平越高，农地流转越活跃（文长存等，2017），农业机械化促进了农户租入农地（张建等，2020）。因此，农地租赁可能充当了农业机械化影响农民的承包地退出意愿的中介变量，计量分析需要对农地租赁的中介效应予以关注。

二、变量、数据与模型

（一）变量选择

1. 被解释变量

农户的承包地退出意愿是本章的被解释变量。农户退出承包地，实质是对农村耕地使用权的有偿放弃，所以退出补偿或者说转让价格无疑对承包地退出意愿有重要影响。由于农村承包地（使用权）转让市场尚未形成，没有市场价格，要比较准确地探寻农户的承包地退出意愿，需要先设定一个补偿标准或转让价格。马克思在《资本论》中指出，“地价无非是地租的一次性折现”，当前农地租赁市场已经普遍存在，再加上中共十九大提出二轮承包到期后延包30年，但此后的政策尚不明确，根据政策规定，2018年调研时农户还有40年稳定的农地承包经营权，因此可以以户主或家里主事人所知的当地最高年租金乘以40年，作为承包地退出的补偿标准。

在确定退出补偿或转让价格后，调查问卷设计了两种符合法律政策规定的承包地退出方式：一是询问户主或主事人是否愿意将农地承包权转让给本集体其他成员；二是以同样的价格，询问户主或主事人是否愿意将承包地有偿交给国家。因退出补偿相同，只要户主或主事人愿意参加两种退出方式的一种，就认为农户愿意退出承包地（=1），否则认为不愿意退出承包地（=0）。考虑到农村土地可能具有经济价值之外的作用，比如承载了农民的“恋土情结”，一些农户可能愿意退出部分而不是全部承包地，所以笔者将承包地退出分为部分退出、全部退出两类。被解释变量也就有“是否愿意退出部分承包地”和“是否愿意退出全部承包地”两个。

此外，笔者还根据承包地退出意愿强弱，将农户的承包地退出意愿设置为没有承包地退出意愿（=0）、愿意退出部分承包地（=1）和愿意退出全部承包地（=2）三分类有序变量，作为被解释变量用于稳健性检验。

2. 核心解释变量

本章关注的是农业机械化、农地租赁对农户承包地退出意愿的影响，因此农业机械化率和农地租赁参与是核心解释变量。农业机械主要从“耕、种、管、收”四个环节影响农业生产，故农业机械化率可以在考虑复种情况后，用“耕、种、管、收”四个环节农业机械完成的作业面积除以四个环节的耕地总面积来测度①。农地租赁参与可以根据农户的实际情况，分为租出农地（=1）、未参与农地租赁（=2）和租入农地（=3）三类。在中介效应检验时，农地租赁参与也被视作被解释变量。

3. 控制变量

大量研究表明，受访者的个人特征、家庭特征与经营状况不仅会影响农业机械化情况（王水连、辛贤，2017；李宁等，2019），还会影响农地租赁和农户的承包地退出意愿（何欣等，2016；刘同山，2017；高佳等，2017）。借鉴现有文献，笔者控制户主的个人特征（包括年龄、健康状况、外出务工经历等）、家庭特征（包括家庭人均收入及其平方项、家庭劳动力比例、是否有人在城里定居）和经营状况（包括农业收入占比、是否加入农民合作社、非农就业稳定性等）。

上述变量及下文提到的两个工具变量的指标说明及描述性统计见表6-1。

表6-1　变量说明及描述性统计

变量	指标名称	变量定义	均值	标准差
被解释变量	是否愿意退出部分承包地	是否愿意把部分承包地转让给本村其他人或国家：0=否；1=是	0.449	0.498
	是否愿意退出全部承包地	是否愿意把全部承包地转让给本村其他人或国家：0=否；1=是	0.232	0.422
	承包地退出意愿强弱（排序）	不愿退出承包地=0；愿意退出部分承包地=1；愿意退出全部承包地=2	0.680	0.826
核心解释变量	农业机械化率（%）	“耕、种、管、收”四个环节由农业机械完成的面积除以4倍的耕地面积	44.085	14.971
	农地租赁参与	租出农地=1；未参与农地租赁=2；租入农地=3	1.990	0.549

① 如果“耕、种、管、收”四个环节全部由机械完成作业，则农业机械化率为1。

续表

变量	指标名称		变量定义	均值	标准差
控制变量	个人特征	户主年龄	户主报告的年龄	54.216	11.072
		户主健康状况	1=很健康；2=比较健康；3=一般；4=比较差；5=很差	2.022	1.077
		户主的外出务工经历	近五年户主是否曾外出务工：0=否；1=是	0.298	0.458
	家庭特征	家庭人均收入	家庭2017年总收入除以家庭人口数（万元/年×人）	1.516	1.220
		家庭人均收入平方项	—	3.783	13.162
		家庭劳动力比例	16~65岁的劳动力占家庭人口数的比例	0.676	0.242
		是否有人在城里定居	0=否；1=是	0.121	0.327
	经营状况	农业收入占比	农业收入除以家庭总收入	0.236	0.378
		是否加入农民合作社	0=否；1=是	4.598	1.203
		非农就业稳定性	家庭劳动力非农工作稳定性得分（不稳定=1；一般=2；很稳定=3）加总除以农户家庭劳动力人数	0.614	0.510
工具变量	农地租赁市场发达程度		所在乡镇其他农户农地租赁面积与经营面积之比[a]	0.418	0.549
	农地资源禀赋情况		二轮承包时农户家庭人均承包的土地面积	1.600	0.888

注：样本数量为816个。a. 因农地租赁有租出、租入两方面，此处计算了两次农地租赁面积。

（二）数据说明

本章使用的数据来自笔者2018年1~3月份在黄淮海农区20县（市、区）开展的1026户农户调查。由于调研地区农作物以小麦、玉米轮作为主，所以本章主要关注小麦、玉米的农业机械化情况。为了分析农地租赁参与对农户承包地退出意愿的影响，笔者剔除了既租出农地又租入农地的农户样本，以及选定指标后有数据缺失的个别样本，最终实证分析使用的样本数量为816个。

表6-1所示的描述性统计表明，如果一次给予40年的当地最高租金作为补偿，分别有44.90%、23.20%的农户愿意退出一部分或全部承包地。因农业机械化率包括农业生产的“管”这一环节，而当前农业生产中的打药、施肥

等田间管理仍然主要由人工完成，造成本章所定义的农业机械化率较低，为44.09%。农地租赁参与和当地农地租赁市场发达程度的数据表明，相当多的样本农户已经租出或者租入了农地。此外，家里有人在城镇定居的农户比例为12.10%，而农业收入占比的均值为23.60%。这意味着，大部分农户的家庭主要收入来源已经不是农业，很多农户实际上已“离农、进城”。

（三）模型设定

根据上述理论分析，农户的承包地退出意愿可能受到农业机械化率和农地租赁参与情况的影响，可以建立如下估计方程：

$$land\_sell_i = \alpha land\_rent_i + \beta agri\_mech_i + \theta X_i + \varepsilon_i \tag{6-1}$$

式（6-1）中，$land\_sell_i$ 是典型农户 i 的承包地退出意愿；$land\_rent_i$ 是农户 i 的农地租赁参与情况；$agri\_mech_i$ 是农户 i 的农业机械化率；X_i 是除农业机械化率、农地租赁参与外，影响农户 i 承包地退出意愿的其他因素，包括受访者的个人特征、家庭特征和经营状况等；α、β 和 θ 是待估计系数，ε_i 是随机扰动项。

同时，为了考察农业机械化率是否通过农地租赁参与影响农户的承包地退出意愿，笔者根据温忠麟、叶宝娟（2014）提出的中介效应检验程序，以农地租赁参与（$land\_rent_i$）作为中介变量，建立如下补充估计方程：

$$land\_rent_i = \eta agri\_mech_i + \theta_1 X_i + \varepsilon_{1i} \tag{6-2}$$

$$land\_sell_i = b agri\_mech_i + \theta_2 X_i + \varepsilon_{2i} \tag{6-3}$$

式（6-2）~（6-3）中，η、θ_1、b、θ_2 是待估系数，ε_{1i}、ε_{2i} 是随机扰动项。

如果式（6-3）中的 b 显著，按中介效应立论；否则，按遮掩效应立论。然后依次检验方程（6-2）的系数 η 和方程（6-1）的系数 α：①如果 η 和 α 都显著，则间接效应显著，需要检验方程方（6-1）的系数 β。如果 β 不显著，即直接效应不显著，说明只有中介效应。如果 β 显著，也就是直接效应显著，则比较 $\eta\alpha$ 和 β 的符号，如果同号，属于部分中介效应，中介效应占总效应的比例为 $\eta\alpha/b$；如果异号，则属于遮掩效应，间接效应与直接效应的比例的绝对值为 $|\eta\alpha/\beta|$。②如果 η 和 α 有一个不显著，则用 Bootstrap 法检验 H_0：$\eta\alpha=0$，若不显著，则间接效应不显著，停止分析；若显著，则检验方程（6-1）的系数 β，并进行后续检验，确定中介效应或遮掩效应（参见温忠麟、叶宝娟，2014）。

考察农业机械化率和农地租赁参与对农户的承包地退出意愿的影响，须先进行因果效应识别。一方面，农地租赁与承包地退出同属减少农地规模的方式，二者有很强的替代性。一些农户正是因为想退出承包地而不得，才将农地租赁出去。为了控制互为因果造成的农地租赁可能存在的内生性，笔者借鉴一些文献的做法，以“所在乡镇其他农户农地租赁面积与经营面积之比”反映的农地租赁市场发达程度作为农户农地租赁参与的工具变量。根据行为模仿理论，其他农户参与农地租赁的比例越高或者说农地租赁市场越发达，农户参与农地租赁的可能性越大。但是，中国农地租赁具有明显的“短期化、非正式”特点（洪炜杰、胡新艳，2018），与承包地退出或者说农地使用权转让有很大差别①。其他农户是否租出、租入农地，不会对其承包地退出意愿产生显著影响。另一方面，农业机械化率也受个人特征、家庭特征和经营状况的影响，并可能与农地租赁相互作用，因而具有内生性。为了解决农业机械化率的内生性问题，笔者以二轮承包时农户家庭人均承包地面积反映的当地农地资源禀赋情况，作为农业机械化率的工具变量。一般而言，二轮承包时人均承包地越多，农地资源禀赋越好，农业机械化率会越高，但这一变量对农地租赁和农户的承包地退出意愿没有直接影响。

在上述设定的基础上，因 $land\_sell_i$ 是 0-1 变量或三分类有序变量，故可以基于 Roodman（2011）提出的条件混合过程（Conditional Mixed Process，CMP），使用极大似然估计法进行多变量内生 Probit 或多变量内生有序 Probit 估计。

三、计量结果分析

对数据检验发现，除家庭人均收入与其平方项和非农就业稳定性的相关系数较高外，其他变量的相关系数都在 3.5 以下，而且多重共线性的条件数为 31.84，虽稍高于 30 这一理想上限，但不存在明显的多重共线性问题，可以对数据进行计量分析。

（一）农业机械化、农地租赁对承包地退出意愿的影响

利用 Stata16 计量软件，分别以是否愿意退出部分承包地、是否愿意退出

① 农地租赁与承包地退出的区别，类似于城市房屋的出租和出售。

全部承包地为被解释变量，对（6-1）式进行多变量内生 Probit 估计，得到如表 6-2 所示的结果。估计结果表明，无论是承包地部分退出还是全部退出，农业机械化率方程（A）、农地租赁参与方程（B）和农户的承包地退出意愿方程（C）的残差项相关系数都在给定水平下显著不为零，而且农业机械化率和农地租赁参与受到户主个人特征、家庭特征和经营状况方面的多个变量的显著影响。可见，农业机械化率、农地租赁参与确实具有内生性，采用多变量内生 Probit 模型是合适的。

表 6-2　农户承包地退出意愿的估计结果：多变量内生 Probit 模型

变量	（1）式：是否愿意退出部分承包地			（1）式：是否愿意退出全部承包地		
	农业机械化率 A	农地租赁参与 B	承包地退出意愿 C	农业机械化率 A	农地租赁参与 B	承包地退出意愿 C
农业机械化率	—	—	0.051*** (0.007)	—	—	0.035*** (0.010)
农地租赁参与：未参与（参照组：租出）	—	—	0.586* (0.356)	—	—	1.204*** (0.232)
农地租赁参与：租入（参照组：租出）	—	—	1.150 (0.725)	—	—	2.331*** (0.562)
农地租赁市场发达程度	—	−0.458*** (0.122)	—	—	−0.448*** (0.114)	—
农地资源禀赋情况	3.766*** (0.608)	—	—	3.766*** (0.608)	—	—
户主年龄	−0.014 (0.052)	−0.005 (0.004)	0.010** (0.004)	−0.014 (0.052)	−0.005 (0.004)	0.012*** (0.004)
户主健康状况	1.828*** (0.501)	0.063 (0.042)	−0.149*** (0.040)	1.828*** (0.501)	0.066 (0.042)	−0.104** (0.043)
户主的外出务工经历	2.393** (1.159)	−0.182* (0.097)	−0.025 (0.099)	2.392** (1.159)	−0.178* (0.097)	−0.106 (0.109)
家庭人均收入	2.772*** (0.845)	0.200*** (0.074)	−0.208** (0.085)	2.772*** (0.845)	0.190*** (0.069)	−0.186*** (0.073)
家庭人均收入平方项	−0.153** (0.069)	−0.018** (0.008)	0.019* (0.011)	−0.153** (0.069)	−0.016*** (0.006)	0.014** (0.006)

续表

变量	（1）式：是否愿意退出部分承包地			（1）式：是否愿意退出全部承包地		
	农业机械化率 A	农地租赁参与 B	承包地退出意愿 C	农业机械化率 A	农地租赁参与 B	承包地退出意愿 C
家庭劳动力比例	-2.983 (2.313)	0.401** (0.194)	-0.206 (0.200)	-2.983 (2.313)	0.420** (0.194)	-0.191 (0.200)
是否有人在城里定居	-4.230** (1.664)	-0.200 (0.139)	0.481*** (0.132)	-4.230** (1.664)	-0.218 (0.138)	0.399*** (0.134)
农业收入占比	0.298 (1.421)	0.305*** (0.106)	-0.153 (0.121)	0.298 (1.421)	0.305*** (0.105)	-0.289*** (0.112)
是否加入农民合作社	-0.761* (0.435)	0.070* (0.036)	0.012 (0.041)	-0.761* (0.435)	0.073** (0.036)	-0.044 (0.041)
非农就业稳定性	-1.572 (1.213)	-0.106 (0.100)	0.225** (0.096)	-1.572 (1.213)	-0.114 (0.101)	0.220** (0.100)
常数项	37.694*** (4.154)	—	-2.955*** (0.367)	37.696*** (4.154)	—	-3.131*** (0.485)
方程 A 和方程 C 的残差相关系数	-0.753*** (0.086)			-0.543*** (0.133)		
方程 B 和方程 C 的残差相关系数	-0.432* (0.226)			-0.773*** (0.169)		
方程 A 和方程 B 的残差相关系数	0.133*** (0.041)			0.130*** (0.041)		
Wald 卡方检验	259.04（p=0.000）			284.41（p=0.000）		
样本量	816			816		

注：*、**、*** 分别表示 10%、5%、1%的显著性水平；除 Wald 卡方检验外，下方括号内为参数的标准误。

承包地部分退出时，表 6-2 中第 4 列承包地退出意愿方程（C）的估计结果显示，农业机械化率对农户承包地退出意愿有较强的正向作用，机械化率越高，农户愿意退出部分承包地的概率越大，具体而言，机械化率每提高 1 个百分点，农户愿意退出部分承包地的概率增加 0.051，且在 1%的水平上显著；

与有农地租出的农户相比，暂未参与农地租赁（包括租入、租出）的农户愿意退出部分承包地的概率显著更大，表明农地出租与承包地退出之间确实有较强的“替代效应”。但是，与有农地租出的农户相比，租入农地的农户愿意退出部分承包地的概率增加不显著。

承包地全部退出时，表 6-2 中第 7 列承包地退出意愿方程（C）的估计结果显示，农业机械化率对农户的承包地退出意愿仍有显著的正向作用——机械化率每提高 1 个百分点，农户愿意退出全部承包地的概率增加 0.035，且通过了 1%的显著性水平检验，不过与退出部分承包地时相比作用力度稍弱；与租出农地的农户相比，暂未参与农地租赁的农户退出全部承包地的意愿依然更高，而且租入农地的农户也更愿意退出全部承包地，上述结果都在 1%的水平上显著。租入农地的农户更愿意退出全部承包地，意味着农地租赁参与确实强化了农户以市场化方式配置农地资源的意识，即存在“激活效应”。

可见，农业机械化确实能够提升农户的承包地退出意愿，而且与有农地租出的农户相比，未参与农地租赁和租入农地的农户承包地退出意愿显著更强。研究假说 H1 和 H2 都得到证实。农地租赁一方面通过“替代效应”降低租出农地者的承包地退出意愿，另一方面通过“激活效应”提高租入农地者的承包地退出意愿。

（二）其他因素对承包地退出意愿的影响

表 6-2 中多变量内生 Probit 模型估计结果还表明，除农业机械化率、农地租赁参与外，户主的个人特征、家庭特征和经营状况等，都会对农户的承包地退出意愿产生影响。除农业收入占比外，其他变量对于农户承包地全部退出和部分退出意愿的影响基本相同，只是显著性水平略有变化，意味着这些变量对农户的承包地退出意愿有比较稳定可靠的影响。具体而言，在其他条件不变时，户主的年龄越大、健康状况越好，其承包地部分退出意愿越强；家庭人均收入及其平方项都在 5%的水平上显著，且后者符号为正，表明农户的承包地部分退出意愿与家庭人均收入呈显著“U 形”关系，即家庭人均收入高的农户和收入低的农户的承包地退出意愿都较强，而收入居中的农户承包地退出意愿较弱；家里有人在城里定居、非农就业稳定性强的农户，更愿意退出部分承包地。因此，可以预期，随着城镇化进程中越来越多的农民“离农、进城”，愿意有偿退出承包地的农户将会增多。

农业收入占比对农户是否愿意退出部分农地的影响不显著，但对农户是否愿意退出全部承包地有显著的负向作用，即农业收入占比越高，农户越不愿意退出全部承包地。农业收入占比反映了农户对农业和土地的依赖，其对农户的承包地全部退出意愿有负向作用显而易见。考虑到询问农户承包地退出意愿时，是以当地最高租金作为补偿价格，农业收入占比对农户承包地部分退出意愿的影响不显著，原因可能是农业收入占比较高的农户，更了解当地的农地租赁市场，因而愿意高价退出一部分自家的承包地，然后以较低的价格租入经营所需的农地。此外，户主的外出务工经历、家庭劳动力比例和是否加入农民合作社三个变量，对农户是否愿意退出承包地的影响不显著。

（三）中介效应检验

上述估计结果仅表明农业机械化、农地租赁都会显著影响农户的承包地退出意愿，却并未对农业机械化是否会通过影响农地租赁来影响农户的承包地退出意愿进行分析，即未考虑农地租赁的中介效应。为了检验农地租赁的中介效应，针对承包地部分退出和全部退出两种情况，考虑到农地租赁参与是有序变量，而是否愿意退出部分或全部承包地是二分变量，本章采用内生有序 Probit 模型和内生 Probit 模型分别估计（6-2）式和（6-3）式。

表 6-3 的估计结果表明，无论是承包地部分退出还是全部退出，内生 Probit 模型估计得到的农业机械化率的系数，即（6-3）式中的 b 都显著，但是对（6-2）式进行内生有序 Probit 估计得到的回归系数 η 不显著，因此需要采用 Bootstrap 法检验 H_0：$\eta\alpha=0$。在 Mplus7 计量分析软件中，运行温忠麟、叶宝娟（2014）给出的 Bootstrap 法检验程序，结果发现 0 被包含在 5%的置信区间内，间接效应不显著，或者说农地租赁参与不具有显著的中介效应。农业机械化对农地租赁的影响不显著，可能的原因是：农业机械代替了劳动力投入，降低农业劳动辛苦程度的同时支持了劳动力向城镇非农领域转移，因此农户可以兼业经营而不必出租农地。考虑到前些年的农机跨区作业和当前机械化支撑下的农业生产托管，上述解释具有合理性。

总之，可以认为，农业机械化率并未通过影响农地租赁参与来间接影响农户的承包地退出意愿，而是会对承包地退出意愿产生直接而显著的影响。

表 6-3　农地租赁的中介效应检验：内生有序 Probit 和内生 Probit 模型

变量	（2）式：农地租赁参与		（3）式：是否愿意退出部分承包地		（3）式：是否愿意退出全部承包地	
	农业机械化率 A	农地租赁参与 B	农业机械化率 A	承包地退出意愿 C	农业机械化率 A	承包地退出意愿 C
农业机械化率	—	-0.013 (0.013)	—	0.055*** (0.005)	—	0.048*** (0.008)
农地资源禀赋情况	3.659*** (0.611)	—	3.659*** (0.611)	—	3.659*** (0.611)	—
控制变量	已控制	已控制	已控制	已控制	已控制	已控制
常数项	37.938*** (4.156)	—	37.938*** (4.156)	-2.799*** (0.377)	37.938*** (4.156)	-3.131*** (0.449)
方程 A 和方程 B 的残差相关系数	0.310* (0.180)		—		—	
方程 A 和方程 C 的残差相关系数	—		-0.783*** (0.075)		-0.647*** (0.121)	
Wald 卡方检验	39.06（p=0.000）		212.16（p=0.000）		92.87（p=0.000）	
样本量	816		816		816	

注：*、**、*** 分别表示 10%、5%、1%的显著性水平；下方括号内为参数的标准误。

四、承包地退出的拓展分析：谁来承接

前文通过询问农民是否愿意把自家的一部分或全部承包地转让给本村其他人（一般是本集体成员）来分析农民的承包地退出意愿。然而，在农村人口普遍向城镇迁移的背景下，村集体内部可能没有农户想花钱承接离农、进城农民有偿退出的承包地。或者说，在农村承包地退出市场“供大于求”的情况下，为了给离农、进城农民退出的承包地找到承接者，可能需要打破原有的集体经济组织边界。考虑到这一点，笔者 2018 年在对农户进行问卷调查时，特意设计了如下问题：“D6. 随着村里的人不断往城里走，本村可能没人想花钱买地（承接其他村民退出的承包地使用权），因此有人想把承包地（使用权）卖给外村的人。你是否赞成？”结果发现，在删除既租出农地又租入农地以及

其他有数据缺失的样本后，剩余的989个样本中，有446个（占比45.10%）给出了肯定答案，即赞成本村人将承包地使用权转让给非本集体成员。为了考察有承包地退出意愿的农民“是否更愿意接受农村承包地使用权交易打破社区边界”，此处以农民是否同意本村人将承包地使用权转让给外村人（以下简称为是否同意承包地使用权跨社区转让）作为被解释变量，利用Probit模型，将其对农民的承包地退出意愿及其他变量进行回归。

表6-4所示的计量结果表明，与不愿意退出承包地的农民相比，无论是愿意退出部分承包地还是愿意退出全部承包地的农民，其同意承包地使用权跨社区转让的可能性都显著更高。具体而言，与不愿意退出部分或全部承包地的农民相比，愿意退出部分或全部承包地的农民，同意本村人将承包地使用权跨社区转让的概率高50%左右，且在1%的水平上显著。从表6-4和表6-2的结果来看，可以预期，随着一些农民因年龄变大或者向城镇非农领域迁移而退出农业，会有越来越多的农民愿意有偿退出农村承包地。然而由于本集体可能缺乏有效的承接者，所以会有越来越多的农民赞成打破传统社区边界，让外村人到本集体承接“离农、进城”农民自愿退出的承包地。总之，为了优化农村土地资源配置，城镇化进程中要求适度打破传统农村社区边界。

表6-4　农民是否同意承包地使用权跨社区转让的估计结果

变量	是否同意承包地使用权跨社区转让			
是否愿意退出部分承包地	0.476*** (0.081)	0.506*** (0.099)	—	—
是否愿意退出全部承包地	—	—	0.481*** (0.095)	0.500*** (0.115)
其他变量	—	已控制	—	已控制
常数项	-0.341*** (0.055)	-0.364 (0.569)	-0.238*** (0.046)	-0.311 (0.523)
Wald卡方检验	34.84*** (p=0.000)	61.760*** (p=0.000)	26.040*** (p=0.000)	56.18*** (p=0.000)
伪R2	0.026	0.060	0.019	0.053
样本量	989	775	989	775

注：*、**、***分别表示10%、5%、1%的显著性水平，括号内为稳健标准误；未参与农地租赁、租入农地的参照组为租出农地。在前述计量分析使用的778个样本中，有3个农民认为这是别人的事，他不好表态，因此最终只有775个样本进入计量方程。

五、结论与进一步讨论

本章在理论分析农业机械化、农地租赁对农户承包地退出意愿影响的基础上，利用2018年黄淮海农区20县（市、区）816户农户一手调查数据，在设定退出补偿价格后，划分部分退出、全部退出两种类型，询问了农户的承包地退出意愿，然后采用多变量内生Probit模型估计了农业机械化率、农地租赁参与对农户承包地退出意愿的影响，并进行了稳健性检验和农地租赁参与的中介效应检验，以及考察了退出的承包地能否跨社区承接的问题。

研究发现，无论是部分退出还是全部退出，农业机械化率对农户的承包地退出意愿都有显著的正向作用；与租出农地的农户相比，暂未参与农地租赁的农户愿意退出承包地的概率更高，农地出租与承包地退出存在明显的“替代效应”；与租出农地的农户相比，租入农地的农户愿意退出全部承包地的概率更高，农地租赁参与对承包地退出意愿具有“激活效应”。检验发现，农业机械化率和农地租赁参与对农户承包地退出意愿的影响具有很好的稳定性，且农地租赁不是农业机械化影响农户承包地退出意愿的中介变量。此外，家庭人均收入、是否有人在城里定居、非农就业稳定性等，也会影响农户的承包地退出意愿。整体而言，随着越来越多的农村人口“离农、进城”，农户的承包地退出意愿将会增强。最后，对承包地退出的拓展分析发现，有承包地退出意愿（无论是部分退出还是全部退出）的农民，更倾向于接受农地使用权转让打破传统的农村社区边界，即明显更乐于接受外人受让本集体成员退出的农地。

上述结论有以下三个方面的含义：第一，当前有相当多农户有承包地退出意愿，一些农户甚至愿意退出全部承包地，农地制度改革应当顺应城乡转型期不同类型、不同层次的农户需求和农业发展需要，加快促进农地资源的优化配置。第二，农业机械化程度的持续提高，会让越来越多农户愿意有偿退出农村承包地，更好地利用宝贵的耕地资源，要为“离农、进城”农户自愿有偿退出农村承包地提供政策通道。第三，农地租赁不能完全代替承包地退出，却激活了农户的农地产权市场化交易意识，因此需要建设农地承包权交易市场，形成“三权分置”下农地承包权、经营权两个市场互补、互促发展的良好局面。总之，下一步的农地制度改革，要在健全农地经营权流转市场的同时，探索建立农地承包权转让市场，为“离农、进城”农户自愿有偿退出农村承包地提供制度安排。

第七章　承包地退出意愿对农业绩效的多维影响

新世纪以来，中国的城镇化进程快速推进。城镇化本质上是人口、土地、资金等资源要素在地理空间的整合与优化。由于土地的不可移动性，城镇化必然伴随着进城农户与农村土地的“人地分离”以及由其引发的土地资源在剩余农村人口中的再配置。这也是农村人口乡城迁移和农业转型发展的内在要求。虽然政府大力支持的基于所有权、承包权、经营权“三权分置”的农村土地经营权流转（以下简称“农地流转”）一定程度上推动了农村土地资源与剩余农业人口的再配置，但是农地流转存在着“地租侵蚀农业经营利润”和部分进城农户“闲而不租、荒而不让”的双重困境（国务院发展研究中心农村经济研究部，2015）。与此同时，随着收入来源的日益非农化，农民的土地依赖程度逐渐降低，越来越多的离农、进城农民想处置农村土地以获得城镇购房或发展资金。

为了支持农业转移人口向城镇迁移，同时推进现代农业发展，早在2014年底，全国农村改革试验区工作联席会议就同意宁夏平罗等三个农村改革试验区就土地承包经营权退出（以下简称“承包地退出”）作为改革试点内容。在中共十八届五中全会提出“维护进城落户农民土地承包权、宅基地使用权、集体收益分配权，支持引导其依法自愿有偿转让上述权益”、为农村土地制度改革指明新方向后，2016年10月国务院发布的《全国农业现代化规划（2016~2020年）》进一步提出“在有条件的地方稳妥推进进城落户农民土地承包权有偿退出试点”。此后，关于承包地退出的相关法律政策密集出台，农村土地退出成为中国农村政策的热点。

然而，整体而言，当前政界、学界关注的重点都是农村土地流转及随之而来的“三权分置”问题，对农村土地承包经营权转让和进城农户“离农、退地”的重要性、紧迫性认识不足。再加上观念的、物理的、制度的等多方面原因，当前农村承包地退出实践非常缓慢，很多离农、进城农民想有偿退出农村承包地而不能实现。前面的农户调查已经表明，在当前农户普遍兼业的背景下，对于大部分农民而言，家庭收入主要来自务工收入，农业收入只占其家庭总收入的很小一部分，所以他们不看重土地产出和农业收入，主要在意土地的资产价值。“欲退地而不得”，一些离农、进城农民会懒散经营甚至干脆将耕地撂荒，严重损害土地利用效率和农业经济绩效，对国家粮食安全造成不利影响。

现有关于农村承包地退出的研究，主要集中在农民的承包地退出意愿和改革试验区的承包地退出实践上，只有很少的文献会关注到承包地退出意愿（却未能退出）对耕地利用效率的影响（例如，高佳、李世平，2014；刘同山，2018），尚未发现有文献研究农民承包地退出意愿对农业绿色发展的影响。实际上，如果农民想退出承包地而不能实现，他们不光会懒散经营造成粮食产量和农业收益损失，即损害耕地利用效率，还可能会为了减少劳动投入或因不在意农业成本而施用更多的农药、化肥，从而损害农村生态环境。基于此，本章在理论分析承包地退出意愿影响农业绩效的基础上，利用 2019 年 7~8 月对苏鲁皖三省 15 县（市、区）935 户农户的调查数据，使用可处理内生性的处理效应模型（TEM），全面、细致地实证分析农民的承包地退出意愿对粮食增产、农业增效、农村增绿的影响。

一、机理分析

农业绩效主要取决于自然条件、农作物类型、要素投入水平和农业生产技术。气候等自然条件难以控制，而农业生产技术通常体现在要素投入中且短期内比较稳定，因此农业绩效主要由农作物类型和劳动、物质与服务等要素投入水平决定。有承包地退出意愿，表明农民想处置一部分承包地或者减少自家的承包地经营规模。农民的承包地退出意愿可能会通过农作物类型和要素投入等，从农作物单产、农地净收益、农药化肥施用等多维度影响农业绩效。

首先，有承包地退出意愿的农户，会减少对农地的劳动力投入，从而损害农作物单产。在工农、城乡工资率差距下，外出务工经商的农村青年一般不会再回乡务农。从农业劳动力配置看，外出务工机会的增加，导致大部分农户

“半工半耕”兼业经营，而且大部分农户家庭内部分工采取了“青工老农”的模式——年轻人进城务工、老年人留守务农。农业经营呈现出农户层面的兼业化和劳动力层面的老龄化。随着务农老年人年龄增加，理性地追求家庭效用最大化的农户会想要减少土地经营规模，退出一部分或全部承包地。如果他们有承包地退出意愿而不得，就会减少农业的劳动力投入，对承包地粗放经营甚至干脆弃耕撂荒（倪国华、蔡昉，2015）。“土地是财富之母，劳动是财富之父”。谚语有云：“人勤地不懒。”农业经营需要一定的劳动力投入。在农业劳动力可以向非农领域转移的情况下，当前农业已经不存在劳动力“过密化”的问题，所以减少劳动力投入很可能会造成农作物产量损失。

有学者认为，在农业社会化分工细化、农业服务组织完善、市场运行机制良好等强假设条件之下，农业机械化服务可以抵消农村劳动力非农转移对农作物产量的负面影响（仇童伟，2018）。但这是一种假想的理想状态。现实中，由于农户地块分散、种植作物各样、地形地势复杂等因素，很多时候农机作业（机械替代劳动）并不能顺利进行，否则也不会出现耕地撂荒。钟甫宁等（2016）指出，农村劳动力外出务工对粮食生产的影响要面临机械替代劳动力的难易程度的制约，在不适宜机械作业的丘陵山区，外出务工对粮食生产有负面影响。吴明凤等（2017）认为，相对于土地细碎化对农机购置的抵制效应，不同地块作物生产趋同和机耕道修筑对农机购置的影响更大。总之，在现实中，农业机械对劳动力的替代是不完全的。有承包地退出意愿（却未能退出）会让农户减少劳动力投入，而劳动力减少又得不到机械的完全替代，最终造成农作物产量及农业绩效损失。

基于此，笔者提出假说 1：有承包地退出意愿的农户，与没有承包地退出意愿的农户相比，其承包地粮食亩均产量较低。

其次，有承包地退出意愿的农户，缺乏调整农作物种植结构、提升农产品品质（从而提高销售价格）的动力，因而损害农业经营收益。对于普通小农户而言，有承包地退出意愿，表明其收入不再依赖“人均一亩地、户均不过十亩田”，农业收入只占其家庭收入的很小一部分。在“收入重心效应”的作用下，农业收入占比较低的兼业农户尤其是深度兼业农户，会将更多劳动力投向能带来更多收入的非农领域，而不会用心“绣地球”（何秀荣，2016）。既然已经不在意农业收入，这些实际上已经离农的农户，既没有动力调整农作物种植结构，种植需要投入更多劳动力和资金的蔬菜、瓜果以及其他市场价值相对较高的农产品，也没有提升农产品品质，从而获得更多市场销售收益的动力。显然，不种植市场价值更高的农作物、不努力改善农产品品质，会压低农产品销售收入和单位面积土地上的产值。而不想退出部分承包地的农户，相对更在意农业收入和土地产出，可能会更加积极地调整农作物结构、提升农产品品质以获得更多农业经营收益。

基于此，笔者提出假说2：有承包地退出意愿的农户，与没有承包地退出意愿的农户相比，其承包地亩均净收益较低。

最后，有承包地退出意愿的农户，可能会多施化肥、农药，从而加剧农业面源污染、损害农业绿色发展。中国的化肥、农药施用量远高于世界平均水平，而且大大超过了最优施用量。正因如此，原农业部才会在2015年2月制定《到2020年化肥使用量零增长行动方案》和《到2020年农药使用量零增长行动方案》。但是，由于以下两方面的原因，有承包地退出意愿的农户可能会施用较多的化肥、农药。一方面，大部分农户之所以愿意退出承包地，是因为缺乏劳动力或者选择把劳动力配置到非农领域，因而不能或不愿向土地投入所需数量的劳动力。成本收益考量是很多兼业农户不愿向土地投入劳动力的根源，也是他们可能多施用化肥、农药的根源。举家在外务工的农户，虽然可以在需要时回村打理一下农田，但是考虑交通成本、误工成本、请假成本等，他可能会选择每次回村后尽量多施一些农药，以减少回村的次数。另一方面，有承包地退出意愿的，大部分是外出务工经商的农户，他们的收入相对较高，因此与想经营农业尤其是经营规模农业的农户相比，他们对化肥、农药的价格较不敏感，且因常年在外，也不太熟悉农业生产，因此可能会较多地施用化肥、农药。上述两个方面的原因相互促进，导致有承包地退出意愿的农户化肥、农药施用量相对要高一些。

根据上述分析，笔者提出假说3：有承包地退出意愿的农户，与没有承包地退出意愿的农户相比，其向单位土地施用的化肥、农药较多。

总之，正如制度经济学大师North和Thomas在《西方世界的兴起》一书中所指出的："不能自由转让土地和牢牢限制劳动的移动明显地妨碍着资源的有效配置。有效率的农民不能随意获得更多的土地，无效率的农民不能随意处置他的某些土地，这种情况通常都会降低农业的总效率。"无论如何，这是农户在追求收入最大化、效用最大化过程中做出的理性选择。归根结底，是农业比较效益低，劳动力在不同部门的专业化分工造成的。

二、变量、数据与模型

（一）变量选择

1. 被解释变量

本章关注的是农民承包地退出意愿对农业绩效的多维影响。所以计量分析时，将农业绩效作为被解释变量。按照上文的分析，农业绩效可以从农作物亩产、亩净收益及亩化肥、农药投入三个维度来考察。由于大部分农户主要种植小麦、玉米和稻谷三种主粮，所以此处以小麦、玉米和稻谷亩产作为农作物的亩产。亩净收益可以用农户种植的各项农作物单产乘以市场价格，再扣除每亩各项生产成本后计算得出①。亩化肥、农药投入则以单位播种面积上的化肥、农药投入资金来反映——将小麦、玉米和稻谷三种主粮合计使用的化肥、农药费用除以三种主粮的种植面积计算得出。上述指标有关的数据可以通过询问直接获得。

2. 核心解释变量

承包地退出意愿是本章的核心解释变量。不过，为了更系统全面地考察农民的承包地退出意愿，此处把农民的承包地退出分成部分退出、全部退出两种。部分退出不改变农户的身份，而退出全部承包地则意味着放弃了农民身份。所以部分退出与全部退出，不仅是退出数量的区别，更有质的不同。对其分别考察具有现实意义。

与 2018 年调查一样，在询问农民的承包地退出意愿时，也以 40 年当地最高土地租金作为退出补偿价格，询问农户是否愿意将一部分或全部承包地转让给他人或者交给国家。不过，在询问转让给他人时，与 2018 年黄淮海农区农户调查时略有不同，考虑到本村可能没有人承接退出的承包地，以及长期来看传统农村社区边界终将被打破，笔者没有将受让人限定在本集体经济组织内，而是直接询问户主或家里的农业生产负责人（主事人），“如果有人想买承包

① 需要说明的是，对于小麦、玉米、稻谷三种主粮，调查时详细询问了农户投入的各项成本——包括自家劳动力用工折价和自家土地折租（机会成本）。对于三种主粮之外的农作物，考虑到作物类型复杂多样，调查时直接询问农户扣除成本后的净收益。

地，价格是40年最高租金一次性付清，你家是否愿意转让一部分、是否愿意转让（卖掉）全部”来探寻其承包地部分退出、全部退出意愿。

3. 控制变量（其他解释变量）

借鉴现有文献（例如刘同山，2018；刘同山、吴刚，2019），本章把除承包地退出意愿外的其他解释变量分为户主或主事人（也是受访者）的个人特征、家庭特征、经营状况三类。其中，个人特征包括作为受访者的户主的年龄、教育年限、是否曾外出务工；家庭特征包括家庭人均收入、家庭劳动供养率、是否有人在城里定居；经营状况包括非农收入占比、是否为专业大户、是否参加培训。此外，为了控制地区差异，笔者还控制了农户所在的省份变量。各变量指标及其定义说明见表7-1。

表7-1　变量说明及描述性统计

变量		指标名称	变量定义	均值	标准差
被解释变量	农业绩效	小麦亩产	最近一次收获的小麦亩产（斤/亩）	840.094	215.868
		玉米亩产	最近一次收获的玉米亩产（斤/亩）	848.279	257.219
		稻谷亩产	最近一次收获的稻谷亩产（斤/亩）	1055.411	211.353
		亩净收益	过去一个作物年度，收获的农产品市场价值减去各种投入成本后除以种植面积（元/亩）	288.700	2887.281
		亩化肥、农药投入	过去一个作物年度，三种主粮投入的化肥、农药费用除以种植面积（元/亩）	230.051	82.139
核心解释变量	承包地退出意愿	部分退出	一次性给40年本村最高租金，是否愿意把一部分承包地（使用权）转让给他人：0=否；1=是	0.403	0.491
			一次性给40年本村最高租金，是否愿意把一部分承包地交给（卖给）国家：0=否；1=是	0.466	0.499
		全部退出	一次性给40年本村最高租金，是否愿意把全部承包地（使用权）转让给他人：0=否；1=是	0.264	0.441
			一次性给40年本村最高租金，是否愿意把全部承包地交给（卖给）国家：0=否；1=是	0.319	0.466
控制变量	个人特征	受访人年龄	受访人报告的年龄	57.978	9.870
		受访人教育年限	受访人报告的受教育年限（从小学计算）	6.051	3.486
		是否曾外出务工	近五年受访人是否外出务工：0=否；1=是	0.230	0.429

续表

变量		指标名称	变量定义	均值	标准差
控制变量	家庭特征	家庭人均收入	过去一年家庭总收入除以家庭人口数（元/年·人）（取对数）	9.449	0.940
		家庭劳动供养率	每位劳动力平均供养的家庭人数	1.775	0.914
		是否有人在城里定居	0=否；1=是	0.266	0.442
	经营状况	家庭非农收入占比	过去一年家庭非农收入除以家庭总收入	0.742	0.360
		是否为专业大户	农作物种植面积是否超过60亩a：0=否；1=是	0.074	0.262
		是否参加培训	受访者或其家庭成员在过去一年是否参加农业技术培训：0=否；1=是	0.143	0.351
地区变量		省份	江苏=1；山东=2；安徽=3	2.041	0.725
工具变量（IV）			所在村庄距离最近城市的距离（千米）	22.939	11.869

说明：小麦、玉米和稻谷的样本量分别为747、623和375；亩净收益，亩化肥、农药投入的样本量都为888；因有些家庭没有劳动力，造成样本缺失，所以家庭劳动供养率的样本量为906；其他变量的样本量为935。a. 世界银行（2007）将经营土地面积在2公顷（30亩）以下称作小农户，考虑到复种指数，此处将种植面积60亩作为专业大户的标准。

（二）数据说明

本章使用的数据来自笔者2019年7~8月在苏鲁皖三省15县（市、区）完成的935户农户调查。调研地区农作物一年两熟，山东和安徽北部以小麦、玉米轮作为主，江苏和安徽南部则以小麦、水稻轮作为主。所以本章主要关注小麦、玉米和稻谷的亩产以及亩化肥、农药投入。由于农户种植的三种主粮结构不同，所以在计算三种主粮的亩产时，样本量也有差异。另外，一些农户已经把承包地全部出租出去，没有农业绩效方面的数据，或者种植其他农作物而不是小麦、玉米或稻谷，导致其亩化肥、农药投入与种植三种主粮的农户亩化肥、农药投入不具有可比性。所以最终计量模型使用的样本数量不到935个，且在解释农业绩效的不同方面时，样本量可能存在差异。

表7-2的结果表明，无论是转让给他人还是出售给政府，与不愿意退出部分承包地的农户相比，愿意退出承包地的农户的稻谷单产、承包地亩净收益都显著较低；与不愿意退出全部承包地的农户相比，愿意退出全部承包地的农户的亩均净收益显著较低，但玉米单产显著较高。不过，简单的均值比较只是初步反映愿意退出承包地和不愿意退出承包地的两类农户在粮食单产、承包地亩净收益及亩化肥、农药投入方面可能存在明显差异。要得到更为准确可信的

结论，需要进行严谨的计量分析。

表 7-2 不同退出方式和类型下两类农户样本的均值差异

变量	退出部分承包地：转让给他人			退出全部承包地：转让给他人		
	愿意 （1）	不愿意 （2）	均值差异 （1）－（2）	愿意 （1）	不愿意 （2）	均值差异 （1）－（2）
小麦亩产	830.280 （209.057）	846.680 （220.307）	-16.400	838.186 （202.571）	840.787 （220.672）	-2.601
玉米亩产	851.614 （272.383）	846.953 （247.377）	4.661	884.327 （256.524）	836.848 （256.653）	47.479**
稻谷亩产	1029.904 （214.553）	1078.951 （203.996）	-49.047**	1051.028 （187.258）	1057.138 （220.430）	-6.109
亩净收益	78.033 （2025.865）	438.093 （3354.533）	-360.060*	-37.894 （1566.26）	406.233 （3226.199）	-444.127**
亩化肥、农药投入	230.203 （78.078）	229.763 （84.971）	0.440	227.772 （78.675）	230.870 （83.394）	-3.098
变量	退出部分承包地：出售给国家			退出全部承包地：出售给国家		
	愿意 （1）	不愿意 （2）	均值差异 （1）－（2）	愿意 （1）	不愿意 （2）	均值差异 （1）－（2）
小麦亩产	827.262 （207.356）	851.501 （222.215）	-24.239	844.193 （204.526）	838.165 （221.173）	6.027
玉米亩产	862.339 （264.369）	836.675 （251.836）	25.665	874.243 （263.819）	836.972 （253.770）	37.271*
稻谷亩产	1026.508 （222.409）	1083.644 （196.745）	-57.136***	1034.213 （210.940）	1065.632 （211.208）	-31.419
亩净收益	30.256 （1952.748）	512.564 （3505.261）	-482.308**	-122.519 （1550.434）	481.055 （3317.188）	-603.574***
亩化肥、农药投入	230.757 （80.865）	228.984 （82.621）	1.773	233.673 （80.575）	228.356 （82.872）	5.316

注：① ***、**、* 分别表示 1%、5%和 10%的显著性水平；②括号外为均值，括号内为标准差。

（三）模型设定

1. 农民的承包地退出抉择

农民是否愿意退出承包地，是一个复杂的决策过程，受到多种因素影响。

但面对询问，典型农民的态度可以简单分为愿意与不愿意两种。假定农民追求收益（包括心理收益）最大化且风险中立，退出承包地的潜在收益为 D_A^*，不退出的预期收益为 D_N^*。进一步假设农民会比较退出与不退出承包地所带来的潜在净收益。作为理性经济人，只有退出承包地所带来的潜在收益大于不退出承包地的预期收益时，农民才会选择放弃承包地。也就是说，当且仅当 $D_A^*-D_N^*=D_i^*>0$ 时，农民才愿意退出承包地，有 $D_i=1$；否则农民不愿意退出承包地，有 $D_i=0$。由于现实中农民退地与不退地的预期收益都是主观的，因此收益差值（D_i^*）是无法观测的，可以借助如下潜变量模型（Latent Variable Model）来考察农户退地意愿的选择行为：

$$D_i^*=Z_i\beta+\mu_i \tag{7-1}$$

$$D_i=\begin{cases}1, D_i^*>0\\0, D_i^*\leqslant 0\end{cases} \tag{7-2}$$

式（7-1）中，D_i^* 为不可观测的潜在变量；Z_i 是受访农民的个人特征和家庭特征，比如年龄、受教育年限、家庭人均收入、家庭劳动供养率等；β 是待估计参数向量；μ_i 是误差项，代表无法观测的影响因素，比如农民的先天禀赋、退地或者不退地的动机等。

假设（7-11）式中的误差项 μ_i 服从方差为 $\sigma^2=1$、均值为 0 的二元正态分布，即 $\mu_i\sim N$（0，1）。则农民选择愿意退地的概率可用下式表示：

$$P(D_i=1|Z_i)=P(D_i^*>0)=P(\mu_i>-Z_i\beta)=P(\mu_i<Z_i\beta)=F_\mu(Z_i\beta) \tag{7-3}$$

其中，F_μ（·）是 μ_i 的累积分布函数。

2. 效应评估和选择偏误

本章的目的是定量分析农民承包地退出意愿对粮食单产、亩均净收益和亩化肥、农药投入的多维影响。假设被解释变量 Y_i 是解释变量 X_i 和退地意愿选择 D_i 的线性函数，回归方程则可设定如下：

$$Y_i=X_i\alpha+D_i\gamma+\varepsilon_i \tag{7-4}$$

其中，被解释变量 Y_i 表示小麦、玉米或稻谷单产、承包地亩净收益或者亩化肥、农药投入；X_i 是衡量个人特征（比如年龄、受教育年限）、家庭特征（比如家庭人均收入、家庭劳动抚养率）、经营状况（比如非农收入占比、是否是专业大户）等的外生解释变量；D_i 是前面已经定义过的表征农民承包地退出意愿的二分类变量；α 和 γ 是待估计参数，ε_i 是随机误差项。

在（7-4）式中，如果反映农民是否愿意退出承包地的变量（D_i）是外生的，则可以直接使用最小二乘法（Ordinary Least Square，OLS）分析农民承包地退出意愿对 Y_i 的影响。然而，作为一种行为抉择，如前所述，农民是否愿意退出承包地，不是随机选择的，而是由其个人及家庭特征、经营状况等多方面因素决定的。也就是说，农民选择退出或不退出承包地，是一种自选择（Self-selection）行为。此外，式（7-1）中误差项（μ_i）包含的不可观测信息以及（7-4）式中误差项（ε_i）包含的不可观测信息可能同时影响农民的承包地退出意愿和粮食单产、承包地亩净收益和亩化肥、农药投入，从而导致两个误差项存在相关性，即 $corr\ (\mu_i,\ \varepsilon_i)\ \neq 0$。这种情况下，如果使用OLS估计（7-4）式，得到的估计系数是有偏误的。比如，粮食单产、承包地、亩净收益产出低于平均水平的农民，可能发现自家不善于从事农业，因而更愿意退出承包地。这种情况下，承包地退出意愿对粮食产量和农业经营收益的影响将会被低估。另一方面，粮食单产、承包地亩净收益高于平均水平的农民，可能自身能力本身就强，因而更愿意放弃农业去从事收益更高的业务。此时，承包地退出意愿对粮食单产、承包地亩净收益的影响将被高估。对于承包地亩化肥、农药投入而言，它既影响粮食单产，又影响亩均收益，其作用机理也大致相同。总之，为了更准确地考察农民的承包地退出意愿对粮食单产、承包地亩净收益和亩化肥、农药投入的影响，需要选择合适的估计模型来克服选择性偏误带来的估计偏差问题。

3. 处理效应模型及平均处理效应

对于非试验研究得到的调查数据，为了解决选择性偏差带来的有偏估计问题，倾向得分匹配法（Propensity Score Matching，PSM）被广泛采用。然而，PSM方法在消除选择性偏差和处理变量的内生性等问题时，只考虑可观测因素的影响，而忽略了不可观测因素的作用（Dehejia and Wahba，2002）。实际上，如上所述，不可观测因素（如农民的动机、个人能力等）也有可能同时影响农民的承包地退出意愿和粮食单产、承包地亩净收益及亩化肥、农药投入。这时，使用PSM法分析承包地退出意愿对粮食产量的影响，将产生有偏误的估计系数。因此，笔者使用Cong and Drukker（2000）提出的处理效应模型（Treatment Effect Model，TEM）来分析承包地退出意愿对粮食亩均产量的影响。与PSM相比，TEM有三方面的优点：①在消除承包地退出意愿的选择偏差和内生性问题时，同时考虑可观测和不可观测因素对承包地退出意愿和粮食单产、承包地亩净收益及亩化肥、农药投入的影响；②可以直接估计承包地退出意愿对粮食单产、承包地亩净收益及亩化肥、农药投入三个被解释变量影响的边际效应；③可以进一步计算承包地退出意愿对粮食亩均产量影响的平均处理效应（Average Treatment Effect，ATE），更深入地展现承包地退出意愿与粮食单产、承包地亩净收益及亩化肥、农药投入量之间的关系。

TEM 模型由两阶段组成：第一阶段是选择方程（7-1），考察影响农民是否愿意退出承包地的决定因素；第二阶段是结果方程（7-4），测度农民的退地意愿和其他因素对粮食单产、承包地亩净收益和亩化肥、农药投入的影响。在构建 TEM 模型时，为了模型识别（Model Identification），选择方程至少需要一个有效的工具变量。该工具变量影响农民的承包地退出意愿，而不影响其粮食单产、承包地亩净收益和亩化肥、农药投入。承包地退出作为一种市场性的理念，可能与距离现代市场的远近相关。在考察市场参与时，距离市场的物理距离常被作为工具变量。而且这一变量严格外生，符合工具变量的要求。因此，此处也将农户所在地距离最近城市的距离作为工具变量。

在 TEM 估计中，$\rho_{\mu\varepsilon}$ 是选择方程误差项（μ_i）和结果方程误差项（ε_i）的相关系数。$\rho_{\mu\varepsilon}\neq 0$ 是内生性的来源。如果 $\rho_{\mu\varepsilon}$ 在统计学意义上显著，表明存在由不可观测因素导致的估计偏误问题，那么在估计承包地退出意愿对粮食单产、承包地亩净收益和亩化肥、农药投入的影响时，TEM 模型优于 PSM 模型。此外，$\rho_{\mu\varepsilon}<0$ 表明存在负的选择偏差，意味着粮食亩均产量低于平均水平的农民更愿意退出承包地；反之，如果 $\rho_{\mu\varepsilon}>0$，则表明存在正的选择性偏差。

TEM 估计结果直接反映了承包地退出意愿对粮食单产、承包地亩净收益和亩化肥、农药投入影响的边际效应，即承包地退出意愿从 0 变到 1 时，粮食单产、承包地亩净收益和亩化肥、农药投入的变化情况。要考察承包地退出意愿对粮食单产、承包地亩净收益和亩化肥、农药投入的整体影响，可以利用 TEM 估计系数，计算承包地退出意愿对粮食单产、承包地亩净收益和亩化肥、农药投入影响的平均处理效应（ATE）。ATE 可由如下方程计算：

$$ATE = E(Y_i \mid D_i = 1) - E(Y_i \mid D_i = 0) \tag{7-5}$$

其中，$E(Y_i \mid D_i = 1)$ 表示农民愿意退出承包地时的粮食单产、承包地亩净收益和亩化肥、农药投入；$E(Y_i \mid D_i = 0)$ 表示农民没有承包地退出意愿时的粮食单产、承包地亩净收益和亩化肥、农药投入。与表 7-2 中的均值比较不同，根据（7-5）式计算获得的平均处理效应控制了可能由可观测和不可观测因素等引起的估计偏误问题。借助 ATE，可以从整体样本和不同类别子样本的角度（Cong and Drukker，2000），考察承包地退出意愿对粮食单产、承包地亩净收益和亩化肥、农药投入的影响。

三、计量结果及其分析

(一) 部分退出意愿：转让给他人 VS 出售给政府

1. 承包地退出意愿对粮食单产的影响：部分转让给他人

借助 Stata15 软件，得到表 7-3 所示的估计结果。结果表明，无论是小麦、玉米还是稻谷，Wald 独立性检验都在 1%的显著性水平上拒绝了选择方程和单产方程独立存在的原假设，表明农民的承包地退出选择方程（是否愿意退出部分承包地）和三种粮食的单产方程不是相互独立的。对于小麦、稻谷，TEM 估计的残差相关系数 ρ 和残差协方差 σ 都在 1%的水平上显著，表明对于这两种粮食作物来讲，样本农户是否愿意退出部分承包地与其亩均单产，存在显著的自选择效应①。残差相关系数 ρ 为正数，说明存在负的选择性偏差，即粮食单产低于平均水平的农户更愿意退出部分承包地。由于农户会追求家庭受益最大化，粮食单产低造成务农比较收益低，从而农户更愿意离开农业、退出承包地不难理解。负的选择性偏差意味着 OLS 方法将低估承包地退出意愿对三种粮食单产的影响。表 7-3 中，对小麦单产、稻谷单产进行 OLS 估计的“是否愿意退出部分承包地：转让给他人”系数的绝对值远小于 TEM 估计的小麦、稻谷单产方程中该变量系数的绝对值也印证了这一点。总之，上述分析表明对样本数据进行 TEM 估计是合适的。

表 7-3　承包地退出意愿对三种主粮单产的影响：部分转让给他人

	小麦单产 OLS	玉米单产 OLS	稻谷单产 OLS	小麦 TEM		玉米 TEM	稻谷 TEM
				选择方程	单产方程	单产方程	单产方程
是否愿意退出承包地：部分转让给他人	-26.61 (16.68)	3.50 (19.19)	-35.35* (20.29)	—	-298.12*** (72.19)	-162.71 (120.80)	-213.96*** (40.12)
受访人年龄	1.43* (0.85)	1.70 (1.08)	-1.35 (1.22)	0.02*** (0.01)	3.23*** (1.17)	2.71* (1.48)	-0.31 (1.28)

① 因表 7-3 中承包地部分退出意愿对玉米单产的影响，无论是 OLS 估计还是 TEM 估计，结果都不显著，故这里不再对其进行分析。

续表

	小麦单产OLS	玉米单产OLS	稻谷单产OLS	小麦 TEM		玉米 TEM	稻谷 TEM
				选择方程	单产方程	单产方程	单产方程
受访人教育年限	5.07** (2.34)	7.91*** (2.77)	1.99 (3.15)	0.02 (0.01)	7.56*** (2.72)	8.60*** (3.03)	-1.36 (3.62)
是否曾外出务工	31.58* (18.25)	-19.42 (19.79)	14.40 (27.89)	-0.10 (0.11)	22.52 (20.91)	-22.89 (21.30)	5.05 (30.40)
家庭人均收入	18.14* (9.79)	41.04*** (12.74)	58.62*** (15.34)	-0.02 (0.06)	17.70 (11.89)	38.36*** (14.14)	57.53*** (15.28)
家庭劳动供养率	-2.34 (11.16)	6.99 (12.41)	31.12* (17.39)	-0.03 (0.07)	-1.97 (13.11)	9.61 (13.97)	21.41 (17.29)
是否有人城里定居	-1.55 (19.30)	-16.69 (22.66)	-11.49 (22.34)	0.52*** (0.12)	55.76** (27.21)	16.14 (33.25)	6.73 (23.99)
非农收入占比	15.78 (23.35)	-48.03 (31.53)	-74.17 (56.55)	-0.06 (0.16)	11.60 (30.06)	-55.76 (42.19)	-71.92 (53.64)
是否是专业大户	-66.49* (37.87)	-19.17 (41.56)	-157.16*** (44.68)	-0.13 (0.21)	-81.58* (42.58)	-28.00 (47.51)	-165.83*** (47.58)
是否参加培训	13.85 (22.30)	58.10** (28.33)	45.25* (24.59)	-0.18 (0.13)	-6.71 (24.70)	49.67* (28.90)	40.26 (26.63)
省份（参照组江苏）							
山东	-12.01 (19.35)	58.41** (25.83)	—	-0.11 (0.12)	-20.48 (22.78)	57.47** (28.16)	—
安徽	-64.40** (24.86)	-287.46*** (32.24)	-141.62*** (22.30)	0.00 (0.16)	-73.79** (29.26)	-296.65*** (35.33)	-140.99*** (23.60)
IV	—	—	—	-0.01* (0.00)	—	—	—
常数项	570.12*** (111.13)	360.08** (143.38)	648.20*** (184.38)	-1.07 (0.73)	565.74*** (137.35)	385.39** (154.00)	712.93*** (182.20)
R2	0.045	0.314	0.246	—	—	—	—
F 统计值	2.75*** (0.001)	19.69*** (0.000)	10.90*** (0.000)	—	—	—	—

续表

	小麦单产 OLS	玉米单产 OLS	稻谷单产 OLS	小麦 TEM		玉米 TEM	稻谷 TEM
				选择方程	单产方程	单产方程	单产方程
残差相关系数 ρ				0.818*** (0.229)		0.483 (0.359)	0.633*** (0.170)
残差协方差 σ				5.510*** (0.073)		5.425*** (0.098)	5.312*** (0.064)
Wald 独立性检验				12.75*** (0.000)		1.81*** (0.179)	13.78*** (0.002)
Wald 卡方值				41.21*** (0.000)		213.23*** (0.000)	124.85*** (0.000)
样本量	724	604	355	724		604	355

注：***、**、* 表示估计结果在 0.01、0.05、0.1 的水平上显著；括号内为参数的稳健标准误。限于篇幅，再加上与小麦选择方程的结果非常相似，此处未报告玉米、稻谷的选择方程。

表 7-3 中 TEM 估计结果表明，如果承包地退出方式是部分转让给他人，控制其他变量后，与不愿意退出部分承包地的农户相比，愿意退出部分承包地的农户的小麦单产低 298.12 斤/亩，稻谷单产低 213.96 斤/亩，且在 1%的水平上显著。虽然愿意退出部分承包地农户的玉米单产也更低，但在给定的水平上不显著。上述承包地退出意愿对粮食单产的作用方向，与高佳、李世平（2014）和刘同山（2018）的研究结论一致。愿意以转让给他人的方式退出部分承包地的农户，其小麦亩均产量和稻谷亩均产量都显著更低。

如果不考虑样本的选择偏差和承包地退出意愿的内生性问题，直接将农户的小麦单产、稻谷单产对其承包地退出意愿进行 OLS 估计，则会发现，与不愿意退出部分承包地的农户相比，愿意退出部分承包地的农户，其小麦单产和稻谷单产也更低，只是对小麦而言未能通过给定水平的显著性检验，对稻谷而言则在 10%的水平上显著。可见，无论是粗略的 OLS 估计，还是更为精确的 TEM 估计，都发现农户的承包地退出意愿会对其粮食亩均产量造成比较明显的负向作用。本章研究假说 1 得到初步验证。正如机理部分所分析的，一个可能的原因是：人是农业生产中最活跃、最重要的要素，有承包地退出意愿的农户不重视粮食生产甚至疏于管理，会导致粮食亩均产量降低。

TEM 估计还给出了农户的承包地退出选择的影响因素。从表 7-3 中小麦

TEM 估计的选择方程结果来看，受访人年龄越大、家里有人在城镇定居的农户，更愿意退出部分承包地。当前中国的“老年农业”情况明显。随着农民年龄的增大，其从事农业的能力逐渐消退，因此愿意退出部分承包地。家里有人在城镇定居的农户，实际上基本完成了从乡村向城镇的迁移，其收入早已不依赖土地，因此更愿意退出农村承包地就容易理解。此外，工具变量——农户所在村庄距离最近城市的距离，对农户的承包地退出意愿有显著的负向影响，或者说距离城市越近的农户，承包地退出意愿越强烈。除省份外，其他变量对农户承包地退出意愿的影响不显著。

2. 承包地退出意愿对承包地亩净收益和亩化肥、农药投入的影响：部分转让给他人

粮食亩均产量的降低，可能会损害农户的耕地亩均收益。不仅如此，正如机理分析所指出的，有承包地退出意愿的农户，一方面可能在调整农作物结构、提升农产品品质时不够积极，从而导致农产品销售收入以及耕地亩均净收益较低；另一方面可能会在节省劳动力或其他目的的作用下，过多地施用化肥、农药。

表 7-4 的结果表明，无论是亩净收益还是亩化肥、农药投入，Wald 独立性检验都在 1%的显著性水平上拒绝了选择方程和收益方程、投入方程独立存在的原假设，表明农民的承包地退出选择方程（是否愿意退出部分承包地）和承包地亩净收益及亩化肥、农药投入方程不是相互独立的。而且无论是亩净收益，还是亩化肥、农药投入，TEM 估计的残差相关系数 ρ 和残差协方差 σ 都在 1%的水平上显著，表明样本农户是否愿意退出部分承包地与其亩均单产之间存在显著的自选择效应。不过，承包地退出意愿选择方程与亩净收益方程的残差相关系数 ρ 为正数，说明存在负的选择性偏差，即承包地亩净收益低于平均水平的农户更愿意退出部分承包地，其逻辑与粮食单产低的农户更愿意退出部分承包地一样；承包地退出意愿选择方程与亩化肥、农药投入方程的残差相关系数 ρ 为负数，说明存在正的选择性偏差，即承包地亩化肥、农药投入高于平均水平的农户更愿意退出部分承包地。上述分析表明，对样本数据的亩净收益和亩化肥、农药投入进行 TEM 估计是合适的。

表 7-4 的 TEM 估计结果表明，如果承包地退出方式是部分转让给他人，控制其他变量后，对承包地的亩净收益而言，与不愿意退出部分承包地的农户相比，愿意退出部分承包地的农户的亩净收益低 1263.41 元，且在 1%的水平上显著。这一结论与笔者利用黄淮海农区农户数据研究得到的结论相似，不过

亩净收益损失比更大——2018 年黄淮海农区农户数据测算农户承包地退出意愿造成的亩净收益损失为 947.91 元（刘同山、吴刚，2019）。对亩化肥、农药投入而言，与不愿意退出部分承包地的农户相比，愿意退出部分承包地的农户的亩化肥、农药投入多 93.31 元，且在 1%的水平上显著。本章研究假说 3 得到初步证实。这一结果表明，如果农户有承包地退出意愿而不能退出，不仅不利于化肥、农药的减量施用，还会增加其投入。

如果不考虑样本的选择偏差和承包地退出意愿的内生性问题，直接将农户的亩净收益和亩化肥、农药投入对其承包地退出意愿进行 OLS 估计，则会发现，与不愿意退出部分承包地的农户相比，愿意退出部分承包地的农户，其亩净收益更低，而亩化肥、农药施用量更高，只是承包地退出意愿对亩净收益的影响在 10%的水平上通过了显著性检验，而对亩化肥、农药投入的影响则不显著。

此外，从亩净收益和亩化肥、农药投入的 TEM 估计中的选择方程来看，受访人年龄、是否有人在城里定居以及地区变量和工具变量都会显著影响农户的承包地退出意愿。这一结论与小麦 TEM 估计的结果基本相同，表明农户的承包地退出意愿比较稳定地受到上述几种因素的影响。具体内容可以参见表 7-3 的分析，此处不再赘述。

表 7-4　承包地退出意愿对亩净收益与亩化肥、农药投入的影响：部分转让给他人

	亩净收益 OLS	亩化肥、农药投入 OLS	亩净收益 TEM		亩化肥、农药投入 TEM	
			选择方程	收益方程	选择方程	投入方程
是否愿意退出承包地：部分转让给他人	-336.85* (197.71)	0.89 (5.51)	—	-1263.41*** (357.71)	—	93.31*** (14.69)
受访人年龄	-27.88** (12.55)	-0.18 (0.30)	0.02*** (0.01)	-21.47* (11.81)	0.02*** (0.01)	-0.82** (0.36)
受访人教育年限	-3.81 (30.99)	-0.72 (0.85)	0.01 (0.01)	0.06 (31.91)	0.01 (0.01)	-1.11 (0.94)
是否曾外出务工	27.59 (224.59)	-0.06 (6.21)	-0.11 (0.11)	1.52 (224.10)	-0.12 (0.11)	2.54 (7.20)
家庭人均收入	501.04*** (114.65)	-4.72 (3.23)	-0.01 (0.06)	498.34*** (118.53)	0.00 (0.06)	-4.45 (3.86)

续表

	亩净收益 OLS	亩化肥、农药投入 OLS	亩净收益 TEM		亩化肥、农药投入 TEM	
			选择方程	收益方程	选择方程	投入方程
家庭劳动供养率	248.57* (149.60)	-4.35 (3.87)	-0.02 (0.07)	243.67 (151.73)	-0.02 (0.07)	-3.86 (4.58)
是否有人在城里定居	-164.52 (196.11)	-10.38 (6.44)	0.41*** (0.11)	-5.86 (210.77)	0.36*** (0.11)	-26.21*** (7.89)
非农收入占比	-1508.01** (595.11)	12.18 (10.02)	-0.09 (0.17)	-1522.07** (621.91)	-0.10 (0.18)	13.58 (13.89)
是否为专业大户	-1937.04*** (489.38)	-0.66 (11.41)	-0.23 (0.21)	-2005.36*** (512.24)	-0.28 (0.21)	6.15 (13.96)
是否参加培训	-183.99 (204.68)	1.57 (8.13)	-0.16 (0.13)	-239.63 (212.91)	-0.14 (0.13)	7.12 (9.30)
省份（参照组江苏）						
山东	-1538.52*** (294.03)	-71.88*** (6.73)	-0.21* (0.12)	-1578.63*** (302.49)	-0.22* (0.12)	-67.88*** (8.24)
安徽	-1103.03*** (309.85)	-79.30*** (7.78)	-0.03 (0.13)	-1126.73*** (312.97)	-0.03 (0.13)	-76.94*** (8.99)
IV	—	—	-0.01*** (0.01)	—	-0.02*** (0.00)	—
常数项	-721.76 (1028.55)	345.93*** (35.89)	-0.73 (0.70)	-687.15 (1062.86)	-0.77 (0.65)	342.47*** (42.16)
R2	0.110	0.147				
F 统计值	4.75*** (0.000)	12.63*** (0.000)				
残差相关系数 ρ			0.209** (0.086)	-0.791*** (0.131)		
残差协方差 σ			7.935*** (0.150)	4.469*** (0.048)		
Wald 独立性检验			5.91** (p=0.015)	36.47*** (p=0.000)		

续表

	亩净收益 OLS	亩化肥、农药投入 OLS	亩净收益 TEM		亩化肥、农药投入 TEM	
			选择方程	收益方程	选择方程	投入方程
Wald 卡方值			52.50*** (p=0.000)	150.54*** (0.000)		
样本量	853	853	853	853		

注：***、**、* 表示估计结果在 0.01、0.05、0.1 的水平上显著；除 Wald 独立性检验和 Wald 卡方值下方的括号内为显著性水平 p 外，括号内为参数的稳健标准误。

3. 承包地退出意愿对粮食单产的影响：部分出售给国家

上面分析了在转让给他人实现承包地退出这种方式下，农户的承包地退出意愿及其对粮食单产、承包地亩净收益及亩化肥、农药投入的影响。然而，目前承包地使用权转让给他人受到诸多限制，再加上一些农民有“败家子才卖地”的传统认知，以转让给他人测度农户的承包地退出意愿可能存在偏差。相比而言，农户将承包地有偿交给政府，能够消除“败家子才卖地”的传统认知，可能可以较好地测度农民的承包地退出意愿。而且，第四章基于农户调查的分析也表明，对于市场机制和政府主导的农村土地退出方式，农户有不同的参与意愿，而且政府主导的方式较受农民欢迎。不仅如此，20 世纪的法国等国家曾经推行过农村土地的政府赎买，国内很多地方如宁夏平罗、重庆梁平、四川崇州等地，近年来也都在政府主导下实现了农户的承包地退出。因此，考察在出售给国家方式下农户的承包地退出意愿及其对粮食单产、亩净收益及亩化肥、农药投入的影响，有重要的理论意义和实践价值。

表 7-5 中对三种主粮单产的 TEM 估计结果发现，Wald 独立性检验都在 1%的显著性水平上拒绝了小麦、玉米和稻谷的选择方程和单产方程独立存在的原假设，而且无论是小麦、玉米还是稻谷，选择方程和单产方程的残差相关系数 ρ 和残差协方差 σ 都在 1%的水平上显著，表明样本农户是否愿意退出部分承包地与粮食单产之间存在显著的自选择效应。从 TEM 估计的具体结果来看，如果承包地退出方式是部分出售给国家，控制其他变量后，与不愿意退出部分承包地的农户相比，愿意退出部分承包地的农户的小麦单产低 303.52 斤/亩，玉米单产低 220.58 斤/亩，稻谷单产低 231.84 斤/亩，且三者都通过了 1%水平上的显著性检验。可见，愿意退出承包地的农户，其粮食亩均产量显著更低，研究假说 1 得到进一步证实。

与表 7-3 中以转让给他人的方式退出部分承包地时 TEM 估计的结果比较可知，以出售给政府的方式退出部分承包地时，农民的承包地退出意愿对玉米单产的影响从不显著变为 1%水平上显著，同时，小麦、稻谷单产的回归系数也显著更大，表明以出售给政府测度的农户承包地退出意愿对于粮食单产的负向作用更加明显。同时，OLS 估计对于小麦单产的负向作用也由表 7-3 中的不显著变为表 7-5 中在 5%的水平上显著，且回归系数更大。总的来看，与转让给他人相比，出售给国家这种方式，能够较好地反映农户的承包地退出意愿，因而基于这一方式测量出的承包地退出意愿对农业绩效的影响也更为准确。

表 7-5 承包地退出意愿对三种主粮单产的影响：部分出售给国家

	小麦单产	玉米单产	稻谷单产	小麦 TEM		玉米 TEM	稻谷 TEM
	OLS	OLS	OLS	选择方程	单产方程	单产方程	单产方程
是否愿意退出承包地：部分出售给国家	-38.50** (16.56)	17.47 (18.45)	-35.15* (19.83)	—	-303.52*** (92.36)	-220.58*** (74.12)	-231.84*** (37.89)
其他变量	已控制	已控制	已控制	已控制	已控制	已控制	已控制
IV	—	—	—	-0.01* (0.00)	—	—	—
常数项	556.06*** (110.74)	353.32** (143.78)	645.87*** (184.67)	-1.52 (0.73)	510.18*** (133.39)	371.86** (156.88)	697.08*** (189.08)
R2	0.050	0.316	0.248	—	—	—	—
F 统计值	3.09*** (0.000)	19.94*** (0.000)	10.43*** (0.000)	—	—	—	—
残差相关系数 ρ	—	—	—	0.802*** (0.292)		0.707*** (0.228)	0.712*** (0.164)
残差协方差 σ	—	—	—	5.503*** (0.093)		5.488*** (0.080)	5.335*** (0.064)
Wald 独立性检验	—	—	—	7.54*** (0.006)		9.65*** (0.002)	18.89*** (0.000)
Wald 卡方值	—	—	—	35.74*** (0.000)		202.77*** (0.000)	132.42*** (0.000)
样本量	719	600	356	719		600	356

注：***、**、* 表示估计结果在 0.01、0.05、0.1 的水平上显著；括号内为参数的稳健标准误。限于篇幅，再加上与小麦选择方程的结果非常相似，此处未报告玉米、稻谷的选择方程。

4. 承包地退出意愿对亩净收益及亩化肥、农药投入的影响：部分出售给国家

作为比较，需要分析在出售给国家这种退出方式下，愿意退出部分承包地农户对亩净收益和亩化肥、农药投入的影响。表 7-6 所示的估计结果表明，如果承包地退出方式是部分出售给国家，控制其他变量后，与不愿意退出部分承包地的农户相比，愿意退出部分承包地农户的亩净收益低 1383.98 元，而亩化肥、农药投入高 100.01 元，二者都通过了1%水平上显著性检验。可见，有承包地退出意愿的农户，亩净收益显著更低而化肥、农药投入显著更高，研究假说 2 和假说 3 进一步得到证实。

与表 7-4 中以转让给他人的方式退出部分承包地的估计结果相比，无论是 TEM 估计还是 OLS 估计，表 7-6 中亩净收益和亩化肥、农药投入的系数都更大，且亩净收益 OLS 估计的结果显著性也更高。这意味着，在设定转让给他人这种方式下询问农户的承包地退出意愿，会低估农户承包地退出意愿对农业绩效的影响。

表 7-6 承包地退出意愿对亩净收益与亩化肥、农药投入的影响：部分出售给国家

	亩净收益 OLS	亩化肥、农药投入 OLS	亩净收益 TEM		亩化肥、农药投入 TEM	
			选择方程	收益方程	选择方程	投入方程
是否愿意退出承包地：部分出售给国家	−375.97* (199.98)	5.44 (5.43)	—	−1383.98*** (359.60)	—	100.01*** (14.09)
其他变量	已控制	已控制	已控制	已控制	已控制	已控制
IV	—	—	−0.02*** (0.01)	—	−0.02*** (0.00)	—
常数项	−719.12 (1038.11)	347.71*** (35.88)	−0.75 (0.70)	−729.08 (1079.62)	−0.77 (0.66)	348.64*** (40.98)
R2	0.111	0.144	—	—	—	—
F 统计值	4.88*** (0.000)	12.38*** (0.000)	—	—	—	—
残差相关系数 ρ	—	—	0.228** (0.093)		−0.819*** (0.124)	
残差协方差 σ	—	—	7.938*** (0.149)		4.473*** (0.047)	

续表

	亩净收益 OLS	亩化肥、农药投入 OLS	亩净收益 TEM		亩化肥、农药投入 TEM	
			选择方程	收益方程	选择方程	投入方程
Wald 独立性检验	—	—	6.01** (p=0.014)		43.99*** (p=0.000)	
Wald 卡方值	—	—	53.02*** (p=0.000)		181.75*** (0.000)	
样本量	850	850	850		850	

注：***、**、* 表示估计结果在 0.01、0.05、0.1 的水平上显著；除 Wald 独立性检验和 Wald 卡方值下方的括号内为显著性水平 p 外，括号内为参数的稳健标准误。

（二）全部退出意愿：转让给他人 VS 出售给国家

由于全部退出与部分退出有质的不同，分析承包地退出意愿对农业绩效的影响，需要对农户的承包地部分退出意愿和全部退出意愿两种情况分别考察。

表 7-7 所示的 TEM 估计结果表明，愿意将全部承包地转让给他人的农户，其小麦单产、稻谷单产都显著更低。具体来看，在转让给他人这种退出方式下，与不愿意退出全部承包地的农户相比，愿意退出全部承包地的农户，其小麦和稻谷亩均产量分别低 294.65 斤/亩和 256.63 斤/亩，且在 1%的水平上显著。研究假说 1 再次得到证实。不过，是否愿意以转让给他人的方式退出全部承包地，对玉米单产的影响与部分退出时一样，依然不显著。另外，对于愿意将全部承包地转让给他人的农户，其承包地亩净收益显著更低，而亩化肥、农药投入则显著更高。具体来看，与不愿意以转让给他人方式退出全部承包地的农户相比，愿意以转让给他人方式退出全部承包地的农户，其承包地亩净收益低 1438.21 元，而承包地亩化肥、农药投入则高 93.72 元。研究假说 2 和研究假说 3 再次得到验证。

此外，从表 7-7 的小麦选择方程估计结果来看，受访人年龄、是否有人在城里定居、地区变量和作为工具变量的所在村庄距离最近城市的距离，对农户是否愿意将全部承包地转让给他人的选择有显著的影响，表明上述变量对农户承包地退出意愿的影响具有较好的稳定性。

表 7-7　承包地退出意愿对农业绩效的影响：全部转让给他人的 TEM 估计

	小麦		玉米单产	稻谷单产	亩净收益	亩化肥、农药投入
	选择方程	单产方程				
是否愿意退出承包地：全部转让给他人	—	-294.65*** (56.23)	-55.15 (200.55)	-256.63*** (54.12)	-1438.21*** (341.23)	93.72*** (13.26)
受访人年龄	0.02** (0.01)	2.72** (1.07)	2.00 (1.59)	-0.03 (1.36)	-21.93* (11.60)	-0.71** (0.36)
受访人教育年限	-0.01 (0.02)	5.38** (2.70)	8.02*** (2.85)	-0.03 (3.88)	-5.78 (31.11)	-0.69 (0.93)
是否曾外出务工	0.08 (0.12)	42.41** (20.62)	-18.21 (20.07)	29.39 (32.74)	78.77 (228.06)	-2.92 (7.16)
家庭人均收入	-0.02 (0.06)	17.78 (11.54)	40.87*** (13.02)	65.65*** (16.23)	512.96*** (119.37)	-5.51 (3.91)
家庭劳动供养率	0.02 (0.07)	2.38 (13.04)	9.09 (14.99)	30.99 (19.56)	256.15* (150.47)	-4.73 (4.52)
是否有人在城里定居	0.45*** (0.12)	41.93* (24.14)	-9.11 (34.40)	-19.94 (26.51)	-83.22 (203.58)	-19.00** (7.42)
非农收入占比	0.10 (0.14)	28.59 (26.99)	-46.86 (33.76)	-85.78 (56.91)	-1467.92** (622.81)	9.92 (13.65)
是否专业大户	0.10 (0.21)	-52.71 (43.23)	-18.48 (41.90)	-169.90*** (48.83)	-1892.15*** (498.29)	-1.25 (13.72)
是否参加培训	-0.13 (0.14)	0.88 (24.79)	56.85** (28.11)	37.22 (28.85)	-220.29 (207.80)	4.96 (9.09)
省份（参照组江苏）						
山东	-0.22* (0.13)	-19.70 (22.25)	60.85** (27.66)	—	-1555.37*** (298.01)	-69.82*** (8.07)
安徽	0.01 (0.16)	-69.90** (29.19)	-288.53*** (32.54)	-138.03*** (25.89)	-1115.86*** (309.86)	-77.28*** (8.86)
IV	-0.01*** (0.00)	—	—	—	—	—
常数项	-1.23 (0.79)	539.96*** (134.08)	350.00** (152.96)	583.47*** (194.76)	-985.58 (1064.87)	362.84*** (43.20)

续表

	小麦		玉米单产	稻谷单产	亩净收益	亩化肥、农药投入
	选择方程	单产方程				
残差相关系数 ρ	0.848*** (0.193)		0.256 (0.566)	0.931*** (0.237)	0.230*** (0.084)	-0.822*** (0.128)
残差协方差 σ	5.497*** (0.000)		5.375*** (0.078)	5.382*** (0.098)	7.934*** (0.150)	4.457*** (0.042)
Wald 独立性检验	19.30*** (0.000)		0.20 (0.651)	15.41*** (0.000)	7.50*** (0.006)	41.47*** (0.000)
Wald 卡方值	51.33*** (0.000)		235.01*** (0.000)	129.24*** (0.000)	54.40*** (0.000)	162.01*** (0.000)
样本量	724		605	358	856	856

注：***、**、* 表示估计结果在 0.01、0.05、0.1 的水平上显著；括号内为参数的稳健标准误。限于篇幅，再加上玉米、稻谷的选择与小麦的选择方程相似，亩净收益和亩化肥、农药投入的选择方程和表 7-4 中的选择方程相似，此处未报告玉米单产、稻谷单产、亩净收益和亩化肥、农药投入的选择方程。

表 7-8 给出了以出售给国家的方式退出承包地时，农户承包地全部退出意愿对粮食单产、亩净收益和亩化肥、农药投入等农业绩效影响的 TEM 估计结果。结果表明，愿意将全部承包地出售给国家的农户，其稻谷单产、亩净收益显著更低，而亩化肥、农药投入则显著更高。具体来看，在出售给国家这种退出方式下，与不愿意退出全部承包地的农户相比，愿意退出全部承包地的农户，其稻谷单产低 275.81 斤/亩，亩净收益低 1623.33 元，亩化肥、农药投入则高 102.62 元，三者都在 1%的水平上显著。不过，是否愿意以出售给国家的方式退出全部承包地，对小麦单产、玉米单产的影响则不显著。研究假说 2 和研究假说 3 也得到证实。

总之，尽管全部退出与部分退出、转让给他人退出和出售给国家退出，不同程度和不同方式下，农户承包地退出意愿对农业绩效的影响略有差别，但上述结果表明，农户的承包地退出意愿对于粮食单产、耕地亩均净收益和亩均化肥、农药投入有显著的影响。为了改善农业绩效，实现“人尽其才、地尽其利”，需要加快为有承包地退出意愿的农户提供相应的制度通道。

表 7-8　承包地退出意愿对农业绩效的影响：全部出售给国家的 TEM 估计

	小麦		玉米单产	稻谷单产	亩净收益	亩化肥、农药投入
	选择方程	产量方程				
是否愿意退出承包地：全部出售给国家	—	183.78 (114.99)	-137.01 (94.74)	-275.81*** (50.84)	-1623.33*** (338.97)	102.62*** (13.36)
其他变量	已控制	已控制	已控制	已控制	已控制	已控制
IV	-0.02*** (0.00)	—	—	—	—	—
常数项	-0.76 (0.75)	580.73*** (116.77)	378.10** (150.50)	709.24*** (202.05)	-512.47 (1088.43)	332.45*** (41.65)
残差相关系数 ρ	-0.549*** (0.337)		0.494* (0.284)	1.047*** (0.236)	0.270*** (0.094)	-0.802*** (0.123)
残差协方差 σ	5.430*** (0.084)		5.419*** (0.074)	5.411*** (0.097)	7.939*** (0.148)	4.456*** (0.044)
Wald 独立性检验	2.65*** (0.103)		3.03* (0.082)	19.64*** (0.000)	8.20*** (0.004)	42.29*** (0.000)
Wald 卡方值	29.73*** (0.003)		217.44*** (0.000)	138.01*** (0.000)	56.01*** (0.000)	190.18*** (0.000)
样本量	724		605	358	856	856

注：***、**、* 表示估计结果在 0.01、0.05、0.1 的水平上显著；括号内为参数的稳健标准误。限于篇幅，再加上玉米、稻谷的选择与小麦的选择方程相似，亩净收益和亩化肥、农药投入的选择方程和表 7-4 中的选择方程相似，此处未报告玉米单产、稻谷单产、亩净收益和亩化肥、农药投入的选择方程。

（三）承包地退出意愿的平均处理效应：不同退出方式与类型

基于上述 TEM 估计，可以进一步考察农户的承包地退出意愿对小麦、玉米、稻谷单产，以及耕地亩净收益和亩化肥、农药投入的平均处理效应（ATE），预测出愿意退出承包地与不愿意退出承包地农户的粮食单产、亩净收益和亩化肥、农药投入的差别，进而分析承包地退出通道不畅造成的农业绩效损失。为了和 TEM 估计相对应，此处仍设定转让给他人、出售给国家两种不同退出方式，并将承包地退出分为部分退出和全部退出两种不同类别。

表 7-9 所示的 ATE 估计结果表明，对于转让给他人方式下的部分退出，

与不愿意退出承包地的农户相比，愿意退出承包地的农户小麦、稻谷单产分别低 2.93%和 2.64%，亩净收益和亩化肥、农药投入分别低 73.60%和 0.33%；对于出售给国家方式下的部分退出，与不愿意退出承包地的农户相比，愿意退出承包地的农户小麦、稻谷单产分别低 2.85%和 2.15%，亩净收益也明显更低，但是亩化肥、农药投入高 1.42%；对于转让给他人方式下的全部退出，与不愿意退出承包地的农户相比，愿意退出承包地的农户小麦、稻谷单产分别低 0.71%和 1.07%，亩净收益和亩化肥、农药投入分别低 90.12%和 2.49%；对于出售给国家方式下的全部退出，与不愿意退出承包地的农户相比，愿意退出承包地的农户小麦、稻谷单产和亩净收益分别低 0.96%、1.51%和 88.79%，但亩化肥、农药投入高 2.49%。

总体而言，对于不同的承包地退出方式，与不愿意退出承包地的农户相比，愿意退出承包地的农户小麦、稻谷单产和亩净收益明显更低，但亩化肥、农药投入高低不一。前面已经提到，在出售给国家时，农户的承包地退出意愿可能表达得更为真实，据此可以认为，与不愿意退出承包地的农户相比，有承包地退出意愿的农户，亩化肥、农药投入更多。

表 7-9　承包地退出意愿的平均处理效应

<table>
<tr><td colspan="2" rowspan="2"></td><td>愿意</td><td>不愿意</td><td rowspan="2">ATE</td><td rowspan="2">T 检验</td><td rowspan="2">变化</td></tr>
<tr><td colspan="2">承包地部分退出：转让给他人</td></tr>
<tr><td rowspan="2">粮食单产</td><td>小麦</td><td>822.063
(47.225)</td><td>846.855
(48.495)</td><td>-24.791***
(8.386)</td><td>-80.853</td><td>-2.93%</td></tr>
<tr><td>稻谷</td><td>1041.348
(97.653)</td><td>1069.592
(97.577)</td><td>-28.244***
(6.907)</td><td>-90.249</td><td>-2.64%</td></tr>
<tr><td colspan="2">承包地亩净收益</td><td>115.569
(945.308)</td><td>437.828
(944.518)</td><td>-322.259***
(29.727)</td><td>-3.2e+02</td><td>-73.60%</td></tr>
<tr><td colspan="2">承包地亩化肥、农药投入</td><td>228.882
(32.371)</td><td>229.650
(31.932)</td><td>-0.768***
(3.020)</td><td>-7.621</td><td>-0.33%</td></tr>
<tr><td colspan="7">承包地部分退出：出售给国家</td></tr>
<tr><td rowspan="2">粮食单产</td><td>小麦</td><td>783.889
(98.779)</td><td>806.865
(100.213)</td><td>-22.977***
(9.105)</td><td>-68.788</td><td>-2.85%</td></tr>
<tr><td>稻谷</td><td>1043.555
(99.473)</td><td>1065.854
(100.224)</td><td>-22.955***
(7.411)</td><td>-56.695</td><td>-2.15%</td></tr>
</table>

续表

		愿意	不愿意	ATE	T 检验	变化
		承包地部分退出：转让给他人				
承包地亩净收益		112.652 (937.420)	467.871 (936.289)	-355.220*** (31.452)	-3.4e+02	-75.92%
承包地亩化肥、农药投入		230.934 (32.255)	227.693 (31.993)	3.241*** (3.017)	32.139	1.42%
承包地全部退出：转让给他人						
粮食单产	小麦	833.167 (48.264)	839.082 (48.412)	-5.916*** (16.494)	-9.809	-0.71%
	稻谷	1050.707 (99.530)	1062.079 (102.030)	-11.373*** (15.349)	-15.700	-1.07%
承包地亩净收益		39.506 (951.339)	399.984 (939.850)	-360.478*** (60.480)	-1.8e+02	-90.12%
承包地亩化肥、农药投入		225.300 (231.047)	231.047 (31.083)	-5.748*** (5.416)	-31.858	-2.49%
承包地全部退出：出售给国家						
粮食单产	小麦	829.417 (48.755)	837.448 (45.434)	-8.031** (9.537)	-23.030	-0.96%
	稻谷	1048.243 (102.295)	1064.302 (110.248)	-16.058** (16.333)	-14.543	-1.51%
承包地亩净收益		47.841 (951.023)	426.873 (924.391)	-379.032** (67.504)	-1.7e+02	-88.79%
承包地亩化肥、农药投入		233.550 (31.640)	227.200 (31.794)	6.350** (5.233)	36.420	2.79%

注：*** 表示估计结果在 0.01 的水平上显著；括号内为标准误。变化 = ATE/不愿意退出承包地者的粮食单产、亩净收益或亩化肥、农药投入×100%。因玉米单产在多个情况下都不显著，故未对其做分析。

四、稳健性检验：农地规模调整意愿对农业绩效的影响

农户是否愿意退出部分或全部承包地，实际上是农地规模调整意愿。如果愿意退出承包地，相当于是减少农地经营规模；反之，如果农户想增加农地规模，则意味着不愿意退出承包地。所以，为了检验承包地退出意愿对粮食单产、亩净收益与亩化肥、农药投入等影响的稳健性，可以采用重新界定变量的方式，用是否想增加农地经营面积、是否愿意把全部承包地都交给村里统一经营管理来表征农户的承包地退出意愿。询问农户是否愿意把自家全部承包地都交给村里时，预先设定了一个农地流转价格——每亩地每年给500元的收益。是否想增加农地经营面积，是农户承包地退出意愿的反向指标，可以通过直接询问受访者获得。统计结果表明，在935个样本农户中，有212户（占比22.67%）愿意把自己全部承包地都交给村里统一经营管理；在928个有效样本农户中，有267户（占比28.77%）基于当前的农地流转价格和务农收益，想增加农地经营规模。

对被解释变量重新界定后，首先，将反映农业绩效的粮食单产、亩净收益和亩化肥、农药投入等变量，对农户是否愿意把承包地全部交回村里统一经营管理（简称“是否愿意把承包地全部交回村里”）进行回归。表7-10所示的估计结果表明，与不愿意把承包地全部交回村里的农户相比，愿意把承包地全部交回村里的农户，其稻谷单产、亩净收益都显著更低，而亩化肥、农药投入则显著更高。具体来看，与不愿意把承包地全部交回村里的农户相比，愿意把承包地全部交回村里的、想退出农地经营的农户，其稻谷单产低216.88斤/亩，亩净收益少1315.76元，而亩化肥、农药投入则多83.75元。除小麦单产不显著外，其他4个指标都与前述转让给他人方式下的部分退出或全部退出、出售给国家方式下的部分退出或全部退出的作用方向相同，且系数大小相近且较小。

之所以估计系数变小，是因为承包地全部交回村里，农民可能认为他们并没有完全失去土地，并不像转让给他人或者出售给国家那样不可逆。也就是说，与转让给他人或出售给国家相比，把承包地全部交回村里表征的农户承包地退出意愿较弱，因此对农业绩效的影响也相对较小。无论如何，这一估计结果表明，农户的承包地退出意愿对农业绩效的影响具有较好的稳健性。

表 7-10　是否愿意把承包地全部交回村里对农业绩效的影响：TEM 估计的稳健性检验 A

	小麦单产	玉米单产	稻谷单产	亩净收益	亩化肥、农药投入	
					选择方程	投入方程
是否愿意把承包地全部交回村里	51.70 (81.99)	-162.43 (100.26)	-216.88** (90.22)	-1315.76*** (341.16)	—	83.75*** (18.72)
其他变量	已控制	已控制	已控制	已控制	已控制	已控制
IV	—	—	—	—	-0.02*** (0.00)	—
常数项	605.58*** (124.39)	245.63 (167.65)	552.36*** (184.43)	-1572.95 (1037.49)	-3.60*** (0.76)	399.85*** (39.40)
残差相关系数 ρ	-0.370*** (0.211)	0.286 (0.267)	0.802*** (0.340)	0.186*** (0.079)	-0.648*** (0.174)	
残差协方差 σ	5.373*** (0.039)	5.373*** (0.048)	5.319*** (0.111)	7.928*** (0.153)	4.399*** (0.042)	
Wald 独立性检验	3.07* (0.080)	1.15 (0.284)	5.57** (0.018)	5.51** (0.019)	13.91*** (0.000)	
Wald 卡方值	31.03*** (0.002)	249.65*** (0.000)	108.97*** (0.000)	57.12*** (0.000)	170.99*** (0.000)	
样本量	724	605	358	856	856	

注：***、**、* 表示估计结果在 0.01、0.05、0.1 的水平上显著；括号内为参数的稳健标准误。限于篇幅，再加上结果比较相似，且是否愿意把承包地全部交回村里对小麦单产的影响不显著，此处仅报告亩化肥、农药投入的选择方程，未报告小麦单产、玉米单产、稻谷单产和亩净收益的选择方程。

其次，将反映农业绩效的粮食单产、亩净收益和亩化肥、农药投入等变量，对农户是否想扩大农地经营规模，利用 TEM 对数据进行估计。表 7-11 所示的估计结果表明，与不想扩大农地经营规模的农户相比，想扩大农地经营规模的农户，其小麦单产、玉米单产、稻谷单产和亩净收益都显著更高，而其亩化肥、农药投入则显著更低。具体来看，与不想扩大农地经营规模的农户相比，想扩大农地经营规模的农户，其小麦、玉米和稻谷单产分别高 150.25 斤/亩、245.63 斤/亩和 225.62 斤/亩，亩净收益高 3985.89 元，而亩化肥、农药投入则少 69.49 元，上述结果都通过了 5%水平上的显著性检验。可见，连玉米单产在内，所有反映农业绩效的指标都受到农户扩大农地经营规模意愿的影响。而且除亩净收益的系数（绝对值）明显更大外，其他几个回归系数都与表 7-3 至表 7-8 中通过显著性检验的回归系数绝对值相接近，但方向相反。

由于扩大农地经营规模是农户的承包地退出意愿的反向指标，上述结果从反面表明，农户的承包地意愿会对农业绩效产生显著的影响。与没有承包地退出意愿的农户相比，愿意减少农地经营规模、退出承包地的农户，其粮食单产、耕地亩净收益更低，而单位耕地上投入的化肥、农药则更多。研究假说 1 至研究假说 3 再次得到验证。

表 7-11　是否想扩大农地经营规模对农业绩效的影响：TEM 估计的稳健性检验 B

	小麦单产	玉米单产	稻谷单产	亩净收益	亩化肥、农药投入	
					选择方程	投入方程
是否想扩大农地经营规模	150.25** (64.52)	245.63*** (42.91)	225.62** (44.15)	3985.89*** (1079.57)	—	-69.49*** (15.61)
其他变量	已控制	已控制	已控制	已控制	已控制	已控制
IV	—	—	—	—	-0.02*** (0.00)	—
常数项	371.58*** (139.86)	90.61 (161.33)	354.7*** (196.40)	-5309.18*** (1906.55)	1.16 (0.72)	424.92*** (41.94)
残差相关系数 ρ	-0.337* (0.174)	-0.634*** (0.123)	-0.671*** (0.180)	-0.978*** (0.266)	0.598*** (0.117)	
残差协方差 σ	5.386*** (0.038)	5.449*** (0.043)	5.316*** (0.059)	8.080*** (0.193)	4.407*** (0.040)	
Wald 独立性检验	3.78* (0.052)	26.35*** (0.284)	13.84** (0.018)	13.55*** (0.002)	26.32*** (0.000)	
Wald 卡方值	33.23*** (0.001)	234.01*** (0.000)	119.41*** (0.000)	75.02*** (0.000)	160.49*** (0.000)	
样本量	720	601	356	850	850	

注：***、**、* 表示估计结果在 0.01、0.05、0.1 的水平上显著；括号内为参数的稳健标准误。限于篇幅，再加上结果比较相似，且是否愿意把承包地全部交回村里对小麦单产的影响不显著，此处仅报告亩化肥、农药投入的选择方程，未报告小麦单产、玉米单产、稻谷单产和亩净收益的选择方程。

五、结论与进一步讨论

本章在理论分析农户的承包地退出意愿对农业绩效影响的基础上，利用2019年7~8月份在苏鲁皖三省的农户调查数据，采用可以消除选择偏误和内生性问题的处理效应模型（TEM），将承包地退出划分为转让给他人、出售给国家两种方式和部分退出、完全退出两种类型，实证分析了农户的承包地退出意愿对小麦、玉米和稻谷三种粮食单产、耕地亩净收益和亩化肥、农药投入的影响。结果发现，有承包地退出意愿的农户，其小麦单产、稻谷单产和耕地亩净收益都显著更低，而耕地亩化肥、农药投入则显著更高。而且，稳健性检验发现，承包地退出意愿对农业绩效的影响具有很好的稳定性。总之，如果农户有承包地退出意愿（但受制于各种物理的、制度的等原因）而不能退出，会造成明显的农业绩效损失。

在农村人口持续向城镇非农领域转移的大背景下，为了提高农业效率，实现"人尽其才、地尽其利"，必须消除因农地经营规模难以调整形成的农地资源错配问题，加快推动农地资源在农业劳动力中的再配置。

总体来看，消除农地资源错配、支持引导一部分不想种地的深度兼业尤其是"离农、进城"农户将农地使用权转移给其他想种地的农户，需要重点做好以下四个方面的工作：一是深化农村土地制度改革，集体产权制度改革应尽快从经营性资产向资源性资产拓展，赋予农民包括承包权退出、转让在内的更多土地财产权利，缓解农地经营权流转的制度约束，打破农地承包权自愿有偿退出、转让的法律障碍，切实提高农村土地的可交易性。二是建立健全农地流转和农村产权交易市场，参照一些地方的成功做法，将农村产权交易中介平台下沉至乡镇甚至行政村，充分发挥市场机制在农地资源配置中的关键性作用。三是推动小农户向专业农户转型并支持有条件的小农户有序"离农、进城、退地"。支持懂技术、会经营、善管理的小农户实现适度规模经营，成长为新型职业农民；引导深度兼业户、离农户放弃农地，完成从农民到市民身份的转变；建立城乡一体化的社会保障体系，通过提高农民的社会保障水平，抵消小农户"离农、进城、退地"产生的社会风险。四是针对农地流转市场配置失灵的问题，借鉴日本、法国等国家的经验，做好财政、金融及其他配套改革，推动农地整理整治，加快探索农地资源行政性再配置，让政府在人地资源优化配置中发挥更多作用。

第八章　耕地撂荒：农民承包地退出意愿的显性表达

上一章分析农民承包地退出意愿对农业绩效的影响时，笔者指出有承包地退出意愿的农户，其向耕地投入的劳动及其他农业生产要素的数量可能未达到必需的量，从而导致粮食单产显著更低。更进一步地，如果农户减少劳动及其他要素投入到一定程度，就会出现耕地撂荒。耕地撂荒，也被称为耕地抛荒，从概念上看，有狭义和广义之分。狭义的耕地撂荒是指本应被耕种的耕地在某一段时间没有被耕种而荒芜的状态（杨国永、许文兴，2015），也被称为“明荒”，即显性撂荒。广义的耕地撂荒则不仅包括耕地被闲置荒芜的状态，还包括耕地未能有效利用的状态。耕地虽然未荒芜但有意识地减少劳动及其他农业生产要素投入或者将“双季”改为“单季”，这也会导致耕地利用程度下降和农业产出损失（谭术魁，2003），实际上是一种“暗荒”，或称隐性撂荒。如此而言，有承包地退出意愿却未能顺利退出而只好懒散经营，也是一种隐性撂荒。为了方便统计，中国的实务管理部门多采取狭义的概念，并依据撂荒是否超过一个季节，将耕地撂荒具体分为季节性撂荒和常年撂荒。本章的耕地撂荒，也采用狭义的概念。

近几年来，随着农业劳动力向城镇非农领域转移和农业比较收益的持续下滑，农村耕地撂荒现象开始增多，并且有从山区、丘陵向平原地带蔓延的趋势。据安徽省黄山市祁门县农业部门调查，2012 年，该县 143203 亩耕地中，有 11522 亩（占比 8%）耕地撂荒，其中接近 2/3（7446 亩）的耕地属于常年抛荒。一般而言，耕地撂荒若超过三年，复垦的难度很大。全国的耕地撂荒面积缺乏官方统计。据西南财经大学中国家庭金融调查与研究中心对全国 29 个省、262 个县市的住户跟踪调查发现，2011 年和 2013 年分别有 13.5%和 15%的农用地处于闲置状态。另外，可以从粮食播种面积减少情况对耕地撂荒情况做大致判断。在 2016 年全国粮食播种面积[①]达到 119230 千公顷（约合 17.88 亿亩）后，就一直下滑，至 2019 年已经下滑至 116064 千公顷，三年时间减少 3166 千公顷，接近 0.5 亿亩，如图 8-1 所示。虽然其中有农作物种植结构调整的因素，但日益增多的耕地撂荒无疑也是粮食播种面积减少的一个重要原因。

图 8-1　中国粮食播种面积走势（1996~2019 年）

作为一个拥有 14 亿人口的发展中大国，中国的粮食安全是头等大事。一定规模的耕地是国家粮食安全的基本保障。为了确保谷物基本自给、口粮绝对安全，《土地管理法》以法律的形式确定“十分珍惜、合理利用土地和切实保护耕地是我国的基本国策”。2020 年新冠肺炎疫情暴发后，一些国家对粮食出口进行限制，中国的耕地撂荒再次受到社会各界高度关注。一些地方政府甚至下发了严禁耕地撂荒的文件[②]。因此，接下来的农村土地制度改革，应当对农业劳动力转移引发的农民承包地退出意愿及耕地撂荒问题给予重视并加以回应。

---

① 粮食播种面积是指全年实际播种的谷物、豆类和薯类等粮食作物的面积，其中谷物又包括稻谷、小麦、玉米、大麦、高粱、荞麦、燕麦等。粮食播种面积约占农作物总播种面积的 70%。因此粮食播种面积的减少一定程度上反映了耕地撂荒情况。

② 例如，福州市人民政府 2020 年 4 月 10 日印发了《福州市人民政府关于坚决制止耕地抛荒撂荒的通知》，明确规定 2020 年 10 月 1 日前，抛荒撂荒一年以上的，村集体依法依规追回耕地地力保护补贴，并按承包合同收缴违约金；连续抛荒撂荒二年的，村集体依法依规收回承包权或经营权，并组织流转或代耕代种；连续抛荒撂荒三年以上的，村集体逐级上报至市级相关部门依法依规将承包方代表纳入本市公共信用信息平台不良信用记录。

一、耕地撂荒的经济分析

大部分学者认为，农民是理性的。Schultz 在《改造传统农业》一书中论证了传统社会中的农民像现代社会中的微观经济主体一样，其行为也服从利益最大化原则，努力追求效用最大化。改革开放 40 多年来，尤其是 20 世纪末城乡壁垒打破以后，在市场经济条件下，农民有了极大的自主性，他们越来越像波普金所描述的那样，能够权衡长期、短期利益及风险因素后为获得最大利益而做出生产经营决策。农民的一些看上去似乎“反常”的行为，其实也是他们在外部环境、信息获取、经济状况等条件限制下做出的理性抉择。

在新家庭经济学中，农户家庭被视为一个基本的生产单位，而且家庭追求的是家庭效用最大化（艾利思，2006）。经济学家发现，户是很有用的研究单位。在一户内，资源被集中起来，收入被共同使用，户内成年人共同决策。根据贝克尔（1998）的假定，家庭内有一个或多个利他主义者，其效用等同于“家庭效用”函数，该效用以家庭总收入为约束条件，也就是说“一个利他主义者的家庭，可以被看作是存在着一个家庭的效用函数，全体家庭成员不管收入如何分配，都自愿地使这一效用函数最大化”。与西方相比，中国人受几千年的家族观念与思想影响，有更浓厚的家庭观念，个人行为决策也更多地受到家庭或家族的利益驱动，即具有更多的利他性，这对于农村居民而言尤为明显。农户家庭效用理论把农户家庭视作基本的决策单元，而且其决策可以由具有利他主义的户主或家里的主事人统一作出。

从“农民是追求效用最大化的理性人”和“农户是统一的决策行为主体”的基本假定出发，可以对农民的耕地撂荒行为进行经济分析。参照现有关于农户家庭效用最大化的文献，笔者采用经典的消费—闲暇分析路径来考察农户的劳动供给和耕地撂荒决策。假定农户通过收入和闲暇来最大化家庭效用 U：

$$maxU(C,L) \tag{8-1}$$

其中，C 是农户的消费，既包括自家生产的农产品，也包括以农业收入和非农收入购买的其他商品；L 是闲暇时间。可见，农户的家庭效用取决于消费的数量和闲暇的数量。农户可以享用的消费品数量，由家庭向市场提供劳动获得的非农工资收入、从事农业获得的农产品销售收入和非劳动收入如政府补贴等决定；农户可以享受的闲暇时间受时间禀赋的约束，并与非农、农业劳动时间相关。假定效用函数是二次连续可微并且严格的拟凹函数，以保证农户效用的无差异曲线是严格凸的。

农户在农业生产时可能会雇工，比如将某些环节交给雇工或农业服务组织完成。不过，由于相关技能和农场特有的管理经验的差异，或者由于农业生产时的激励和监督成本的差异（Schultz，1999），家庭和雇佣劳动力不能完美地相互替代。假定农户的农业生产函数为 $Q=Q(F, H; A)$，其中 Q 表示农业产出，F 为农户向农业投入的自有劳动，H 为农户向农业投入的雇佣劳动，A 为耕地等外生给定的变量。对于劳动投入，假定农业生产函数是二次连续可微且严格的凹函数。这意味着，劳动投入对于农业产出具有正的边际作用，但受到边际递减规律的作用。

假定存在非农就业市场，且非农就业的工资 w_o 高于农业雇工工资 w_h。这一假定意味着，农户会将一部分家庭劳动分配到非农部门，而自家农业生产的一些环节交给雇工或农业服务主体完成——这种情况在中国非常普遍。在上述假定的基础上，可以借鉴 Chang 等（2012）的思路，分析农户劳动时间配置情况对耕地撂荒的影响。

首先，理性的农户会将时间在农业工作 F、非农工作 M 和闲暇 L 之间合理分配以实现效用最大化。设定农户在某一个时期的总时间禀赋为 T，则有 $M=T-F-L$。如果农户同时从事农业和非农业，则它有两部分劳动收入：一部分是农业收入，用农业净收益减去雇工成本表示，即 $y_f \equiv pQ(F,H;A)-w_h H$；另一部分是非农收入，定义为非农工资 w_o 乘以非农劳动供给，即 $E_o=w_o M=w_o(T-F-L)$。如果农户还有外生的非劳动力收入 Z，比如政府补贴等，则其家庭总收入为：

$$I=[pQ(F,H;A)-w_h H]+w_o(T-F-L)+Z \tag{8-2}$$

在给定农户消费商品的价格后，农户的收入相当于是考虑物价水平的实际收入。如果假定消费的商品价格为 1，则农户家庭总收入 I 即其消费 C。可以将（8-2）式代入（8-1）式，得到：

$$U=U(pQ(F,H;A)-w_h H+w_o(T-F-L)+Z,L) \tag{8-3}$$

此时，理性的农户会选择 F、H 和 L 以实现效用最大化。农户效用最大化的一阶条件为：

$$pQ_F(F,H;A)-w_o=0 \tag{8-4}$$

$$pQ_H(F,H;A)-w_h=0 \tag{8-5}$$

$$U_C(C,L)(-w_o)+U_L(C,L)=0 \tag{8-6}$$

式（8-4）表明，农户会向农业投入劳动直至其边际产品价值（VMP_F），pQ_F 等于非农工资 w_o。否则，农户总可以通过调整农业劳动投入增加效用。因此，非农工资即农业劳动的影子价格。式（8-5）表明，农户会增加雇工投入直至其边际产品价值 pQ_H 等于雇工工资 w_h。当生产技术和非农工资率给定时，式（8-4）和式（8-5）决定了农户向农业投入多少家庭劳动和多少雇佣劳动。式（8-6）表明，农户在消费对闲暇的边际替代率等于非农工资 w_o 时，或者说闲暇的价格等于非农工资时，获得最大化效用。虽然农户的生产决策独立于其偏好，但是理性的农户需要在非农工资 w_o 给定的情况下，同时决定家庭劳动时间在农业、非农、闲暇之间的配置情况和农业生产的雇工数量，最终在图 8-2 所示的 E_F^* 和 E_C^* 处实现最优生产和效用最大化均衡。

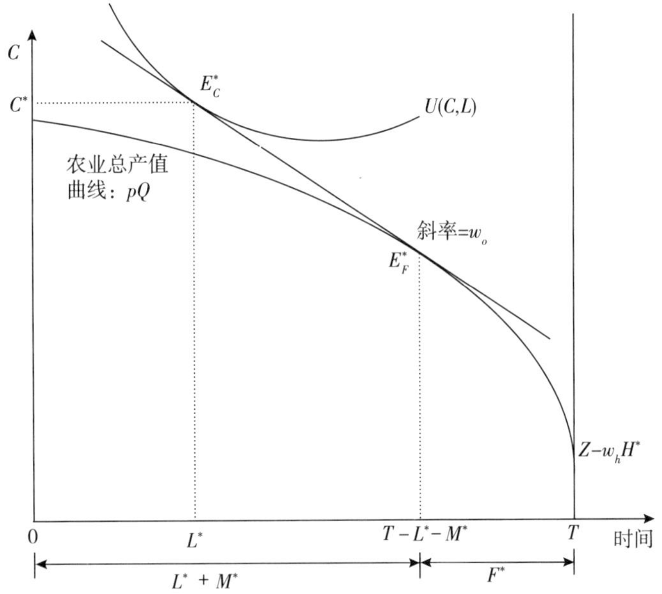

图 8-2　农户的时间配置决策

其次，随着非农工资相对上升（一般而言，非农部门的工资上升比农业部门快，且会在劳动力转移作用下带动农业部门雇工成本上升），如图 8-3 中从 w_o 上升至 w_o'。如果土地市场完善，那么要求农业劳动的边际产品价值

VMP_F 升高。受要素边际报酬递减规律的作用，农户需要减少投向农业的劳动数量。而且非农工资 w_o 上升，会带动农业雇工工资 w_h 上升，从而让农户减少农业生产中的雇工数量。

在技术一定时，农业生产需要一定的劳动与耕地配比，或者说技术条件一定时耕地需要一个最小的劳动投入量 F'——不妨称为“必须的劳动投入量”，才能达到正常的产出水平。如果土地市场是完善的，当农户因非农工资上涨需要减少投向农业的劳动数量时，农户可以同时减少耕地规模，从而提高 VMP_F。但是，如果土地交易市场不完善导致耕地难以流转，那么劳动投入的减少，会让耕地产出遭受损失，出现隐性撂荒。如果非农工资上升到一定程度，农户进一步减少劳动投入，一旦劳动投入的数量超过图 8-3 中的临界值 F''，则会出现显性撂荒。

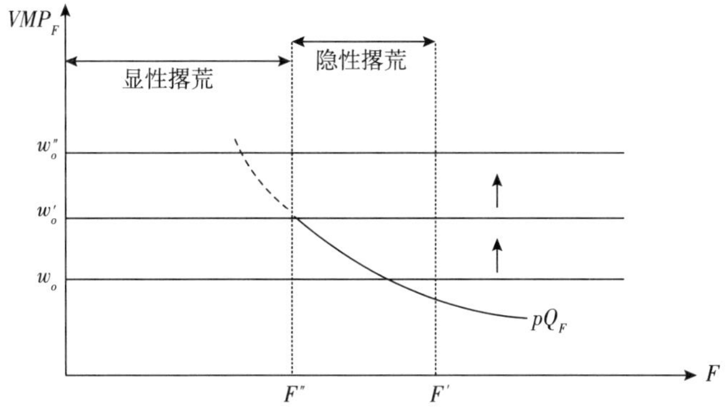

图 8-3　非农工资上升造成农户耕地撂荒

除非农工资上升外，农产品价格的下降或者由于某些原因造成既定投入下的农业生产的边际产量下降，都会在其他情况不变的情况下，影响农产品边际产品价值——pQ_F，从而对农户的时间配置产生影响。其作用机理与非农工资 w_o 上升的作用相似，故不再展开分析。

总之，从经济学的角度来看，农户之所以将耕地撂荒，无论是明荒还是暗荒，都是在给定时间约束下追求家庭效用最大化的理性行为。非农工资的上升、农产品价格或边际产量的下降，都会让农户减少农业劳动投入，最终因土地交易市场不完善而懒散经营甚至退出农业生产而出现耕地撂荒。

二、耕地撂荒的其他影响因素

虽然经济分析很好地解释了在农业人口可以向城镇非农领域转移背景下的耕地撂荒行为，但是大量研究文献表明，除经济因素外，耕地撂荒还受到制度安排、社会观念等因素的影响。

（一）制度安排

制度安排是影响耕地撂荒行为的又一个重要因素。目前制度安排对耕地撂荒的影响表现在制度安排未能避免或减少耕地撂荒，主要体现在土地市场不健全、土地制度改革滞后和对耕地撂荒的管理不到位。

首先，农村土地市场不健全，承包地使用权交易受到严格限制。目前，中国的农村土地流转，实质是在所有权、承包权、经营权“三权分置”下的土地经营权租赁。从广义上讲，农村土地流转不仅包括经营权租赁，还包括承包权、所有权转移。经营权租赁，作为农村土地资源配置的一种方式，虽然近十余年在农业规模化经营方面发挥了重要作用。但是当前的土地流转市场也不够完善，一家一户分散承包的土地如何能够实现规模连片流转，对很多地方而言是一个挑战。再加上二轮承包期逐渐临近，超过二轮承包期的流转合同不受法律保护，土地租赁存在典型的“非正式、短期化”特点。这限制了需要资金投入多、回报周期长的现代农业项目的发展。

其次，对承包地使用管制不到位。一是针对撂荒问题的法律法规不健全。目前，中国涉及农村耕地撂荒问题的法律主要是《土地管理法》和《农村土地承包法》。《土地管理法》规定：“承包经营耕地的单位或者个人连续两年弃耕抛荒的，原发包单位应当终止承包合同，收回发包的耕地。”《农村土地承包法》也规定，土地经营权人弃耕抛荒连续两年以上的，“发包方有权要求终止土地经营权流转合同”。可见，对于季节性撂荒，以及虽然常年撂荒但不是连续两年的，上述法律难以约束。耕地的隐性撂荒，现有法律更是没有涉及。而且，法律没有明确撂荒承包地的收回程序、后续利用等问题，难以有效约束撂荒行为。二是地方和基层缺乏处置撂荒行为的积极性。基层和村集体没有收回撂荒承包地的动机。相关法律法规不健全，地方政府和土地管理部门无权进行惩处，农地撂荒行为管理的难度大。再加上近年来国家强调农民的土地财产权利，很多农户认为承包地是属于自己家的（2019年苏鲁皖三省农户调查中，该比例高达75.98%）。在维稳压力下，为避免产生矛盾，即便农户将耕地撂荒两年，镇村干部一般也不会要求农户交回撂荒的承包地。而且，一些地方政府迫于发展经济或者帮助贫困户脱贫的压力，可能会急于引进工商资本大规模流转耕地，进而会因工商资本经营不善而造成耕地撂荒。例如，刘同山（2018）在参与中国社会科学院的“精准扶贫精准脱贫百村调查”时发现，在宁夏同心县下马关镇，由政府出面协调将三山井村的12300多亩耕地集中连片后交给某公司种植油用牡丹和甘草，后因市场销路不畅，造成大面积耕地长期撂荒。

最后，农村土地制度改革滞后，离农、进城农户难以退出农村土地。一方面，中国的农户只有土地承包权，而且很多地方还会对承包地进行调整。2019年苏鲁皖农户调查发现，在935户农户中，有255户二轮承包（或小家庭成立）以来重新分过承包地，其中43.6%的农户家里的承包地调整过2次及以上。不稳定的土地产权会挫伤农户生产投资的积极性（何凌云、黄季焜，2001；Deininger et al.，2003），促使耕地撂荒。另一方面，大量离开农业、迁入城镇的农户，想要有偿退出农村土地，但现有的制度安排只鼓励经营权出租而限制承包权转让。虽然调查发现，有不少农户实际上愿意支付一些代价，获得其他农民的承包地使用权，但是目前来讲，法律政策仍然对让农民退出承包地会产生“失地农民”感到担忧，因此不鼓励承包地交易。最新修正的《农村土地承包法》也只允许集体经济组织内部的土地承包经营权转让。土地退出不畅，导致一些不愿种地、不能种地的农户只好将承包地撂荒。

（二）耕作便利性

首先，农地细碎化严重造成农业机械耕作不便。农村土地二轮承包时，为了减少矛盾，大部分地区都采取了“按人均分、肥瘦搭配”的方式将整块土地切割为多块，然后交给农户承包经营，每个农户也拥有多个地块。2019年苏鲁皖三省农户调查发现，在二轮承包中，935个样本农户每户平均分到6.08亩承包地，平均每户拥有5.36个地块，单个地块的平均面积仅为1.13亩，地块数超过10块的农户占比达9.4%。地块小而分散，增加了农户的通勤成本，阻碍了机械的有效替代，耕地经营虽然投入不低，但是其经济效益低下，耕种难度增加。

其次，丘陵、山区的承包地农业机械耕作不方便，农业机械未能有效补充流出的农业劳动力，造成耕地撂荒。全国耕地的66%分布在山地、丘陵、高原地区，平原和盆地地区的耕地仅占34%。在山地、丘陵地区，没有机耕道，难以使用农业机械进行耕作。2019年，笔者在地处丘陵地区的安徽省黄山市祁门县调研时发现，在61户样本农户中，有51户（占比83.61%）存在撂荒现象，撂荒面积占经营总面积的24.26%。当询问农户撂荒的原因时，多位农户表示农业机械不能进入部分田块耕作，耕作难度大。

最后，由于农业用水价格较高，灌溉还需要耗费较多的劳动力，造成一些农户尤其是缺乏劳动力的农户将耕地撂荒。有农户在调查时指出："过去我们这儿有水渠，每年放几次水，连岭上的地都可以浇上水……后来村里打了几口机井，有专门的人管，我们每年能浇几次水……这几年不行了，没人管了，水渠都坏了。你要是想浇水，就得自己买水泵、买管子、买电缆，成本太高了。种地才挣几个钱啊，自己买这些东西不值"（转引自姜莹、聂建亮，2010）。笔者2019年对苏鲁皖三省农户调查也发现，不少地方尤其是丘陵山区农业灌溉费时费力，一些地块因很难"浇上水"而被撂荒。

此外，近年来，一些地方为了保护生态环境而严禁农户焚烧农作物秸秆，造成小麦、玉米农业秸秆难以处置，也在一定程度上促使农户将耕地撂荒。

（三）社会观念

几千年的农业社会历史，再加上人多地少的国情，让中国人尤其是农民对土地有浓厚的感情。长期以种地为生的农民，从心理情感上依恋土地，形成了所谓的"恋地情结"。古语"土，犹吐也，地之吐生万物者也"就体现了这种恋地情结。而且，孔子"为人下着，其犹土乎"的表述也极大地反映了古人对土地的热爱和赞美。大部分农民都认为将耕地撂荒是不对的。在这样的社会氛围下，耕地撂荒是会受到社会谴责的行为，这有助于减少农户的耕地撂荒行为。在四川崇州调研时，笔者曾询问一个小农户，为什么明知道种小麦没收益（即赔钱）还种。他回答说，"不能撂荒啊，要不会被别人说。"这种社会观念无疑会抑制农民的耕地撂荒行为（刘同山，2020）。

然而，随着农民向城镇非农领域转移，中国从"乡土中国"转变成为"城市中国"，农民与土地的关系以及社会观念已经明显改变。很多小农户借助土地流转或通过家庭内部分工，减少参与甚至退出农业生产。笔者在2018年黄淮海农区调查的1026户农户中，有232个受访者（占比22.7%）完全不参与农业生产，其中197人年龄不满65岁；多达53.3%的"80后"年轻农民，2017年全年不曾从事一天农业劳动。很多离农、进城农户甚至长期将土地出租。他们与传统的以农为生的农民十分珍视土地不同，认为土地不过是像城镇住房类似的一种资产。再加上在城乡、工农发展差距下，农民身份受到一定歧视，很多年轻人坚决不务农，容易将耕地撂荒。

人们传统观念的转变，提高了农村家庭对青少年教育的关注，也造成了农业劳动力的减少，成为促进耕地撂荒的原因之一（李升发、李秀彬，2016）。一方面，很多农村地区出来的“70后”“80后”都曾经在童年时期参加过农业生产，成为家庭农业劳动供给中的组成部分。笔者在上高中之前，农忙时节基本都参加农业劳动。但是现在的农村青少年则很少下地甚至不知道自家的承包地在什么地方，这会减少农村劳动力供给。另一方面，为了抚养子女或者照顾子女的学业，一些农民尤其是农村青年妇女将更多时间用于家庭。笔者在实地调查中发现，很多已婚的年轻女性，主要工作是在家带孩子、做饭。这也导致了家庭劳动力的减少和农地撂荒。当然，社会观念的改变，可能与经济条件的改善共同对耕地撂荒产生影响。

（四）作为农民生活方式的务农

当前，由于劳动力市场不够完善，一些岁数较大的农民很难在城镇非农就业市场上找到工作。而且，对很多劳作一辈子的农民而言，只要还有劳动能力，他们就会想种一些地。务农、种地，是这些老年农民的生活方式，也是他们保持身体机能和健康的需要。而且，农业机械化的普遍采用，也为这些老年农民继续经营土地提供了支撑。

对于这些老年人而言，哪怕种地不赚钱甚至赔钱，他们也不会让耕地撂荒。正如城里人花费资金去健身房健身一样。笔者对2019年苏鲁皖三省农户调查数据分析发现（见表8-1），如果扣除自家土地折租和用工折价，2019年种植小麦、玉米和稻谷三种粮食作物，亏损的农户占比分别为64.15%、80.16%和61.73%；即便不扣除自家土地和劳动力成本，在种植三种粮食作物时，也分别有3.89%、4.23%和2.04%的农户是“赔钱种地”。上述结果表明，对一些农户而言，种地不仅是经济需要，还是一种生活方式。

表8-1　种植三种粮食作物的亏损情况（2019年）

粮食作物	农户总数	扣除自家土地和劳动力成本		不扣除自家土地和劳动力成本	
		亏损农户数	亏损农户占比（%）	亏损农户数	亏损农户占比（%）
小麦	463	297	64.15	18	3.89

续表

粮食作物	农户总数	扣除自家土地和劳动力成本		不扣除自家土地和劳动力成本	
		亏损农户数	亏损农户占比（%）	亏损农户数	亏损农户占比（%）
玉米	378	303	80.16	16	4.23
稻谷	196	121	61.73	4	2.04

资料来源：根据作者2019年苏鲁皖三省农户调查数据整理。

三、变量、数据与模型

（一）变量选择

1. 被解释变量

本章关注的是农民乡城迁移中出现的耕地撂荒，所以是否出现耕地撂荒以及耕地撂荒程度是本章的被解释变量。现有文献表明，耕地撂荒程度可以从不同方面进行测度，其中常用的有撂荒耕地面积、撂荒农户数占农户总数的比例（第四章初步分析耕地撂荒情况时采取了这种做法）、农户耕地撂荒面积占其耕地总面积的比例、考虑复种后的撂荒面积占应当播种面积的比例等（谭术魁，2003；郑沃林、罗必良，2019）。从播种面积的角度考虑撂荒，考虑了复种情况和季节性撂荒，显然比单从耕地撂荒面积来测度更为合理。因此，笔者主要用农户家里是否有耕地撂荒、耕地撂荒面积（不区分季节性还是全年撂荒）、考虑复种后的撂荒面积占应当播种面积的比例（以下简称播种撂荒比例）三个具体指标反映耕地撂荒情况。前一个指标从农户层面考察耕地撂荒的普遍性，后两个指标分别从绝对量、相对量两个角度考察耕地撂荒程度。这样既可以让人们从季节性撂荒的角度对耕地撂荒情况有更加直观的认知，又可以和实务管理部门将耕地撂荒分为全年撂荒和季节性撂荒的做法相对应。此外，笔者将农户耕地撂荒面积占其耕地总面积的比例（以下简称地块撂荒比例）作为稳健性检验时的被解释变量，以检验基于撂荒面积、播种撂荒比例的计量结果的稳健性。

耕地撂荒分为隐性撂荒和显性撂荒。上述关于耕地撂荒的经济分析表明，耕地撂荒不是突然出现的，农户会先减少农业劳动投入，即出现隐性撂荒，然后进一步减少劳动投入才会出现显性撂荒。如果一个农户将耕地隐性撂荒——也就是上一章分析的粗放、懒散耕作，那么与没有隐性撂荒的农户相比，他将耕地显性撂荒的概率更高。与显性撂荒可以直接观察不同，隐性撂荒难以直接测度，需要借助耕地产出情况来反推。作为农户经营耕地规模不能随劳动投入减少而减小的结果，隐性撂荒可以通过农户想减小土地规模来反映。在“三权分置”、农户拥有承包地经营权、承包权的现实情况下，想减小土地规模有两种方式：一是出租土地经营权，二是出售土地承包权。前者可以用在当前的土地租金和务农收益下，农户是否想减小土地经营规模来反映；后者则可以像上一章那样，给定价格后询问农户是否愿意把部分承包地出售给国家来测度。

上一章的计量分析表明，愿意退出部分承包地的农户，其粮食单产、亩净收益都明显更低，而化肥、农药投入则明显更多（用以替代减少的劳动投入）。因此，针对当前土地市场不健全导致的耕地隐性撂荒和显性撂荒问题，本章首先将是否想出租部分承包地作为耕地隐性撂荒的代理变量，然后在稳健性检验时，将是否愿意出售部分承包地作为被解释变量，表征耕地的隐性撂荒。

2. 核心解释变量

理论分析表明，受农业经营收益降低的影响，农户会减少投向农业的劳动时间，并想减少土地规模。在土地市场不完善的情况下，农户难以减小土地规模，只好将耕地隐性撂荒甚至显性撂荒。因此，农户是否想减小土地规模（具体是否想出租部分承包地和是否愿意出售部分承包地两类）、是否将耕地撂荒、撂荒多少面积的耕地，都受到农业经营效益这一变量的影响。因此，本章将农业经营收益作为核心解释变量。

由于样本地区的耕地主要用来种植小麦、玉米、稻谷三种粮食作物，在具体测量时，首先以小麦、玉米和稻谷三种主粮的亩净收益来反映农业经营收益，然后在稳健性检验时以各种农作物净收益之和除以经营的耕地面积得到的平均亩净收益测度农业经营收益。

3. 控制变量（其他解释变量）

本章前面的理论分析表明，农户的耕地撂荒行为不仅受到经济因素影响，还受耕作便利性、制度安排等因素的作用。结合理论分析结果，借鉴现有文献（如谭术魁，2003；郑沃林、罗必良，2019），笔者把农业经营收益这个核心解释变量之外的其他解释变量分为户主或主事人（也是受访者）的个人特征、家庭特征、经营状况、资源禀赋四大类加以控制。其中，个人特征包括作为受访者的户主的年龄、教育年限①；家庭特征包括家庭人均收入、家庭劳动供养率、社区民主参与；经营状况包括非农收入占比、粮食作物种植规模、是否种植非粮作物；资源禀赋则包括单个地块面积、土地租金、人均承包地面积。毫无疑问，单个地块面积、土地租金还受到制度安排的影响，即制度安排隐含于资源禀赋变量之中。

具体计量时，因被解释变量存在差别，核心解释变量和控制变量不尽相同。各变量指标及其定义说明见表 8-2。

表 8-2　变量说明及描述性统计

变量		指标名称	变量定义	均值	标准差
被解释变量	耕地撂荒	撂荒面积	撂荒的耕地面积（亩）	15. 126	37. 562
		播种撂荒比例	考虑复种后的撂荒面积占应当播种面积的比例	0. 278	0. 183
		地块撂荒比例	耕地撂荒面积占农户承包耕地总面积的比例	0. 547	0. 395
		是否有耕地撂荒	农户家里是否有耕地撂荒：0=否；1=是	0. 240	0. 428
		是否想出租部分承包地	基于当前的土地流转价格和务农收益，是否想减少耕种面积：0=否；1=是	0. 153	0. 360
		是否愿意出售部分承包地	一次性给 40 年本村最高租金，是否愿意把一部分承包地交给（卖给）国家：0=否；1=是	0. 468	0. 499
核心解释变量	农业经营收益	小麦亩净收益	前一作物年度小麦总产量乘以售价减去各项成本再除以种植面积（元/亩）	8. 198	23. 365
		玉米亩净收益	前一作物年度玉米总产量乘以售价减去各项成本再除以种植面积（元/亩）	5. 114	4. 079
		稻谷亩净收益	前一作物年度稻谷总产量乘以售价减去各项成本再除以种植面积（元/亩）	5. 178	6. 352
		平均亩净收益	各种农作物净收益之和除以经营的耕地面积（千元/亩）	0. 126	2. 162
控制变量	个人特征	受访人年龄	受访人报告的年龄	58. 002	9. 763
		受访人教育年限	受访人报告的受教育年限（从小学计起）	6. 114	3. 488
	家庭特征	家庭人均收入	过去一年家庭总收入除以家庭人口数（万元/年·人）	2. 004	5. 191
		家庭劳动供养率	每位劳动力平均供养的家庭人数	1. 752	0. 722
		社区民主参与	家人是否参加了上一次村委会选举：0=否；1=是	0. 703	0. 457

① 由于耕地撂荒是农户层面的决策，所以户主或主事人的个人特征主要影响农户是否想减少土地经营规模这一主观意愿，而不影响是否有耕地撂荒和耕地撂荒面积及其比例。

续表

变量		指标名称	变量定义	均值	标准差
控制变量	经营状况	非农收入占比	过去一年非农收入除以家庭总收入	0.755	0.359
		粮食作物种植规模	前一作物年度种植的小麦、玉米和稻谷面积之和	30.374	236.693
		是否种植非粮作物	前一作物年度是否种植水果、蔬菜等非粮作物：0=否；1=是	0.459	0.499
	资源禀赋	单个地块面积	经营的耕地面积除以地块数（亩/块）	2.609	8.148
		土地租金	本村承包地出租的最高年租金（千元/年）	0.816	0.344
		人均承包地面积	农户承包的耕地面积除以当前家庭人数	1.356	1.270

说明：剔除有变量数据缺失的样本后，撂荒面积、播种撂荒比例和地块撂荒比例三个变量的样本数都为198；因农户种植的作物不同，小麦、玉米和稻谷亩净收益的样本数分别为808、801和736；其他变量除人均承包地面积外样本都为824个。

（二）数据说明

本章使用的数据来自2019年7~8月在苏鲁皖三省15县（市、区）完成的935户农户调查。调研地区农作物一年两熟，山东和安徽北部以小麦、玉米轮作为主，江苏和安徽南部则以小麦、水稻轮作为主。一年两季且种植作物不同，表明“播种撂荒比例”是比“地块撂荒面积”更合理的指标，也造成了表8-2中样本数量的差异。耕地撂荒对于国家粮食安全有很大影响，所以本章主要关注小麦、玉米和稻谷三种主粮的亩净收益，同时对水果、蔬菜等非粮作物种植情况加以控制，消除其对农户耕地撂荒的影响。对于已经把自家承包地全都出租出去的离农农户，本章仍不将其作为研究对象。最终本章使用的有效样本数量为824个。由于水稻、小麦或者玉米、小麦轮作，最后进入模型的样本数会少于824个。

（三）模型设定

理论分析已经表明，在土地市场不健全的情况下，随着农村人口转移和农业劳动力析出，一般来讲，农户会先对耕地隐性撂荒（以是否想减小土地规模来反映）。如果投向农业生产的劳动时间进一步减少，则会出现耕地显性撂荒。如果投向农业生产的劳动时间减少的趋势不改变，那么最终将会造成耕地撂荒面积的增加。从农户想减小土地规模，到难以减小经营规模而撂荒，进而增加撂荒面积，是逻辑的自然延伸。因此，农户是否想减小土地规模、是否将耕地显性撂荒、耕地撂荒多大面积或多高比例，是一个如图 8-4 所示的三步序贯决策。

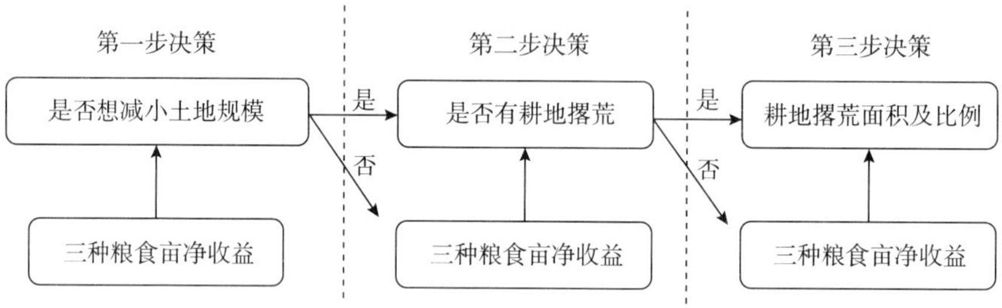

图 8-4　农户耕地撂荒的三步序贯决策

农户的耕地撂荒决策有三步，而且前一步是后一步的前提条件和决策基础。图 8-4 中，想减少土地规模意味着农户可能已经将耕地隐性撂荒，而这是耕地显性撂荒的前提和基础①，因此需要考虑样本选择偏误。对于耕地撂荒，也存在是否撂荒和撂荒多少两个层面。第三步的耕地撂荒面积，需要以农户有耕地撂荒——第二步给出肯定答案为基础，所以同样存在样本选择偏误问题。如果决策只有两步，可以采用 Cragg（1971）提出的"跨栏模型"（Hurdle Model）或者 Heckman（1979）针对样本选择偏误提出的"两步估计法"，也称"Heckit 模型"。为了解决三步序贯决策问题，Burke & Jayne（2015）在研究肯尼亚农户乳品生产和市场参与时，将跨栏模型拓展为三重跨栏模型（Triple Hurdle Model）。参照其研究思路，笔者构建三重跨栏模型研究农户的耕地撂荒行为。农户想减小土地规模进而将耕地撂荒的三步序贯决策如下：

第一步：农户 i 决定是否减小土地规模。想减小、不想减小的概率模型分别为：

$$
\begin{aligned}
Pr(y_{1i}=1 \mid x_{1i}) &= \Phi(x_{1i}\beta) \\
Pr(y_{1i}=0 \mid x_{1i}) &= 1-\Phi(x_{1i}\beta)
\end{aligned}
\tag{8-7}
$$

① 严格来讲，序贯决策第二阶段必须建立在第一阶段做出肯定决策的基础上，即第二步应当是第一步的子集，否则会造成样本损失并损害估计的精确度。但是由于隐性撂荒不易直接测度，难以找到完全包括显性撂荒的行为的隐性撂荒集合，所以此处只得放松要求。而且，条件混合过程（CMP）估计并不要求严格的包含关系，只要两个方程之间存在共同的影响因素即可。

第二步：农户 i 决定是否将耕地撂荒。撂荒、不撂荒的概率模型分别为：

$$
\begin{aligned}
Pr(y_{1i}=1,y_{2i}=1|x_{1i},x_{2i}) &= \Phi(x_{1i}\beta)\times\Phi(x_{2i}\gamma) \\
Pr(y_{1i}=1,y_{2i}=0|x_{1i},x_{2i}) &= \Phi(x_{1i}\beta)\times(1-\Phi(x_{2i}\gamma))
\end{aligned}
\tag{8-8}
$$

第三步：农户 i 决定耕地撂荒的规模。假设农户耕地撂荒规模服从对数正态分布，其期望值可表示为：

$$
E(y_{3i}|x_{1i},x_{2i},x_{3i}) = \Phi(x_{1i}\beta)\times\Phi(x_{2i}\gamma)\times exp(x_{3i}\eta+\sigma^2/2) \tag{8-9}
$$

上述式（8-7）～（8-9）中，y_{1i} 表示农户 i 是否想减小土地经营规模，若想减小，$y_{1i}=1$；否则，$y_{1i}=0$。x_{1i} 是农户是否想减小土地经营规模的解释变量。y_{2i} 表示农户 i 是否耕地撂荒，若有耕地撂荒，则 $y_{2i}=1$；否则，$y_{2i}=0$。x_{2i} 是农户是否将耕地撂荒的解释因素。y_{3i} 是以对数形式表示的农户 i 的耕地撂荒面积或者农户耕地撂荒的比例，x_{3i} 是农户耕地撂荒面积或耕地撂荒比例的解释变量。β、γ 和 η 是待估计参数，$\Phi(\cdot)$表示标准正态分布的累积函数，σ^2 是取对数后的农户耕地撂荒面积估计模型的误差项的方差。

在式（8-7）～（8-9）的基础上，构建三重跨栏模型的似然函数：

$$
f(y_{1i},y_{2i},y_{3i}|\beta,\gamma,\eta,\sigma) = [1-\Phi(x_{1i}\beta)]^{1(y_{1i}=0)}
\left[\Phi(x_{1i}\beta)\left\{\begin{matrix}\left[\Phi(x_{2i}\gamma)\times\dfrac{\phi(y_{3i}-x_{3i}\eta)}{\sigma}\right]^{1(y_{2i}=1)} \\ [1-\Phi(x_{2i}\gamma)]^{1(y_{2i}=0)}\end{matrix}\right\}\right]^{1(y_{1i}=1)}
\tag{8-10}
$$

在式（8-10）中，$1(\cdot)$为示性函数，若括号里的表达式为真，则赋值为 1；否则赋值为 0。$\phi(\cdot)$为标准正态分布的概率密度函数。

Burke & Jayne（2015）借助逆米尔斯比值（IMR），将三重跨栏模型分为两个两重跨栏模型，依次进行估计。这一做法虽然成功地将双重跨栏模型拓展为三重序贯决策，但由于没有同时估计三步决策，会造成信息损失和估计结果的精确度下降（陈强，2014）。因此，笔者利用 Stata15 软件，采用 Roodman（2011）提出的条件混合过程（Conditional Mixed Process，CMP），使用极大似然估计（Maximum Likelihood Estimation）法，对农户耕地撂荒的三步决策同时进行估计得到待估计参数的值。

四、计量结果及其分析

（一）农户是否有耕地撂荒及撂荒面积的CMP估计

表8-3所示的CMP估计结果表明，是否想出租部分承包地、是否有耕地撂荒和耕地撂荒面积三个方程两两之间的残差相关系数都显著不为0，表明存在明显的样本选择偏误，有相同的因素同时影响农户是否想减小土地规模、是否有耕地撂荒以及耕地撂荒面积，因此采用CMP方法对数据进行估计是适当的。

从小麦、玉米和稻谷的回归参数来看，对于是否想出租部分承包地，小麦、稻谷亩净收益对农户是否想出租部分承包地有显著的负向作用，而玉米亩净收益对农户是否想出租部分承包地的影响不显著。总体而言，上述结果表明，农业经营收益高，会使农户向农业投入较多劳动时间，从而减缓耕地隐性撂荒。对于是否有耕地撂荒，在农户想出租部分承包地的条件下，小麦、玉米和稻谷三种粮食作物的亩净收益对是否有耕地撂荒的影响都不显著。其原因可能是，想减小土地规模的农户发现，可以直接减少农业的劳动投入、将耕地隐性撂荒而不必显性撂荒。这导致农业经营收益对耕地显性撂荒行为的影响不再显著。对于耕地撂荒面积，在农户已经有耕地撂荒的条件下，小麦、玉米的亩净收益对耕地撂荒面积的影响不显著，但是稻谷亩净收益对耕地撂荒面积有正向作用，且在1%的水平上显著。

之所以稻谷亩净收益对耕地撂荒面积有正向作用，或者说稻谷价格越高，可能会让农户将耕地撂荒，而不是预期的起反向作用，其原因可能有两个：一是近年来玉米、小麦价格持续走低，而稻谷价格相对稳定，造成稻谷亩净收益相对较高，在“比价效应”作用下，会促使农户将本该种植小麦、玉米的耕地撂荒；二是在投向农业的劳动时间减少且总量一定的情况下，夏季种植稻谷对冬季种植小麦存在“挤出效应”，稻谷亩净收益越高，投向稻谷种植的劳动时间越多，从而导致投向小麦种植的时间减少，造成应该种植小麦的耕地季节性撂荒。大部分家里有耕地撂荒的农户都是只种稻谷一季，将本应种植小麦的冬季撂荒，这是上述判断的一个佐证。

表 8-3 农户耕地撂荒决策的三重跨栏模型 CMP 估计结果

	是否想出租部分承包地	是否有耕地撂荒	耕地撂荒面积（取对数）
小麦亩净收益	-0.040** (0.016)	-0.031 (0.038)	-0.036 (0.026)
玉米亩净收益	0.000 (0.018)	-0.010 (0.040)	-0.014 (0.021)
稻谷亩净收益	-0.024** (0.011)	0.026 (0.027)	0.060*** (0.017)
受访人年龄	0.012** (0.006)	—	—
受访人教育年限	0.072*** (0.017)	—	—
家庭人均收入（取对数）	0.125* (0.072)	-0.055 (0.188)	0.631*** (0.111)
家庭劳动供养率	—	0.230 (0.201)	0.170 (0.158)
村庄民主参与	0.131 (0.139)	—	—
非农收入占比	0.129 (0.155)	-0.961 (0.655)	-1.047*** (0.326)
粮食作物种植规模	—	0.024* (0.013)	—
是否种植非粮作物	—	—	-0.452*** (0.164)
单个地块面积	-0.029 (0.032)	-0.343* (0.187)	0.160*** (0.041)
土地租金	—	-0.840* (0.477)	-1.013*** (0.329)
人均承包地面积	0.095* (0.052)	—	—
常数项	-3.206*** (0.810)	2.076 (1.902)	-3.515*** (1.172)

续表

	是否想出租部分承包地	是否有耕地撂荒	耕地撂荒面积（取对数）
残差协方差 σ	0.110 (0.072)		
方程 1 和 2 的残差相关系数 ρ	-1.074** (0.466)		
方程 1 和 3 的残差相关系数 ρ	0.648*** (0.195)		
方程 2 和 3 的残差相关系数 ρ	-0.820** (0.395)		
Wald 卡方值	203.820*** (p=0.000)		
样本量	730		

注：***、**、* 表示估计结果在 0.01、0.05、0.1 的水平上显著；除 Wald 卡方值下方的括号内为显著性水平 p 外，括号内为参数的稳健标准误；因在询问农户是否想出租部分承包地时，已经明确指出是在当前的土地流转价格情况下，即已经控制土地租金因素，所以对于"是否想出租部分承包地"不再控制土地租金，下同。

从控制变量的估计结果看，受访人年龄、受教育程度、家庭人均收入和人均承包地面积对农户是否想出租部分承包地有正向作用，且都在给定的水平上显著。其原因是：当前农业老龄化严重，受访人年龄越大，其劳动能力越弱，因此能够投向农业的劳动时间也越少，所以想出租部分承包地、减小土地规模容易理解；受教育程度越高的农民一般具有较高的人力资本，因此非农工作的机会更多，所以在工农收入剪刀差的作用下，想出租部分承包地、减小土地规模；由于农业效益低、风险高，再加上对从事农业者还存在一些社会偏见，而且当前大部分农户家庭收入主要来自非农领域，很多农户已经不再依赖土地，所以家庭人均收入越高的农户，越想减小土地规模；技术既定情况下，人地配比有一个合适的范围，或者说对于既定的土地规模，有一个"必需的劳动投入量"，人均承包地面积越大，相当于一定面积土地上配置的劳动力越少，那么理性的农民将会想减小土地规模，以达到合意的人地配比。

在农户想出租部分承包地的条件下，粮食种植规模越大、单个地块面积越小、土地租金越低，农户家里有耕地撂荒的可能性越大。既然已经想出租部分承包地、减小土地规模，那么种植粮食规模越大，（如果不能顺利减小土地规模）将耕地撂荒的可能性越高容易理解。单个地块面积反映了农田的集中连片程度，其值越大，表明农田使用农业机械化连片耕作越容易。所以，单个地块面积对想减小土地规模的农户是否将耕地撂荒有负向作用。土地租金反映了当地土地市场繁荣程度，或者说对当地耕地的市场需求。其值越高，土地价值越大，撂荒的可能性也就越小。

在已经有耕地撂荒的条件下，农户家庭人均收入对农户家里耕地撂荒的面积有显著的正向作用，而土地租金对耕地撂荒面积的作用为负。其原因与上面大致相同。种植非粮作物对农户耕地撂荒面积有显著的负向作用。由于非粮作物的收益相对较高，而且一些非农作物（比如种树）需要的劳动力较少，这一结论容易理解。有趣的是，非农收入占比越高，单个地块面积越大的农户，其撂荒耕地反而越多。之所以会出现这一看似不合理的结果，可能是由于当前农业实际上是“赔钱”经营，对于普通小农户而言，可以不太在意自家用工投入和土地的机会成本，但是对于租入土地从事规模经营（从而其地块面积也较大）的农户而言，他们肯定更重视成本收益核算。如果租入土地后，种植小麦的农资、人工、农机作业费用等可变成本超过小麦种植收益，那么他们会将耕地撂荒。安徽金安区一个经营 1412 亩耕地的种粮大户在冬季将本应种植小麦的耕地撂荒，正是基于这样的考虑。

（二）对播种撂荒比例、地块撂荒比例的进一步考察

上述耕地撂荒面积是一个绝对值，而且没有考虑复种情况，也没有考虑撂荒面积可能与经营规模有关，得出的结论比较粗糙。为了更细致地考察农户的耕地撂荒行为，需要分析农业经营收益对播种撂荒比例、地块撂荒比例的影响。

表 8-4 左侧的结果表明，无论最终考察的是播种撂荒比例，还是地块撂荒比例，对于是否想出租部分承包地的农户而言，小麦、稻谷亩净收益对农户想减小出租部分承包地都有负向作用，即小麦、稻谷亩净收益越高，农户越不想出租部分承包地，上述结果通过了 5%的显著性水平检验。玉米亩净收益对农户是否想出租部分承包地的影响不显著。对于是否有耕地撂荒，一旦农户想出租部分承包地、减小土地规模，则以小麦、玉米和稻谷亩净收益反映的农业经营收益对农户耕地撂荒行为的影响都不显著。上述结果与表 8-3 的结果一致，其原因也大致相似。

但是，对于以播种撂荒比例和地块撂荒比例两种方式衡量的耕地撂荒比例而言，表 8-4 的结果与表 8-3 的结果有所不同。首先，对于播种撂荒比例，在农户有耕地撂荒的条件下，玉米、稻谷亩净收益都会显著影响撂荒比例：玉

米亩净收益对播种撂荒比例有显著的负向作用，即玉米价格或产量下降，会造成更大比例的耕地撂荒；稻谷亩净收益对播种撂荒比例有显著的正向作用，与表 8-3 的结果一致。其次，对于地块撂荒比例，在农户有耕地撂荒的条件下，只有玉米亩净收益会显著影响撂荒比例，稻谷亩净收益对撂荒比例的影响不再显著。之所以如此，一个可能的原因是：从地块层面考虑耕地撂荒比例，不能考虑复种情况和作物类型，得到的结论不够精确。无论如何，上述结果表明，农业经营收益对于农户的耕地撂荒行为有稳定可靠的影响，农户不仅会考虑农产品种植的绝对收益，还会考虑不同作物的相对收益，并以此来决定是否将耕地撂荒、撂荒多大面积，而且以播种撂荒比例反映耕地撂荒比例更为合适。

从表 8-4 的 CMP 估计结果来看，其他控制变量对农户是否想出租部分承包地、是否有耕地撂荒以及耕地撂荒比例的影响与表 8-3 大致相同。此处不再展开分析，以避免重复论述。

表 8-4　对农户耕地撂荒比例的 CMP 再估计

	是否想出租部分承包地	是否有耕地撂荒	播种撂荒比例	是否想出租部分承包地	是否有耕地撂荒	地块撂荒比例
小麦亩净收益	-0.037** (0.015)	-0.040 (0.037)	-0.006 (0.005)	-0.038** (0.016)	-0.055 (0.038)	-0.013 (0.011)
玉米亩净收益	0.002 (0.017)	-0.015 (0.038)	-0.007** (0.003)	0.002 (0.017)	-0.023 (0.044)	-0.017** (0.007)
稻谷亩净收益	-0.023** (0.011)	0.011 (0.022)	0.007** (0.003)	-0.023** (0.011)	0.015 (0.026)	0.009 (0.006)
受访人年龄	0.012** (0.006)	—	—	0.013** (0.006)	—	—
受访人教育年限	0.075*** (0.017)	—	—	0.077*** (0.017)	—	—
家庭人均收入	0.127* (0.074)	-0.029 (0.176)	0.025* (0.013)	0.133* (0.075)	-0.063 (0.206)	0.033 (0.028)
家庭劳动供养率	—	0.155 (0.195)	0.006 (0.018)	—	0.121 (0.158)	-0.012 (0.040)
村庄民主参与	0.093 (0.138)	—	—	0.095 (0.139)	—	—

续表

	是否想出租部分承包地	是否有耕地撂荒	播种撂荒比例	是否想出租部分承包地	是否有耕地撂荒	地块撂荒比例
非农收入占比	0.134 (0.155)	-1.472*** (0.478)	0.056 (0.039)	0.114 (0.158)	-1.475** (0.675)	0.075 (0.073)
粮食作物种植规模	—	0.017 (0.011)	—	—	0.018 (0.013)	—
是否种植非粮作物	—	—	-0.100*** (0.025)	—	—	-0.113** (0.054)
单个地块面积	-0.028 (0.030)	-0.271* (0.159)	0.008* (0.005)	-0.028 (0.031)	-0.279 (0.188)	0.021** (0.010)
土地租金	—	-0.921** (0.463)	-0.083 (0.051)	—	-0.931* (0.501)	-0.221** (0.109)
人均承包地面积	0.099** (0.048)	—	—	0.093* (0.051)	—	—
常数项	-3.295*** (0.824)	2.692 (1.673)	0.104 (0.141)	-3.363*** (0.828)	3.098* (1.751)	0.415 (0.307)
残差协方差 σ	-1.766*** (0.073)			-1.003*** (0.086)		
方程 1 和 2 的残差相关系数 ρ	-1.214 (0.751)			-0.535** (0.227)		
方程 1 和 3 的残差相关系数 ρ	0.617*** (0.193)			0.346*** (0.105)		
方程 2 和 3 的残差相关系数 ρ	-0.910*** (0.322)			-0.836** (0.396)		
Wald 卡方值	165.310*** (p=0.000)			109.960*** (p=0.000)		
样本量	730			730		

注：***、**、* 表示估计结果在 0.01、0.05、0.1 的水平上显著；除 Wald 卡方值下方的括号内为显著性水平 p 外，括号内为参数的稳健标准误。

（三）基于是否愿意出售部分承包地的稳健性检验

农户可以通过出租经营权和出售承包权两种方式减小土地规模。为了检验农户想出租部分承包地对其耕地撂荒的影响，也为了更全面地考察农户想减少土地规模对其耕地撂荒的影响，此处用是否愿意出售部分承包地来反映农户是否想减小土地规模。这相当于对农户是否想减小土地规模进行了重新界定，因此也是对表 8-3、表 8-4 中是否想出租部分承包地的稳健性检验。当前，农村土地承包权转让或者称为出售承包地受到诸多限制，受让者比较缺乏，再加上受传统观念影响，农民对于“卖地”有较大抵触。针对这一情况，本章以一次性支付当地 40 年最高租金作为补偿价格，通过询问农户是否愿意出售部分承包地给国家来考察其是否想减小土地规模。另外，表 8-4 的结果表明，考虑了小麦、玉米或者小麦、稻谷轮作情况的播种撂荒比例，是比地块撂荒比例更为准确的一个指标，所以此处的稳健性检验只对耕地撂荒面积、播种撂荒比例进行估计，不再考察地块撂荒比例。

使用 CMP 估计，得到如表 8-5 所示的估计结果。从表 8-5 方程两两之间的残差相关系数 ρ 都显著可知，是否愿意出售部分承包地、是否有耕地撂荒、耕地撂荒面积或撂荒比例，都受相同因素的影响，具有明显的样本选择偏误，再次表明采用 CMP 方法对数据进行估计是合适的。无论是对耕地撂荒面积，还是对播种撂荒比例，三种主粮亩净收益对农户耕地撂荒行为的影响依然显著，作用方向也与表 8-3 和表 8-4 的回归结果相同。而且，平均亩净收益对农户是否愿意出售部分承包地也有显著的负向作用，即耕地平均亩净收益越高，农户愿意出售部分承包地、减小土地规模的意愿越低。这一结论与前述经济分析的结论一致。

表 8-5　是否愿意出售部分承包地对耕地撂荒的影响：稳健性检验

	是否愿意出售部分承包地	是否有耕地撂荒	耕地撂荒面积（取对数）	是否愿意出售部分承包地	是否有耕地撂荒	播种撂荒比例
小麦亩净收益	—	-0.121*** (0.023)	-0.025 (0.024)	—	-0.122*** (0.023)	-0.006 (0.005)
玉米亩净收益	—	0.034 (0.026)	-0.015 (0.024)	—	0.027 (0.024)	-0.008** (0.003)

续表

	是否愿意出售部分承包地	是否有耕地撂荒	耕地撂荒面积（取对数）	是否愿意出售部分承包地	是否有耕地撂荒	播种撂荒比例
稻谷亩净收益	—	0.013 (0.015)	0.054*** (0.017)	—	0.011 (0.016)	0.007*** (0.003)
耕地亩净收益	-0.045** (0.022)	—	—	-0.046** (0.023)	—	—
受访人年龄	0.023*** (0.005)	—	—	0.024*** (0.005)	—	—
受访人教育年限	0.034** (0.014)	—	—	0.037*** (0.014)	—	—
家庭人均收入	0.087 (0.059)	-0.112 (0.106)	0.604*** (0.112)	0.070 (0.059)	-0.019 (0.108)	0.021 (0.013)
家庭劳动供养率	—	-0.073 (0.120)	0.195 (0.163)	—	-0.083 (0.117)	0.009 (0.017)
村庄民主参与	0.338*** (0.108)	—	—	0.329*** (0.105)	—	—
非农收入占比	0.159 (0.144)	-0.288 (0.290)	-1.140*** (0.322)	0.206 (0.146)	-0.511 (0.315)	0.032 (0.037)
粮食作物种植规模	-0.003** (0.001)	0.005* (0.003)	—	-0.002** (0.001)	0.002 (0.002)	—
是否种植非粮作物	—	—	-0.448*** (0.159)	—	—	-0.100*** (0.025)
单个地块面积	0.029** (0.013)	-0.074* (0.044)	0.146*** (0.036)	0.023* (0.012)	-0.052 (0.035)	0.009* (0.005)
土地租金	—	-1.551*** (0.358)	-0.471 (0.397)	—	-1.716*** (0.337)	-0.061 (0.053)
人均承包地面积	0.109** (0.049)	—	—	0.112** (0.048)	—	—
常数项	-2.964*** (0.639)	2.991*** (1.044)	-3.319*** (1.174)	-2.888*** (0.644)	2.466** (1.067)	0.139 (0.137)
残差协方差 σ	0.154* (0.089)			-1.811*** (0.060)		

续表

	是否愿意出售部分承包地	是否有耕地撂荒	耕地撂荒面积（取对数）	是否愿意出售部分承包地	是否有耕地撂荒	播种撂荒比例
方程1和2的残差相关系数ρ		−0.968*** （0.334）			−0.343* （0.191）	
方程1和3的残差相关系数ρ		0.473*** （0.157）			0.274** （0.132）	
方程2和3的残差相关系数ρ		−0.648** （0.310）			−0.641** （0.268）	
Wald 卡方值		290.440*** （p=0.000）			191.060*** （p=0.000）	
样本量		840			840	

注：***、**、*表示估计结果在0.01、0.05、0.1的水平上显著；除Wald卡方值下方的括号内为显著性水平p外，括号内为参数的稳健标准误。因在询问农户是否愿意出售部分承包地时，已经明确指出出售价格是当地40年最高租金一次性付清，所以对于“是否愿意退出部分承包地”不再控制土地租金。

总之，上述估计结果表明，农业经营收益对耕地撂荒有稳定可靠的影响，小麦、玉米收益低（包括绝对收入低和相对于稻谷的收益低），是农户想减小土地规模，以及将耕地撂荒的重要原因。

（四）想减小土地规模对农户耕地撂荒的边际影响

理论分析和估计结果表明，农户是否想减小土地规模，会影响其耕地撂荒行为。为了考察想减小土地规模对农户耕地撂荒行为的影响，可以在CMP估计后进行边际分析。因耕地撂荒面积或比例与农户是否想减小土地规模的关系需要建立在有耕地撂荒的基础上。所以，此处仅分析农户是否想出租部分承包地、是否愿意出售部分承包地对农户耕地撂荒的边际影响。

表8-6的估计结果表明，如果最终被解释变量是耕地撂荒面积，那么想出租部分承包地、减小土地规模对耕地撂荒的边际影响为0.203，也就是说，与不想出租部分承包地的农户相比，想出租部分承包地者家里有耕地撂荒的比例高20.3%，且在5%的水平上显著；如果最终被解释变量是播种撂荒比例或者地块撂荒比例，那么与不想出租部分承包地的农户相比，想出租部分承包地

者家里有耕地撂荒的比例都高 21.3%，其通过了 1%的显著性水平检验。结合边际影响、标准误、Z 值、显著性水平和置信区间可知，将耕地撂荒比例作为最终解释变量，比将撂荒面积作为最终解释变量更为合理。

愿意出售部分承包地对耕地撂荒的边际影响，如果最终被解释变量是耕地撂荒面积，则边际影响是 0.245，也就是说，与不愿意出售部分承包地的农户相比，愿意出售部分承包地者家里有耕地撂荒的比例高 24.5%；如果最终被解释变量是播种撂荒比例，那么与不愿意出售部分承包地的农户相比，愿意出售部分承包地者家里有耕地撂荒的比例高 24.7%。上述结果都通过了 1%的显著性水平检验。从边际影响、标准误、Z 值、显著性水平和置信区间来看，与想出租部分承包地的边际影响相比，愿意出售部分承包地对农户耕地撂荒行为的影响更加明显且更显著。以最终被解释变量为播种撂荒比例为例，愿意出售部分承包地引发农户耕地撂荒的概率比想出租部分承包地高出 3.2 个百分点。这表明与想出租部分承包地相比，愿意出售部分承包地，是反映农户想减小土地规模，进而测度农户将耕地隐性撂荒的更合理的指标。

表 8-6 想减小土地规模对农户是否将耕地撂荒的边际影响

	最终被解释变量	边际影响	德尔塔方法标准误	Z 值	P>|z|	95%置信区间
想出租部分承包地对耕地撂荒的边际影响	耕地撂荒面积	0.203**	0.085	2.38	0.017	[0.036, 0.370]
	播种撂荒比例	0.213***	0.066	3.25	0.001	[0.085, 0.342]
	地块撂荒比例	0.213***	0.081	2.62	0.009	[0.053, 0.372]
愿意出售部分承包地对耕地撂荒的边际影响	耕地撂荒面积	0.245***	0.048	5.14	0.000	[0.151, 0.338]
	播种撂荒比例	0.247***	0.040	6.10	0.000	[0.167, 0.326]

注：***、**、* 表示估计结果在 0.01、0.05、0.1 的水平上显著。

五、结论与进一步讨论

本章将耕地撂荒作为农户承包地退出意愿的显性表达，首先从理论上分析了追求家庭效用最大化的农户的时间配置决策，然后指出随着非农务工收益上升，兼业农户投向农业生产的劳动时间会逐步减少。在农村土地市场不健全导致农户想减小土地规模而不能实现的情况下，农户减少农业劳动投入造成单位耕地上的劳动投入达不到“必需的劳动投入”，从而引发耕地隐性撂荒进而显性撂荒。不仅如此，社会观念、制度安排以及耕作便利性等因素与农户追求效用最大化的劳动时间安排一起，影响了农户的耕地撂荒行为。其次将农户劳动向非农领域转移引发的耕地撂荒分为隐性撂荒、显性撂荒，并考虑耕地撂荒的面积以及比例，以农业经营收益为核心解释变量，构建了农户将耕地撂荒的“三重跨栏模型”，基于2019年苏鲁皖三省农户调查数据，利用能同时处理三步序贯决策的条件混合过程（CMP）估计，分析了农户的耕地撂荒行为及其影响因素。最后对上述结果进行了稳健性检验，并考察了农户想减小土地规模对耕地撂荒的边际影响。

研究结果发现：第一，农户是否想减小土地规模、是否有耕地撂荒以及耕地撂荒面积（从而撂荒比例）都受到农业经营收益的显著正向作用——农业经营收益越高，农户投向农业的劳动时间越多，从而越能减缓耕地隐性撂荒。第二，小麦、玉米亩净收益的绝对减少和相对降低，是促使农户将本应种植小麦的土地在冬季撂荒的重要原因，也是导致撂荒耕地面积增多和比例升高的重要原因。第三，在农户有减小土地规模意愿的条件下，农户将耕地撂荒的比例大幅度增加，具体而言，与不想减小土地规模的农户相比，想减小土地规模者将耕地撂荒的比例增加近1/4。此外，改善农业生产条件、增加单个地块面积、加快健全农村土地交易市场，有助于消减耕地撂荒。

上述结论有以下三个方面的含义：第一，耕地撂荒是由农业农村人口向城镇迁移和农业劳动时间投入减少引发的。为了提高农村耕地利用效率，确保国家粮食安全，需要加快支持离农、进城农民退出农村承包地。第二，中国的城乡劳动力市场高度一体化且比较健全，而农村土地市场建设明显滞后，导致农村耕地未能随着人口的转移而流动，从而造成一些农户将耕地隐性撂荒或者显性撂荒。针对这一问题，需要发挥市场在农村土地资源配置中的决定性作用和更好发挥政府作用，多措并举加快农村土地交易市场建设，促进土地资源优化配置。第三，农业经营收益是影响农户向农业投入多少时间的根本原因，为了提高务农者的积极性、保障粮食产量，下一步需要以增加家庭农场、专业大户等务农主体的农业经营收益为政策着眼点，适当提高小麦和玉米收储价格，改造中低产田以提高粮食亩均产量。

第九章　农村承包地退出的梁平实践

当前的城乡时代大变革为部分农民自愿有偿放弃农村土地承包经营权改革提供了历史机遇。一方面，大量农村人口持续向城镇迁移，进城落户农民需要一个有偿退出农村土地的制度通道。20 世纪末城乡壁垒打破后，大量农村人口向城镇非农领域转移。截至 2018 年底，中国城镇常住人口占总人口的比例已经接近 60%，中国农民的乡城迁移还在继续。人口的乡城迁移要求财富相应流动。农村土地是农民最重要的财富，能否对其进行处置直接影响农民向城镇迁移的能力。与此同时，非农就业机会增多和兼业程度加深，减轻了农民对土地的依赖，越来越多的农户主观上有放弃农村承包地的意愿。尤其是一些已经进城定居的青年农民，不会种地也不想种地，他们想处置农村土地以换取在城镇发展的资金。而且，农民的土地财产权利意识逐渐觉醒，限制农民处置农村土地承包经营权的做法受到质疑。反过来看，如果进城落户农民不退出农村承包地，他们将成为在城镇居住但拥有农村土地（使用权）的新时期的“不在村地主”。进城落户农民作为“不在村地主”收取的土地租金，实质上是城镇对农村财富的汲取。在农业农村优先发展的新时期，再汲取落后的农村及收入较低的农民的财富补贴城镇居民，显然不符合党中央的大政方针。

另一方面，传统农业加快向现代农业转型，优化利用宝贵的农村土地资源需要允许一部分农民离开土地。土地是农业之基，实现农业现代化，离不开对农地资源的优化配置。农业农村部的数据显示，截至 2017 年底，在全国 2 亿多农户中，经营耕地面积在 10 亩以下的农户占比 77.8%，经营耕地面积在 30 亩以上（按照世界银行的标准，农户经营土地面积小于 30 亩则为小农户）的农户数只占 4.2%。可见，中国依然是小农户的汪洋大海。世界各国的经验表明，仅靠大量小农户分散经营小块土地，难以实现农业现代化。因此，中国自十七届三中全会以来，加快以农村土地（经营权）流转促进适度规模经营，并大力培育农民合作社、家庭农场等新型农业经营主体。不过，广义的农地流转不仅包括经营权租赁，还包括承包权转移。对于很多需要较多投资的现代农业而言，尤其需要适度规模且稳定的农地使用权，因此需要适度放开承包权转让。而且，应当承认，在城乡二元结构下，能够离开农村、进城落户的，一般是农民中的佼佼者，留守农村的则是经济条件相对不好的农户。扩大农地经营规模是增加农民收入最简单、最有效的方式。

总之，支持离农、进城落户农民自愿有偿退出农村承包地，为想种地、会种地的小农户获得更多农地提供条件，有助于让更多小农户扩大经营规模，成长为“以农为生、力农致富”的新型职业农民。考虑到农民的需求和农业转型发展的需要，2014 年底，中央农办、原农业部、中央组织部等全国农村改革试验区联席会议在《关于第二批农村改革试验区和试验任务的批复》中，将农村土地承包经营权退出列为 14 个改革试验任务之一。重庆市梁平县（现梁平区）作为原农业部、中央农办等 13 个部门联合确定的全国第二批农村改革试验区，开始承担农户土地承包经营权退出试点工作。农村土地承包经营权自愿有偿退出正式进入政策实施准备阶段。2016 年 9 月，全国农村改革试验区工作第四次联席会议审议通过《关于农村改革试验区拓展试验内容的方案》，将土地承包经营权有偿退出作为四项改革试验任务之一，并将内蒙古自治区阿荣旗等 9 个县（市、区）增设为承包经营权有偿退出试点。农村承包地退出问题开始受到社会各界的高度关注。

一、梁平农村承包地退出试验的背景

（一）梁平县农业资源及其农地流转情况

梁平县地处重庆市东北部，地貌以山区为主，兼有平坝，有“三山六水、两槽一坝”之说，农业资源条件较好，是国家可持续发展试验区、全国粮食生产先进县、全国农业机械化示范区。该县农业人口 72 万，其中超过 4 成常年外出，农户承包土地面积 97.3 万亩，2015 年第一产业比重为 14.9%，远高于全国平均水平（9%）。近年来，随着大量农村人口向城镇迁移，梁平县土地流转面积不断增加，农业经营主体日益多元化，规模经营逐步发展。截至 2016 年 6 月底，全县土地流转总面积为 49.3 万亩，流转比例达 50.7%，比全国平均水平约高出 15 个百分点，经营土地面积 100 亩以上的家庭农场、农民合作社、农业企业等新型农业经营主体355个，现代农业蓬勃发展。

（二）现代农业发展需要承包地退出

近年来，随着中国农业经营效益的整体下滑，梁平县现代农业发展也出现了一些新情况、新问题，以土地流转推动的农业规模经营和转型发展面临多种挑战：一是规模经营受阻。由于农产品价格稳中走低，而土地租金等农业生产成本却持续攀升，据梁平县农经站的数据，当地2013~2016年平均每亩承包地流转费用分别为680元、700元、710元、720元。农业的盈利空间被不断压缩。愿意流转土地、从事规模经营的人越来越少，而且农业规模经营主体被迫“跑路”的事件也接连发生①。但农民向城镇迁移的步伐并没有放缓，因此耕地撂荒现象日渐增多。二是农业投资受限。发展优质高效的现代农业，需要向土地投资。但已经迁入城镇或出租承包地的农户，不从事农业生产、不关心土地产出，显然不会向农业投资；规模经营主体即使想提升地力、改善农业基础条件，也会担心农民中途恶意涨租甚至收回土地造成投资“打水漂”而不敢投资。流转双方互不信任，导致土地流转合同的短期化和流入方对土地的掠夺式使用。因此，在土地经营权流转之外，需要探索另外一条实现农业规模经营的路径。

（三）义和村农民自发实现的承包权退出

因承包权、经营权分离引发的上述“土地流转困局”如何破解？2014年3月，梁平县蟠龙镇义和村一组及一些农民，在现有法律框架内，给出了颇具政策启迪性的答案。经营大户首小江想在义和村一处有山泉的荒地建设冷水鱼养殖场。这15亩荒地原本由20户农户承包，因土地质量差且农户向城镇迁移而撂荒。考虑到项目投资大、回报周期长，为了让首小江获得长期稳定的使用权，打消其投资顾虑，村集体、有关承包户和首小江商议后决定：①有关农户将该地块承包权退给集体，每亩获得3万元退出补偿；②首小江每亩向集体缴纳3.45万元的承包费用，以《农村土地承包法》第四十四、四十五条规定的“其他方式承包”该地块50年；③首小江把户口从本县金带镇仁和村迁至义

① 2014年10月，在梁平县仁贤镇租地500亩、每亩租金700斤稻谷（折合人民币约840元）的重庆市良品良造农业开发公司负责人“跑路”；2016年9月，梁平县礼让镇以每亩价格600斤稻谷（折合人民币约720元），流转1000余亩土地的种植大户黄仁军，拖欠两年流转费后“跑路”，引发农民集体上访。

和村一组，经成员代表大会民主表决后成为本集体成员。上述承包经营权“进退联动”的方式实现了三方共赢（刘同山、孔祥智，2016）：农户拿到每亩3万元的退地补偿，撂荒的土地“变废为宝”；集体经济组织获得了每亩0.45万元的管理收益；首小江作为义和村一组的成员①，获得了15亩土地的承包经营权，且受法律政策保护。2015年，政府部门为首小江发放了农村土地承包经营权证。

为了让更多农业规模经营主体与土地出租农户走出互不信任的“博弈困境”②，加快现代农业和新型经营主体发展，2014年11月梁平县成为全国第二批农村改革试验区后，在总结该县义和村承包权“进退联动”模式的基础上，启动了农村土地承包经营权自愿有偿退出试点工作。

二、梁平农村承包地退出试验的做法与经验

2015年，梁平县制定了《农村土地承包经营权退出试点实施办法（试行）》，选定礼让镇川西村、屏锦镇万年村为试点，开展农户承包地退出实践。

（一）立足发展需要，设定两种退出模式

考虑到进城农户的需求和现代农业发展的需要，梁平县按照“供需联动”的思路，制定了两种各具特色、互为补充的承包地退出模式：

一是“整户退出、集中使用”模式。这种模式要求申请退地的农户必须以户为单位，放弃全部的土地承包经营权。集体经济组织向退地农户支付补偿后，农户与土地承包经营权彻底分离。然后村集体再通过“小并大、零拼整”或“确权确股不确地”的方式，将农户退出的承包地集中连片和土地整治后，统一对外出租或重新发包。这是川西村农民承包地退出的主要模式，这种模式以城镇化进程中农民的迁移需求为导向，既能推动农村土地的优化利用，又能促使农村人口更稳、更快地向城镇转移。

① 按照约定，首小江作为义和村一组的集体经济组织成员，获得的是不完整的集体经济组织成员的身份：只拥有集体土地承包经营权，而不像其他义和村一组的居民一样，享有选举、集体收益分配等政治和社会权利。

② 正是认识到城镇化进程中“人地分离”的大趋势和土地流转可能带来的弊端，党的十八届五中全会和2016年中央一号文件都提出支持引导进城落户农民依法自愿有偿转让土地承包权。

二是“部分退出、进退联动”模式。这种模式一般先由新型农业经营主体提出对某一地块的使用意向，经地块所属集体经济组织和涉及的承包农户同意后，再由三方议定退出补偿标准、集体与承包农户的收益分配、有关各方的权利义务等。有关农户获得补偿后，将承包经营权“退还”给集体经济组织。用地主体向集体支付租金后，在合同期内获得该地块的经营权。万年村农民退地以这种模式为主。与通过土地流转取得的土地经营权不同，这种经营权是经营主体直接与土地所有者（集体）签署的协议，中间不涉及农户，有承包经营权一体化转让的特点，可以提高农业规模经营的稳定性，让经营主体放心向农业投资，因此更有利于现代农业发展。

（二）防范社会风险，明确退地的前置条件

为避免因承包地退出引发社会问题，梁平县对以户为单位的承包地整户退出设置了严格的前置条件。凡是申请整户退地的农户，必须具备三个条件：一是户主本人在本集体经济组织外有固定住所，或户主子女有城镇住房且家庭关系和睦；二是除农业经营外，家庭劳动力有稳定的职业或收入来源；三是家庭主要劳动力参加城镇职工养老保险，老年家庭成员参加重庆城乡居民社会养老保险和合作医疗保险。

符合上述条件的农户，一般都是农民中的佼佼者。他们有稳定的非农职业和收入，长期定居城镇，其工作和生活已经脱离了农业农村，对农村土地的“生存依赖”基本消失。因此，梁平县通过设置严格的退出条件，让有能力、有意愿的农户退出承包地，有效消除了农户退出全部承包地后成为无业游民的风险。2020 年川西村冯辉路今年 60 岁，一直在外打工，已 20 年不种地，大儿子在厦门开公司，二儿子在广东中山上班，他和老伴年纪再大些就随儿子们生活。知道村里开展承包地退出试点后，冯辉路专程回村来办理，退出承包地可以拿到 9 万元的退地补偿，他家很乐意。

由于二轮发包时采取了按“人头平均、肥瘦搭配”的方式，每户农户的承包地都非常分散，退出某一地块上的承包地对其生活影响甚微。对于川西村农户承包地部分退出，梁平县没有设置前置条件。

（三）考虑各方利益，综合确定退地补偿标准

确定补偿标准，关系到承包户、集体经济组织、承接方及地方政府的利益，是承包地退出试点工作的重要环节。统筹考虑经济发展水平和日后政府征

地工作需要，梁平县按照“合法、合理、可操作”的原则，兼顾国家、集体和个人三方利益，对承包地退出补偿标准做了三点规定：一是由集体经济组织与自愿退地的农户协商，并经集体经济组织成员会议民主讨论确定；二是应考虑不同土地类型、不同地理位置，结合二轮承包期剩余年限①和当地年均土地流转价格，适当考虑承包关系“长久不变”因素；三是原则上不得超过同期国家征地补偿标准，试点期间每亩承包地退出补偿指导价为1.4万元。

（四）结合现实情况，政府安排退出周转资金

从理论上讲，农户拥有的承包经营权只能退给向其发包土地的集体，由集体给予相应的退出补偿。但是，考虑到目前全国76.3%的村经营收益都在5万元以下②，大部分村组集体无力向退地农户支付补偿。即便集体可以将农户退出的土地流转出去，承接方也难以一次性支付合同期间的流转费用。考虑到上述情况，梁平县于2016年7月制定了《农村土地承包经营权退出周转金管理办法（试行）》，并为土地退出试点安排了160万周转资金。该办法规定，在集体经济组织不能一次性付清协议款项时，有关农户的退地补偿由周转金管理单位（试点所在镇）先行垫付，并通过银行转账的方式将补偿款支付给退地农户。集体用退出土地的出租、发包收益，偿还政府垫付的周转金。

（五）尊重农民意愿，实现承包地有序退出

由于承包地退出迎合了部分进城落户农民的需求，且有助于发展现代农业，村集体和农户的参与热情很高。以整户退出试点川西村为例，该村九组70多户农户，有21户农户自愿申请退地，其中符合条件的有15户。做家具销售生意的吴建平，在镇上购买了300平方米门市房，土地方面的收入可以忽略不计，家人已经12年不种地，家里的4.56亩承包地让他人免费耕种。村里推行承包地退出后，他第一个赶回来申请退地。常年在外做木工、月收入1万多元的45岁王元伟算了一笔账：家里7.17亩承包地好几年不自己种了，（由于地块分散）出租的话一年租金不到5000元，麻烦不说，租金也不保准③；退出可以得到10万元补偿款，买年利率6%的理财产品，年收入能到6000元。

---

① 当地二轮承包2027年到期。

② 农业部经管总站．“十二五”时期村集体收支情况统计分析［J］．农村经营管理，2016（6）．

③ 2014年初，王元伟将家里的承包地以每亩700元的价格租给大户种藕，结果后来莲藕价格暴跌，2015年的租金到2016年8月仍有一半没付清。

“我既不会种地也不愿种地，一次性退出更合适”，王元伟这样说①。目前，川西村九组已经退出承包地面积 79.69 亩，下一步将按照“面积不减少、质量不变差、额外给补贴”的原则，对集体成员的地块进行调整，以实现退出土地的集中和连片经营。

除整户退出外，为满足新型农业经营主体需要，对某一具体地块的退出同样受到农民欢迎。在另一个试点万年村，某一个新型经营主体想长期租赁该村四组一块 19.7 亩的承包地种植水果、蔬菜，搞乡村旅游。该地块涉及的 29 户农户全都同意以每亩 1.4 万元的价格将承包经营权退给集体，由集体将其出租给新型经营主体使用 30 年。另外，虽然万年村主要承担部分退出试点，但仍然有不少农户积极争取整户退出，最终两户农民退出了全部承包地。

与川西村先借助政府设置的周转金“赎回”农户的承包经营权，再统一对外出租或发包不同，万年村是为了满足新型农业经营主体需要而进行的承包地使用权转移，因此集体可以利用承接方支付的一次性租金作为给退地农户的补偿资金。需要说明的是，为了提高农户承包地退出积极性，万年村四组 19.7 亩土地的承接方对带头退出的农户，每亩给予 2000 元奖励。

截至 2016 年 8 月底，试点正式启动不到 2 个月时间，梁平县已有 101 户农户有偿退出承包地 297.47 亩。同时，梁平县一些村庄，比如合兴镇护城村，正在积极申请承担承包地退出试点工作。

案例材料：其他试验区农村承包地退出的实现机制

案例 1：四川内江市市中区的农村承包地退出：集体收储

村集体收储型农村承包地退出，是村集体为了开展规模经营或者将土地集中统一利用，先借用政府财政资金垫付农户的承包地退出补偿，再以该片土地的租金收入或统一经营收入偿还政府财政资金的一种农地资源优化配置行为。这是目前大部分农村承包地退出试点区县都采取的模式，比如安徽定远县、贵州湄潭县、四川内江市市中区等。因做法上大同小异，此处仅以四川省内江市市中区为例进行说明。

四川内江市市中区在 2014 年底被确定为全国第二批深化农村改革试点后，在该区的龙门村启动了农村承包地退出试点工作。龙门村有 2197 人，耕

① 李松．承包地“变现”记：进城农民“退地”观察［EB/OL］．半月谈网，2016-08-05，http：//www. banyuetan. org/chcontent/jrt/201684/205563. shtml.

地2800多亩。村民大多外出，其中在城镇买房的户数约占13%，村里的土地撂荒情况严重。该村地处远郊，其所涉及征地补偿、规划占地等增值可能性较小，且农地流转机会和流转租金也较少，但交通等基础设施比较完善，因此被政府选做农村承包地退出试点。

在区政府的政策和资金支持下，四川内江市市中区龙门村考虑当地的农地利用情况，设计了进城落户农民自愿永久退出农村土地承包经营权的实施方案。具体而言，永久退出土地承包经营权，将其交给集体，每亩地每年按1000元给予补偿，补偿年限为30年，由政府利用试点改革资金替村里垫付相应款项，一次性给予退出承包地农户3万元/亩的补偿。村集体在收回土地承包经营权后，村里成立了集体资产管理公司，负责整合收回的土地，并以此与下乡投资的业主合作，将其交给个人业主或企业进行经营，租金或经营收益用于偿还政府借给村集体的退出补偿款。

常年在外闯荡且已经在成都购置多套房产的村民陈林知道村里在开展承包地有偿退出试点后，返回村里积极争取退出承包地，最终在2015年11月，将自家被撂荒多年的5.38亩承包地，以每亩作价3万元的方式，全部退还给了集体。需要指出的是，在村里提出尝试永久退出后，有3户村民申请永久退出自家的承包地。但是考虑到资金压力及其他方面的原因，最终只有陈林一家如愿以偿地永久退出了承包地。此后，市中区没有再进行永久退出的尝试。

案例2：内蒙古阿荣旗的农村承包地退出：自发交易

除了政府和村集体收储外，在内蒙古阿荣旗、重庆梁平、浙江温州等试验区，还出现了一些农户之间承包经营权自发转让实现的农村承包地退出。

在内蒙古阿荣旗，因当地农村人口跨村组搬迁的情况普遍，农村土地承包经营权跨集体转让时常发生。根据阿荣旗上报原农业部的土地承包经营权退出改革试点方案材料，至2016年6月，全旗农户之间土地承包经营权转让的比例高达8.5%，其中有相当一部分是跨集体交易。不过，由于跨村组的土地承包经营权转让不符合《农村土地承包法》等法律规定，这种通过转让实现农村承包地退出的行为主要是农民自发形成的，大部分并没有变更农村土地承包关系，因而缺少法律的保护。

资料来源：根据作者实地调研以及根据全国农村改革试验区管理处提供的材料整理。

三、农村承包地退出的探讨与思考

由于土地的不可移动性，城镇化进程必然引发部分农民与农村土地“人地分离”。作为全国三个农村土地承包经营权退出试点之一，梁平县基于城镇化和农业现代化发展的需要，在承包地退出上做了积极探索，取得了一些经验和成绩，其中存在的共性问题值得探讨和进一步探索。

（一）对几个有关问题的进一步探讨

一是关于农户退出的承包地的承接人范围限定问题。出于多方面考虑，现有政策倾向于把承包权退出限制在农户和所在集体经济组织之间。土地承包经营权转让也仅限于集体经济组织成员内部①。但现实情况是，大部分集体经济组织没有意愿也没有能力“回购”农户的承包地，而且在农村人口持续向城镇迁移的大背景下，想有偿退出农村土地的农户多，想购置本集体其他农户承包经营权、扩大经营规模的农户少。将承包权转让限制在狭小的地域范围内，不利于土地资源的真实价格发现，会限制交易双方的参与积极性，并阻碍农地规模经营和现代农业发展。

由于国家层面尚未出台集体经济组织成员的界定办法，把承包权转让限制在集体内部，会让规模经营主体仅获得土地经营权，需要继续面对地租上涨带来的经营压力，或者促其想方设法获得集体经济组织成员身份，以规避政策风险。从梁平县的情况看，想建设养鱼场的首小江大费周折，将户口迁入义和村一组，成为集体经济组织成员，获得了土地承包经营权；承接万年村试点农户承包地的新型农业经营主体，则只拿到了30年的经营权。

二是关于退出后的土地集中连片和重新利用的问题。农业转移人口退出的土地如何集中连片和利用，关系到土地退出改革的成败。对于农户退出的承包地集中连片，由于农户退出的承包地一般小而散，虽然梁平试验区按照“面积不减少、质量不变差、额外给补贴”的原则对有关地块进行调整，但这要求基层政府和村组集体有很强的组织协调能力，而且有些农民常年在外务工，

① 按照《土地管理法》和《农村土地承包法》的规定，在满足一些条件时，本集体经济组织以外的单位或个人可以承包本集体所有的土地。

调整意见难以统一，实现“小并大、零拼整”有一定难度。

对于退出土地的再利用，在承接方缺乏、政府垫付退出补偿资金时，如何保障政府投入的财政周转资金顺利收回，值得认真考虑。如果退出的土地连片后，交由集体经济组织统一经营，不出租或再次发包，那么可能会与一些国有企业一样，陷入委托—代理问题：负责经营的村组干部没有做好集体经济的激励，或者瞒报农业经营收益、拖欠政府垫付的周转金。

三是关于退出补偿资金来源和标准确定的问题。承包地有偿退出，涉及“补偿的钱从哪里来”和“给多少补偿”两个关键问题。农户退地补偿的钱从哪里来？从梁平试验区的经验来看，名义上是所在集体借助政府或者承接方的资金，向农户支付了承包权退出补偿。但实际上，退出补偿资金，作为地租的一次性变现，最终只能是用地主体支付的承包费（首小江支付的每亩3.45万元承包费）或者租金（万年村新型经营主体支付的每亩1.4万元的租金）。政府设立周转金，实质上是借钱给集体补偿退地农民。集体需要用土地集中连片后发包或出租的收益，偿还政府“借给”的退出补偿资金。

承包地退出补偿标准的确定，应由集体、退地农户和承接方协商确定。如果政府自己就是土地承接方（比如实行下面将要提到的国家收储政策），有权将征地标准或其他任何标准作为农户退出承包地的补偿标准，再让农户自主决定是否退出承包地。如果已经有市场主体想要承接农户退出的承包地，政府再划定补偿标准，有越俎代庖之嫌①，会阻碍农民退地或损害农民利益。正是因为政府划定的每亩1.4万元的退出补偿标准偏低，万年村19.7亩土地承接方才会向最先退地的农户支付每亩2000元的奖励。再考虑到义和村一组退出的15亩荒地，如果也划定每亩1.4万元的补偿，会让退出农户和集体每亩少收益2万元。从另一方面看，考虑到川西村农户退出承包地整治和集中连片还需要花费一笔支出，而万年村已经是连片的耕地，为二者设置同一个退出补偿标准显然不尽合理。

（二）关于承包地退出的三点思考

一是建立承包地退出风险保障机制。一些人担心，进城农民失去农村承包地后，可能会出现无地、无业的“流民”，形成在拉美国家普遍出现的城市“贫民窟”。为了避免退地农民成为城市“流民”，除了像梁平试验区那样设置

① 这是当地政府为了日后征地方便，采取的一种限价策略。

严格的门槛，还可以借助有效的保障措施消除这一担忧。比如，可以采用“农民交一些、政府补一些”的方式，引导退地农民办理城镇职工养老保险；还可以为退地农民提供“反悔机制”，允许确实无法在城市立足的退地农民，重新获得一份“口粮田”，并给予一定的资金补贴。

二是统筹推进承包地、宅基地退出试点。进城落户农民的土地承包权、宅基地使用权、集体收益分配权的维护和退出，受到高度重视。除梁平县外，四川省成都市、四川省内江市市中区也开展了土地承包权退出；浙江省义乌市、福建省晋江市等地正在试点农村宅基地使用权退出。关于集体资产股份权能的改革也正在推进。调查发现，农民有同时放弃承包地、宅基地和集体收益分配权的实际需求，比如梁平县一些退出承包地的农户明确表示“想把宅基地一起退出，彻底‘洗脚上岸’，不做农民了”①。但总体来看，当前的土地退出试点，一般仅涉及承包地或宅基地中的一种，较少考虑其他类型的土地，而且基本不触及集体成员身份这一重要问题。

如果只能有偿退出承包地、宅基地中的一种，会给进城落户农民留下一个“农村尾巴”，还会让农业农村问题变得复杂。城镇化的核心是推进农业转移人口市民化。从农村转移人口市民化的角度考虑，应当设置统筹推进承包地制度改革、宅基地制度改革和集体产权制度改革的综合改革试点，让有能力、有意愿进城落户的农民，彻底退出农村土地相关权益和集体成员身份，真正成为市民。

三是实行农村土地国家收储政策。除了由集体经济组织支付退出补偿，引导农民自愿有偿放弃承包地外，还可以借鉴法国、荷兰等国家的做法，实行农业转移人口退出的农村土地国家收储政策。国家对农户退出的土地实行收储，主要有两个优点：①政府可以以较低的价格，把集中连片的土地出租给规模经营主体，抑制地租过快上涨给农业生产经营造成的压力；②可以在宏观经济波动导致大量进城农民返乡时，在一定时期，以低廉甚至免费的租金为其提供一份“口粮田”，在加快城镇化进程的同时，保障社会稳定。

进城落户农民土地国家收储的具体思路是：政府设置一个农村土地收储基金，凡是符合条件的进城农户，都可以向所在集体申请有偿退出农村土地；集体以国家收储基金向退地农户支付补偿，并负责将退出土地集中连片后交给国

① 梁平县退出承包地的农户，可以通过重庆市的“地票”交易有偿退出宅基地，每亩最低可以获得9.6万元。但是，重庆市以外的承包地退出试点无法让农民同时有偿放弃承包地和宅基地。

家；国家已经支付“赎买”资金，可以像征地一样，把农户退出的集体土地划归国有。在具体操作时，为了减少财政压力，政府可以通过农村产权交易所，寻找愿意租地的农业经营主体先行支付部分费用；也可以借鉴浙江湖州市等地的经验（魏后凯、刘同山，2016），以“城镇购房代金券”替代现金补偿。

第十章　农村宅基地退出的典型经验

中国城镇化是21世纪最受全球关注的大事之一。新世纪以来，中国城镇化的步伐明显加快，大量农村人口迁入城镇。2015年，中国超过7.7亿人常住在城镇，城镇化率达到56.1%，比2008年提高了9.1个百分点。离开农业农村、在城市工作和生活的农村劳动力达1.69亿，其中举家迁移的比例接近21.3%。预计到2030年，中国的城镇化率将达到68%左右，期间仍会有大量的农村人口迁入城镇。城镇化的本质是人口向城镇的集聚以及由此引起的土地资源配置和城乡空间结构的调整。一般来讲，在城镇化的进程中，随着农村人口不断向城镇迁移，城镇建设用地将增加而农村建设用地将减少。

但是，受限于中国的农村土地制度，农村土地市场的发育远远滞后于劳动力市场。农村宅基地①属于集体所有，其使用权不能在市场上合法交易，进城农户有偿退出宅基地的通道也十分缺乏。受此影响，中国的城镇化引发了两个突出的问题：一是在城镇化率不断提高的同时，城市建设用地和农村宅基地面积不合理地“双增长”。全国农村宅基地面积从2008年的1.36亿亩增加至2013年底的1.7亿亩②，短短五年时间增加了25.0%；城市（包括县城）建设用地面积则从2008年的0.82亿亩增加至2014年底的1.03亿亩，六年间增长了25.6%。由于土地面积的不可增加性，城乡建设用地增加必然以耕地（或潜在耕地）面积减少为代价，从而加大了国家耕地保护和粮食安全的长期压力。二是在城市建设用地日益紧张和18亿亩耕地红线不断逼近的压力下，农村建设用地低效率利用、农村空心化等问题仍然十分严重。国土资源部的数

① 《宪法》第十条规定，“城市土地属于国家所有。农村和城市郊区的土地，除由法律规定属于国家所有的以外，属于集体所有；宅基地和自留地、自留山，也属于集体所有。”因此，宅基地也就是农村宅基地，本书不做区分。

② 2008年的数据来自国务院2010年底印发的《全国主体功能区规划》，2013年的数据转引自《经济参考报》2014年12月3日第二版。

据显示，当前农村居民点闲置用地面积为 0.3 亿亩左右，低效用地面积达 0.9 亿亩以上，分别相当于现有城镇用地规模的 1/4 和 3/4①。

为了在城乡范围内优化“人地”资源配置，提高农村建设用地的利用效率，宅基地退出日益成为农村土地制度改革的一个重点，受到学界和政界的高度关注。

中国农村宅基地低效率利用问题十分突出。据第二次全国土地调查及相关数据，2009~2016 年，在农村人口减少 1 亿人的情况下，全国村庄用地面积不仅没有减少，反而增加了 1091.3 万亩。笔者 2018 年 1~3 月对黄淮海农区 6 省（市）20 县 1026 户农户抽样调查发现，多达 15.9%的农户家里有闲置宅基地。农民一般认为未建房的宅基地，才是闲置宅基地。如果考虑到虽建成房屋但房屋长期无人居住的情况，农村宅基地闲置问题将更为突出。随着越来越多的农村人口向城镇转移，如何深化改革、提高农村宅基地利用效率受到党中央、国务院的高度重视。中办、国办于 2015 年联合印发了《关于农村土地征收、集体经营性建设用地入市、宅基地制度改革试点工作的意见》，启动了农村宅基地制度改革试点工作。2019 年 9 月，中央农办、农业农村部印发了《关于进一步加强农村宅基地管理的通知》，12 月，农业农村部、自然资源部又印发了《关于规范农村宅基地审批管理的通知》，宅基地制度改革已成为农村改革的热点和重点。

一、农村宅基地退出的几种模式

随着城镇化导致的城乡建设用地“双增长”问题日益严重，为了提高农村建设用地的利用效率、消解城市对建设用地的渴求，近年来，越来越多的地方进行了农村宅基地退出尝试。

（一）宅基地换房

顾名思义，宅基地换房是指农民以宅基地换取小城镇或规划区域内的房屋。宅基地换房可以分为两类：一类是政府主导的宅基地换房。其基本动机是

① 推进土地节约集约利用的指导意见解读之一［EB/OL］. http：//www.mlr.gov.cn/xwdt/mtsy/xinhuanet/201410/t20141028_ 1333615.htm，国土资源部网站，2014-10-28.

在城乡建设用地利用效率“冰火两重天”的困境下，从国家的“增减挂钩”政策出发，实现城乡建设用地的统筹利用。这类宅基地换房主要发生在城郊地区，是城市规模扩张和土地制度约束下的创新之举。四川郫县在县政府主导下开展的宅基地换房就是这方面的典型。郫县是成都市的卫星县，距离成都市区仅 10 千米。近年来，随着成都城市规模的扩张，郫县大部分已经融入中心城区。为了协调推进人口和土地城镇化，2012 年以来，郫县开始实施宅基地退出，并为退出宅基地的农户制定集中安置和货币化补贴两种选择。根据郫县制定的办法，以某农户退出宅基地 170 平方米为例，选择安置房和现金，分别可以获得 29. 51 万元和 20. 33 万元的补贴。由于选择安置房对农民更为有利，截至 2014 年底，只有 195 户选择了货币化补贴，占比不到 10%，绝大部分退地农户都选择了集中安置。

另一类是农业企业主导的宅基地换房。其主要考虑是发挥农村建设用地的商品属性，在改善农民居住环境、使其就地或者就近转移的同时，在节约的建设用地上从事房地产开发获利。河南浚县中鹤集团是开展宅基地换房业务的农业企业之一。自 2010 年起，中鹤集团依托浚县粮食精深加工园区，按照“以产兴城、以城促产、产城一体”的理念，开始了占地 11 平方千米的中鹤新城建设，并在地方政府的协助下，推动农民以农村宅基地和房屋置换楼房。其安排具体如下：规划区内的每个农民有 30 平方米在新城购房的指标，指标内售价为建造成本的一半（650 元/平方米），超过指标的部分按成本价出售；根据农户退出的宅基地面积、房屋间数和新旧程度等获得相应的置换补贴。因此，农户只需花费几万元甚至不用支付费用，就可以以旧换新，住进新城社区。截至 2014 年上半年，已有 4 个村的 1085 户农户，共计 4020 人，整体搬进了中鹤新城。

（二）宅基地收储

近年来，一些地方政府和村集体，出于各种目的开展了宅基地收储工作，提高了农村宅基地利用效率，改善了村民居住环境。宅基地收储分两种情况：一种是村集体收储。福建晋江市砌坑村是传统农区村集体实施宅基地收储的典型。自 2006 年起，砌坑村开始由集体经济组织安排资金，实施宅基地收储、村庄统一规划建设和集中安置搬迁。为了规范宅基地退出和村内搬迁工作，2016 年 3 月，砌坑村在总结前期经验的基础上，制定了宅基地退出补偿办法：根据宅基地位置优劣，村集体给予每平方米 100～300 元的退出补偿；宅基地全部退出的，提供另有住房证明，补偿标准上浮 20%；对于房屋，依据新旧状况和建筑结构，每平方米分别给予 80~110 元（土木结构）、200~400 元（石结构）和 250~500 元（钢混结构）的货币补贴；退出宅基地面积在 50 平方米以上的，在本村购买安置房，享受每平方米套房 500 元、别墅 600 元的优惠价格。截至 2015 年底，村集体已回购宅基地 218 处，涉及（拆迁）房屋面积超过 7 万平方米，统一建设安置楼 75 套、别墅 56 套。

另一种是政府收储。与晋江市村集体主导的宅基地收储不同，2013 年宁夏平罗县为了插花安置生态移民，在县域范围内制定了详细的宅基地和房屋收储办法，并出资 500 万元设立农村宅基地和房屋收储基金，启动了收储式宅基地退出试点工作：一是按不同区位将标准面积（270 平方米）的宅基地收储价格确定为 1 万元、9000 元和 8000 元三个等级。未取得使用证的宅基地及超标部分，折价收购。二是根据建造年限和房屋结构，明确 2010 年以后建造的砖木结构且外墙贴瓷砖的房屋，收储价格为每平方米 700 元；2010 年之前建造的或未取得所有权证的房屋，折价收购。折价比例由相关各方协商确定。此外，退出农户必须同时退出宅基地、房屋、承包地和相应的集体成员身份以及收益分配权。以典型农户退出 270 平方米宅基地、100 平方米（2010 年以后建造的砖木结构）房屋、5 亩承包地和 4 口人的集体成员身份为例，退出补偿合计约为 13.6 万元。至 2015 年 8 月收储工作结束，农户退出宅基地和房屋 1718 处，安置生态移民 1174 户。宁夏平罗的农村土地退出，不仅涉及宅基地，还涉及承包地和集体成员身份，比较有特点。下一章将专题论述。

（三）市场化交易

与宅基地换房、收储等政府或村集体主导的宅基地退出模式不同，一些地方政府顺应经济社会发展需要，利用市场机制有效实现了部分农户闲置宅基地的退出。从各地的实践看，通过市场化交易实现宅基地退出主要有两种类型：一种是房地一体转让。浙江乐清市开展的房地一体转让就是这方面的有益探索。长期以来，为了获得经营资金，乐清人对农房抵押、转让的需求强烈。为了规范农村房屋交易行为，21 世纪以来，当地政府开始对农村房屋转让进行登记备案。截至 2007 年底，经住建局登记备案的农村房屋转让累计为 88 起。此时，理论上来说，谁都可以购买农村房屋并在交税后登记过户。2008 年，受国土资源部、住房和城乡建设部有关文件的影响，农村房屋转让登记暂停。但是，当地农村房屋转让的市场需求十分强烈，民间自发的农房转让依然盛行。2009 年 7 月，乐清再次放开了农村房屋转让，允许农村房产“在市域范围内农业户籍人口间转让”，压抑的农村房屋交易需求得以释放，2010 年农房转让达 383 起。此后，乐清市农村房屋和宅基地房地一体跨村、跨镇交易的现象日益普遍。仅“十二五”期间，就有 5409 起农村房屋转让在乐清市住建局进行了登记备案。

案例材料：其他试点农村宅基地退出的实现机制

浙江乐清市农村宅基地退出：房地一体“跨村交易”

乐清是温州市代管的浙江省辖县级市，东与台州市玉环县隔海相望，是“温台模式”的主要发源地和中国市场经济发育最早的地区之一。乐清市现有户籍人口 128 万，传统意义上的农业人口 116 万，占总人口的 90%以上，人均土地面积 0.32 亩。由于人多地少且经商氛围浓厚，当地绝大部分农民都已不再务农，而是成为在全国乃至全球发展的大小商人。乐清是全国百强县，2015 年其城镇常住居民人均可支配收入为 46352 元（全国为 31195 元），农村常住居民人均可支配收入为 24891 元（全国为 11422 元），都远高于全国平均水平。

作为中国市场经济的前沿阵地，早在 20 世纪 90 年代，温州“弃农从商”的人们不断流向柳市、虹桥、大荆、乐成等镇，使上述区域迅速发展为经济中心和人口集聚区。经济的发展和人口的集聚引发了持续的农村房屋交易需求。农村房屋交易，让民营经济在乐清生根发芽并不断壮大，从而进一步吸引人口和资金的流入，最终形成了四大经济片区。随着当地工商业的蓬勃发展和城乡一体化加速，近年来，乐清市农村房屋和宅基地“房地一体”的跨集体经济组织交易现象日益普遍。

一、乐清农村房屋与宅基地交易情况

为了优化利用农村资源，获得经营发展资金，很多从事商业经营的乐清农民，都有抵押甚至转让自家农村房屋的实际需求。自 1986 年乐清为农村房屋办理产权登记以来，经政府备案的农房自愿有偿转让开始零星出现。截至 2007 年底，经乐清市住建局登记备案的农房转让累计达 88 起。此时，无论是当地农村集体经济组织成员还是城镇居民，甚至是户籍为其他省市但在乐清经商的居民，理论上都可以购置有房屋产权证的农村房屋并可以在住建局登记过户。不过，2008 年住房和城乡建设部发布的《房屋登记办法》规定，“申请农村村民住房所有权转移登记，受让人不属于房屋所在地农村集体经济组织成员的，除法律、法规另有规定外，房屋登记机构应当不予办理”。

受此影响，乐清市的农村房屋转让暂停。

但是，市场有强烈的农村住房转让需求。虽然政府不再备案过户，当地民间自发的农房转让仍然十分盛行。受温州市有关文件和农房抵押政策的鼓舞，2009 年 7 月，乐清市委（2009）4 号文件再次放开了农村房屋转让，“对持有集体土地使用权证和房产证的农村房产，允许在市域范围内农业户籍人口间转让”。不到半年时间，已有 206 起农房转让交易在住建局登记备案。此后，乐清市的农房交易迅速发展，2010 年增加至 383 起，至 2016 年 2 月底，乐清市已累计完成 7185 起农村房屋交易，转让面积达 115.73 万平方米。其中仅“十二五”期间，就有 5409 起农村房屋转让在乐清市住建局进行了登记备案。

上述农房转让数量，是经住建局登记、备案和过户而完成的转让交易。实际上，这只占当地农村房屋转让交易的很小一部分，大量的农村房屋转让并没有经过政府部门。据乐清市农办副主任蔡永固估计，全市已达成的农房转让交易估计约有 3 万宗，其中近 80%没有经住建局登记过户。不过，随着《物权法》的实施、物权理念的深入人心和当地农村房屋所有权登记工作的推进，农村房屋有证交易的比例正在上升。目前，新增的农房转让有证与无证交易约各占一半。

二、乐清房地一体“跨村”交易的具体做法

按照是否需要经住建局登记、备案和过户，乐清市的农村房屋跨村转让，可以分为“政府参与的”和“民间自发的”两种方式。尽管两种方式都建立在农村房屋和宅基地“地随房走、房地一体”的基础上，但其具体做法有明显区别。

（一）政府参与的农房跨村交易

在 2015 年以前，农户转让自家的房屋，除了需要拥有房屋所有权证和受让方为本市农业户籍人口之外，还需要出具非唯一住房确认书、不再申请宅基地承诺书、村集体出具的非唯一住房证明和同意转让的证明等材料。农民住房转让需缴纳契税、营业税等税费（总税率约 6.3%），还要向农民所在村缴纳基础设施配套费，每宗为 0.5 万~1.2 万元。

考虑到当地的户籍制度改革和浙江 2016 年 11 月将在全省范围内把农业户口和非农业户口统一居民户口，为了简化交易、符合社会发展需要，2015 年底制定的《乐清市集体土地范围内的房屋登记办法》规定，农村房屋所有权转让登记，除有正式交易合同外，还需要提供：①房屋所有权证；②完税凭证或减、免税凭证；③房屋所在地村集体经济组织同意转让的书面材料等。不再要求受让方必须为农业户口、不再申请宅基地承诺书、出让方提供非唯一住房证明等[①]。

当然，只有合法拥有“两证”——集体所有建设用地使用权证和《建设工程规划许可证》或《乡城建设规划许可证》，并提供房屋测绘报告的，才能申请房屋所有权初始登记、获得方所有权证进而转让。如此一来，违法违章建筑，无法申请房屋所有权证，也就不能经由政府登记、过户。

（二）民间自发的农房跨村交易

借助政府完成农房交易，一方面要求农房不能是违章建筑，另一方面还要求受让人拥有本地农业户口、缴纳税费等。但很多农村旧房改造时“少批多建”，成了违章建筑，而且很多想购置农房的人并不是当地农业户口。为了达成交易，让违章建筑和更多卖方人参与交易，一些农房交易采取了通过中间人私下签订“卖契”的方式完成。比如在“中国电器之都”乐清市柳市镇，成立于1990年的“柳市房产”的老板郑巨敏指出，无证农房的交易占公司交易量的近一半，为此该公司专门设计了被称为“卖契”的格式合同。“卖契”内容如下：

“立卖实契人________，因另有发展，征得共有人同意，自愿将坐落在乐清市虹桥镇____路____号混合结构三层一间，情愿折价卖给________为实业，日后任凭买方自行过户及管业享用。卖方应提供日后过户时一切有效证件及复印件，并协同买方办理过户手续。”接着，“卖契”描述所售物业的组成，特别标明“地基一概在内”，且无其他权利纠葛。再下来，是双方议定的成交价格，加注“价款随契收讫无存”，“永后不找不赎，双方情愿，永不反悔。恐后口说无凭，特立此契，永为存照”。最后签字前，是小字抄录的卖方房产证的信息，包括产权证号、建筑面积以及四至。落款签字画押的，包括卖房人和共有人，以及“见中人”（房产中介老板）。

当地的其他房地产公司在农房交易居间服务时，做法也大致如此。在注重契约精神的乐清地区，习惯法得到了良好运行，因农房买卖产生的纠纷非

① 乐清市农办的工作人员表示，如果一个农房有两间，农户卖掉其中一间，显然应该允许；再如某农户只有一间房，他仍然可以卖下面3层，自住上面的几层，所以不应再要求“转让房屋非唯一住房”。

常少。此外，值得一提的是，乐清有一些村庄很欢迎外地人到本村投资、购房、落户。比如常住人口大约2400人的街口村，约有四五百人来自其他村庄，其中200多人已通过“跨村”买房在街口村落户。为平衡各方利益，村两委规定，在街口村落户的外村人，除不享受村集体经济组织的收益分配权、土地承包经营权外，其他权利和义务与原住村民相同。

资料来源：根据作者实地调研材料整理。

另一种是地票交易制度。2008年12月，重庆市在全市范围内启动了地票交易制度。所谓地票，是指土地权利人自愿将其建设用地按规定复垦为合格的耕地等农用地后，减少建设用地所形成的在交易所交易的建设用地指标。2015年底，重庆市在实践经验的基础上，发布了《重庆市地票管理办法》，规定农村宅基地及其附属设施用地未超过667平方米的部分，地票净收益的85%归宅基地使用权人，15%归农村集体经济组织；超过667平方米的地票净收益全部归后者。由于退出收益明显，农民进行宅基地复垦、参与地票交易的热情很高。截至2015年底，重庆累计成交地票17.29万亩，成交价款345.66亿元，亩均价格达20万元，惠及农户超过20万户。

二、农村宅基地退出模式的比较分析

对比上述各种宅基地退出模式发现，除实施动机不同外，其在主导方、基本特点、补偿资金来源、交易半径、可推广性等方面也存在明显差异（见表10-1）。具体而言，对于市场化性质的宅基地退出，重庆市借助地票交易制度，成功打通了城市和农村两种不同产权属性的建设用地的联系渠道，实现了城市资金向农村回流，其交易半径覆盖全市，不仅退出补偿高（每亩20万元），而且地票供需基本平衡，因此可推广性很强。浙江乐清市遵循市场经济的逻辑，积极明晰产权、主动作为，将当地普遍存在的房地一体跨村、跨镇交易规范化，并对本市农业户籍人口购置外村房屋予以登记过户，通过发挥市场机制在资源配置中的决定性作用，成功在全市范围内盘活了农村房屋和宅基地，不仅增加了农民的财产性收入和政府的税收收入，还进一步激发了市场经济活力，对于其他市场经济较发达的地区有很强的借鉴意义。在宅基地退出过程中，乐清市有关政府部门是顺势而为，因此并没有安排大量人力、物力推进此事。重庆市和浙江乐清宅基地退出的经验表明，实施农村宅基地退出，要按照党的十八届三中全会的精神，让市场在资源配置中起决定性作用和政府更好地发挥作用。

表 10-1 宅基地退出模式的比较分析

退出模式		试点地区	实施动机	主导方	基本特点	补偿资金来源	交易半径	可推广性
宅基地换房	政府主导型	四川郫县	加快城镇化、追求土地增值	县级政府	政府行为代替市场	国家财政	镇/县	较弱
	企业主导型	河南浚县	追求土地增值收益	农业企业	土地流转、整村搬迁	企业和农户	镇	很弱
宅基地收储	村集体收储	福建晋江	村庄建设和改善居住环境	村集体	村内腾挪	本村农户	村	很弱
	政府收储	宁夏平罗	安置生态移民	县级政府	政府收储、跨区配置	国家财政、迁移农户	县/省	较强
市场化交易	房地一体转让	浙江乐清	释放市场经济活力	市场	市场机制配置资源	市场主体	县级市	很强
	地票交易制度	重庆	统筹利用城乡建设用地	省级政府	打通城乡、收益共享	市场主体	省	很强

对于收储式宅基地退出，宁夏平罗县是为了“插花安置”其他县迁移过来的生态移民，由国家财政主要出资、迁移农户进行补充的政府收储行为。由于它引入其他县的生态移民作为农村土地和房屋的受让人，而且是借助自治区移民补贴进行收储，实际上将交易半径扩展到了省级层面。从当地农户的参与积极性和试点改革效果来看，平罗县尝试的政府对宅基地和房屋收储，具有很强的可行性，可以在更多地方尤其是涉及移民搬迁的地区进行类似尝试。福建晋江市实施的由村集体主导的宅基地回购，类似于村内的拆迁、腾退，目的是为了统一规划建设，从而改善村民居住环境，本质上是村民居住形态的改变。对于远离城镇的典型传统农区，受当前法律法规约束和土地交易市场缺乏的影响，村民上楼节约出来的建设用地难以实现价值增值，而且拆旧建新要消耗村集体和村民大量财富，故这种模式只能在经济实力强的个别村庄进行尝试，其

可推广性很弱。

对于宅基地换房，虽然从主导方来看，既可以由政府推进，也可以由农业企业甚至村集体实施，但其根本动机基本都是追求土地增值收益，本质上仍然是拆迁安置。宅基地换房不仅涉及农村土地性质的改变，而且要求农户连片参与，难以考虑不同类型农户的差异化需求。另外，在传统农区，农民的收入水平和生活习惯并不一定适合“上楼”。因此，无论是政府主导还是企业推动，宅基地换房都存在一些法理和学理上的问题，背后有较多的隐患，有可能导致农民“被上楼”。而且，在国家强调农民财产权利、要求逐渐减少征地范围的大趋势下，这种以房地产开发为导向的宅基地退出模式有“与民争利”的嫌疑。因此，开展类似方式的宅基地退出，应慎之又慎。

三、农村宅基地退出改革的几点经验

一是立足地区实际，明确改革目的。农村宅基地制度改革需要立足于各地实际情况，有序开展，不能“一刀切”“齐步走”。宁夏平罗县的“政府收储”是为了给生态移民提供宅基地和房屋，因此实施的面较广，后面的做法则主要是小范围探索老年农民“以地养老”的可行性；浙江义乌经济发达，因此为了提高建设用地集约化利用、推进美丽乡村建设，宅基地制度改革的主要目的是促使农民集中居住；晋江市砌坑村主要是为了新村建设和产业发展，在村域范围内尝试盘活存量宅基地。无论如何，三个试点的经验表明，以提高农村宅基地利用效率为导向的改革，无论是政府或集体有偿回收，还是“以地养老”“以地换房”，都具有很好的可行性，可以在更大范围内推广。

二是加强政府作用，打破行动困境。农村宅基地高效利用存在两个困境：第一，小块土地零星分布，即便一些企业想利用农户闲置的宅基地发展合适的产业，也存在如何将宅基地集中连片的问题；第二，市场缺失导致农户难以处置闲置宅基地，也难以进入城镇建设用地市场。上述困境单纯依靠市场机制难以克服，利用城乡建设用地“增减挂钩”政策打通城乡建设用地两个市场，打通农村宅基地和承包地两类土地，需要通过多个政府部门的协调合作来实现。政府主导搭建平台或创新机制，将农村闲散的宅基地集中起来，在城乡范围内、不同农户间重新配置，是提高建设用地利用效率、促进城乡经济社会发展的有效手段。只有政府发挥作用，宅基地制度改革才能取得预期效果。这也是义乌实行宅基地保底收购和新社区“集中居住”、平罗实行“政府收储”的原因。

三是扩大改革范围，注重协同推进。农村宅基地制度改革具有明显的规模效应和协同效应，需要在较大范围内实施改革，并注重与其他改革相互协同，形成改革合力。义乌结合当地的美丽乡村建设、农村改造、集中居住等政策，在全市范围内展开宅基地制度改革，其改革效果非常明显——不仅显著改善了农村面貌，还整理出一千亩建设用地指标，实现了宅基地集约利用，同时解决了一些农户有资格却没有宅基地的问题。平罗前期的“政府收储”是为了“插花安置”其他县的生态移民而展开的，实际上突破了县域范围，改革覆盖面较大，效果较好；后期的“以地养老”主要是针对老年农民的小范围试点，改革覆盖面较小，且与其他改革的协同性不强，推行两年多时间，只有很少农户参与。老年农民放弃的宅基地零星分布，如何利用也是一个难题。晋江砌坑村的宅基地优化利用限定在村域范围，规模效应和协同效应难以发挥，因此改革进展相对缓慢，成效也不如义乌、平罗明显，实施新村建设十余年，全村只有不到1/5的宅基地进行了重新配置。

四是做好基础工作，完善配套政策。农村宅基地制度改革涉及“三农”的方方面面。因此实施宅基地制度改革，需要做好一些基础性工作，完善相关配套政策。首先，加快宅基地确权颁证，做到应确尽确，保证宅基证到户率。平罗、义乌、晋江三个试点地区在启动宅基地制度改革前，宅基地颁证工作基本全面完成。其次，清楚界定集体成员、实施集体产权制度改革。宅基地流转和使用管理、闲置宅基地再利用的收益分配等，都要在界定集体成员和完成集体产权制度改革的基础上展开。最后，加强宅基地使用管理，将宅基地流转与有偿使用相结合。可以借鉴义乌的做法，按人、按户设定宅基地免费使用面积，对超标部分收取费用，同时制定宅基地流转办法，鼓励有资格却没有宅基地者通过集体内部流转获得宅基地。

第十一章　农村承包地、宅基地一体退出的平罗个案

党的十八大之后，中央加快了农民有偿放弃农村土地的政策制定和试点工作，一些颇具创新性的制度安排开始出现。例如，2013 年 10 月国土资源部印发的《节约集约利用土地规定（草案）》提出，通过置换、奖励、补助或者城镇购房补贴等方式鼓励农民自愿有偿退出农村闲置宅基地。2014 年底，原农业部在《关于第二批农村改革试验区和试验任务的批复》中，将土地承包经营权退出列为 14 个改革试验任务之一。2015 年初，全国人大授权国务院在 33 个县（市、区）进行农村土地征收、集体经营性建设用地入市和宅基地制度"三块地"的改革试点。2015 年 11 月，中共中央办公厅、国务院办公厅印发了《深化农村改革综合性实施方案》，再次提出"探索宅基地有偿使用制度和自愿有偿退出机制，探索农民住房财产权抵押、担保、转让的有效途径"。正是在这样的背景下，宁夏回族自治区平罗县作为国家农村改革试验区之一，利用先行先试的有利条件，结合区域经济发展和本县的实际情况，对农民有偿退出农村土地进行了多方面的积极探索，积累了宝贵的经验。

一、平罗农村土地退出的主要做法

（一）完成农村土地和房屋确权颁证，做好土地退出的基础工作

清晰的产权安排会提高产权主体从交易中获益的可能，从而促进交易（土地退出）的达成。自 2010 年以来，平罗县先后明晰了集体土地的承包经营权、宅基地使用权和农民房屋所有权等多项权属。截至 2015 年 9 月，全县农村房屋确权登记率、集体荒地承包经营权颁证率已达 100%，集体耕地承包

经营权、宅基地使用权颁证率分别达到97.2%、96.0%。考虑到全县51.1%的耕地是二轮承包后开垦的集体荒地，在承包地确权时，按二轮承包面积增加20%，将部分已开垦的荒地确认为农民的承包地。剩余的集体荒地则交由开垦农户在二轮承包到期前有偿（平均每亩地每年承包费为5元）承包经营。目前，平罗县正在开展二轮耕地承包经营权证与集体荒地承包经营权证“两证合一”的工作（但对不同类型土地进行标记：二轮承包获得的土地为A类，集体荒地开垦而来的承包地为B类），并已经基本完成。

（二）结合自治区的生态移民工作，实施农村土地和房屋收储

为了落实自治区“插花安置”① 西海固生态移民的工作要求，结合区里为每户移民提供12万元的安置资金和本地农村房屋闲置、耕地流转十分普遍的现实，2013年初，平罗县先后制定了《农民宅基地、房屋、承包地收储参考价格暂行办法》《农民集体土地和房屋产权自愿永久退出收储暂行办法》，并由县人民政府出资500万元设立农村土地和房屋退出收储基金②，启动了农村土地和农民房屋收储以及集体经济组织的收益分配权退出政策。其主要做法为：

（1）参照自治区2010年的征地补偿标准，结合当地近三年土地流转均价，根据地理区位和土地质量（肥瘦），将全县13个乡镇分为三类区域，并将同一区域的承包地收储价格分为三个等级。对于一、二、三等级承包地的每亩收储价格，一类区域分别为600元、500元、400元；二类区域为550元、450元、400元；三类区域为450元、350元、300元。农户二轮承包的土地（A类）收储价格每年递增5%，垦荒获得的集体土地（B类）不享受收储价格上浮。承包地退出总补贴=每年的补贴标准（含递增的5%）×第二轮承包期剩余的年限。

（2）按区位确定标准面积宅基地的收储价格为1万元、9000元和8000元三个等级（城关镇为第一等级；黄渠桥镇等6个乡镇为第二等级；高仁乡等6个乡镇为第三等级），标准面积为270平方米（约合0.4亩）。超出标准面积

① 所谓“插花安置”，是指不对生态移民集中安置，而是采取“大分散、小集中”的策略，利用多个目标村庄现有的闲置房屋（大分散），配套一部分耕地后，将移民分散填充进去，并尽量让移民在某个村庄集中（小集中）的移民方式。

② 其中土地承包经营权退出收储基金300万元，宅基地和房屋退出收储基金200万元。待生态移民“插花安置”后，超过12万元安置资金的费用，再由收储基金补充。

的部分，以庭院经济用地收储，价格为1万元/亩，且最高不超过宅基地价格的40%。对未取得使用证的宅基地及其超标部分，收储价格下浮。

（3）按照建造年限和建筑结构，明确农村房屋收储价：2010年以后建造的砖木结构、外墙贴瓷砖的房屋，收储价格上限为每平方米700元；2010年之前建造的或未取得所有权证的房屋，折价收购。具体折价比例由退出农户、村集体和政府有关部门协商确定。

（4）退出土地和房屋的农户，需放弃村集体组织资源、资产、资金的收益分配权，村集体组织一次性给予退出补偿。补偿金额=当年人均分配额×第二轮承包期剩余的年限。

原则上，退出农村土地必须以户为单位，同时退出承包地、宅基地、房屋和集体股份收益权，并彻底放弃集体组织成员身份，即永久性彻底退出。不过，后期受收储资金的限制，平罗县也允许农户在满足生态移民最低要求的同时，施行家庭部分成员按比例退出农村土地和集体股份收益权。截至2015年9月，平罗县已收购1718户农民的宅基地和房屋，收购耕地总计8650亩，“插花安置”移民1174户。

（三）考虑老年农民的养老需求，创新农村土地和房屋退出安排

面对农村劳动力老龄化日益严重的现实，为探索解决农民的养老问题，考虑到“插花安置”结束后的农村土地退出，2014年6月，平罗县制定了《老年农民自愿退出转让集体土地和房屋产权及社会保障暂行办法》，为老年农民自愿退出土地承包经营权、宅基地使用权和房屋所有权“三权”提供制度出口。

除退出补偿标准参照“插花安置”工作并同样要求退地农民放弃集体成员身份外，在老年农民退出农村土地和房屋时，平罗县还做了一些特殊规定，比如：①与子女拥有同一宅基地使用权和房屋所有权的老年农民，可以只退出承包经营权而保留宅基地使用权和房屋所有权。②老年农民是户主身份的，必须经家庭二轮承包时所有共有人和村集体经济组织同意，方可退出所有农村产权；是共有人身份的，土地承包经营权的退出面积按照共有人人均占有面积折算。③老年农民退出的耕地可以一次性转让，也可以用流转获得的收益缴纳养老金，退出的宅基地可以通过复垦或转变为集体经营性建设用地，流转交易后置换养老服务。

作为试点，平罗县把灵沙乡胜利村、头闸镇邵家桥村两个闲置的小学改造

为农村养老院，为退出农村土地和房屋的老年农民提供养老服务。2015 年 8 月底，试验点养老院改造工程基本完成，胜利村的养老院已有 60 多位老人报名。

如果说与“插花安置”配套的农村土地及房屋收储政策影响的是家庭成员在城镇有稳定职业和固定住所的进城农户（户的整体概念），那么以农村“三权”换取养老服务式的土地退出，主要针对的则是已经或即将丧失劳动能力且难以向城镇迁移的需要社会提供养老服务的农民个体。总之，为解决老年农民“离农弃地”后的养老等社会保障问题，平罗县在政策允许的范围内进行了很多创新。

（四）鼓励集体组织成员内部交易，尝试农村土地的集体组织回购

考虑到土地收储作为“插花安置”工作的配套政策可持续性较差，且老年农民“以地养老”短期内难以普遍化等问题①，平罗县在 2015 年 4 月启动的新一轮农村改革试验工作方案中，提出了探索建立农村土地承包经营权、宅基地使用权、房屋所有权“三权”在集体经济组织内部自愿转让和村集体收储的农村土地退出机制，以盘活农村土地和房屋资源，促进外出务工农民的市民化，推进农业用地适度规模经营。比如，头闸镇西永惠村的家庭农场主王进孝从本村农户手中购买了两处闲置的宅基地作为制种梅豆的晒场。一些财务状况较好的村集体经济组织，在县委县政府的号召下，正积极尝试回购农民的承包地和闲置宅基地。对于在政府规划保留村庄内回购的宅基地和房屋，村集体可以以等价置换的方式，用于安置村庄规划区外的农户。对村集体经济组织回购后全村整建制退出得到的土地，复垦后按照城乡建设用地增减挂钩政策，置换城镇建设用地指标，在县域范围内统筹使用。

此外，平罗县还在其他方面对农村土地制度进行了创新，比如开展土地入股、经营权抵押贷款等，因与狭义的农村土地退出关联性不强，不再展开论述。

二、平罗土地退出改革的经验及挑战

作为国家农村改革的前沿阵地之一，平罗县依托先行先试的有利政策，结

① 受传统“养儿防老”观念的影响，并且考虑到“面子”问题，有子女的老年农民参与“以地养老”的积极性不高。

合自治区的生态移民工作，就农村土地退出进行了多种尝试，积累了丰富的改革经验，也面临着一些有待解决的挑战。

（一）取得的经验

1. 坚持规则先行和统筹谋划

为了创新农村土地经营管理制度，加快城乡一体化进程，平罗县在2012年12月印发的《农村土地经营管理制度改革实施方案》中，明确提出要建立承包经营权、宅基地使用权和房屋产权“三权”的自愿有偿退出机制，并安排了土地收储资金，确定了改革时间表和责任分工方案。2013年2月和3月，平罗县先后印发了《农民宅基地、房屋、承包地收储参考价格暂行办法》《农村土地承包经营权自愿退出补偿和重新承包保障（暂行）办法》，详细确定了农村土地退出程序、补偿办法、保障机制等。在2013年7月印发的《推进农民向市民转变暂行办法（修订）》中，平罗县要求永久退出“三权”的进城落户农民，须“同时退出村集体经济组织成员身份”。2013底，平罗县制定了《农村产权交易管理暂行办法》《农村产权交易规则（试行）》，明确了农村产权交易机构的组成、业务范围及方式，并提出了农村土地承包经营权、集体建设用地使用权（含宅基地使用权）、集体经济组织股权、农村房屋所有权等流转交易的详细程序。

上述政策文件及其详细规定表明，平罗县的农村土地退出试验，一方面坚持规则先行，通过一系列目标明确的政策文件，有效地推进了改革；另一方面注重改革的系统性、整体性和协同性，不仅统筹考虑承包地、宅基地和农村房屋问题，还强化农民进城与退地、退集体组织成员身份的联动。

2. 注重分层分类有序推进

农户分层分化是当前农村社会的重要特征，分化使得不同类型农户的土地退出意愿存在差异（刘同山、牛立腾，2014）。政府在为农民提供土地退出的制度出口时，必须考虑异质性农户的差异化需求，分层分类有序推进。平罗县设定的农村土地退出条件，充分体现了分层分类有序推进的改革理念。

具体来看，平罗县土地退出涉及的人群主要分为三类：一是已经融入城镇，基本完成从农民向市民化转变的群体。平罗县在《农村土地承包经营权自愿退出补偿和重新承包保障（暂行）办法》中，明确农村土地承包经营权的退出条件为“迁入城镇并有稳定职业和固定住所或者长期外出有稳定的收入来源的”，对于“单纯依靠土地生存，没有其他收入来源的”不允许退出。

二是即将失去劳动能力且没有子女或不愿让子女赡养的老年农民群体。为了解决这部分农民的养老问题，同时盘活农村土地资源，平罗县在2014年6月印发的《老年农民自愿退出转让集体土地和房屋产权及社会保障暂行办法》中规定，只有达到退休年龄（男60岁、女55岁）的农村户籍人员，才可以退出农村土地和房屋产权。三是拥有闲置农村宅基地和房屋的农民群体。如果说前两类是针对部分农民群体的特殊性政策，那么在2015年4月启动“三权”的集体经济组织内部转让和村集体收储机制，则是更具普适性的改革。理论上，这一制度安排让所有拥有闲置农村土地和房屋的人群都可以自愿有偿放弃这部分财产，从而迈出了农村土地资源以及房屋的资产化、可交易的重要一步。

可以看出，在农村土地退出改革试验中，平罗县充分按照“先易后难、先重点铺开后全面跟进”的分层分类有序改革策略，不仅“摸着石头过了河”，还有效控制了改革风险。

3. 强调相关政府部门的协同实施

按照党的十八届三中全会《中共中央关于全面深化改革若干重大问题的决定》的要求，深化农村改革，必须注重系统性、整体性和协同性（杜志雄、崔红志，2015），必须更好地发挥政府作用。农村土地及其上的房屋，长期以来都是农民的“安身立命之所在”，承担着生产、生活、生存等经济社会职能。农村土地退出改革涉及户籍、住房、养老、教育、财政等方方面面，牵一发而动全身，不能仅靠农业部门，必须强调各有关政府部门的紧密协作。

平罗县在农村土地退出试验中，通过完善组织架构、强化部门职责分工，逐渐形成了县委县政府总体部署、各有关职能部门协同实施、整体推进的改革理念和改革模式。为强化农村土地经营管理制度改革试验区建设的组织领导，2012年平罗县成立了由县委书记、县长任小组长的领导小组，成员覆盖县直部门、下辖乡镇以及县域的主要金融部门。为保障2012年底印发的《农村土地经营管理制度改革实施方案》顺利实施，平罗县通过《农村土地经营管理制度改革责任分工方案》详细规定了县直部门、各乡镇的职责分工及完成时限。为落实2013年7月印发的《推进农民向市民转变暂行办法（修订）》，县委县政府明确要求由住建局牵头，财政局、国土局等部门密切配合，对退地进城的农民购房予以补贴；要求各相关部门对退地农民的就业、创业、教育、养老保险、计划生育等给予支持。2014年开展的老年农民退地与养老联动的改革试验中，平罗县更是强调县财政、农改办、县人社局等负责将“三权”

永久退出与城镇购房补贴、农村集中养老等结合起来，整体推进。在2015年新的农村改革试验工作方案中，平罗县同样明确了县直机关、各乡镇的改革职责及其落实时限。

上述安排表明，以相关政府部门的整体推进和协同服务，来减少退地农户融入城市的经济压力和身份转换成本，已成为平罗县推进改革试验工作的一个重要经验。

4. 强化集体经济组织的作用

农村土地的集体所有，决定了农村集体经济组织是实行各项农村土地制度改革的基础平台和重要抓手。农户退出土地，本质上是农村集体重新获得各项土地权利的镜像。实施农村土地退出，必须充分借助集体经济组织的作用。平罗县的经验表明，无论是土地收储回购、置换养老服务，还是最近开展的集体组织内部交易机制，集体经济组织都可以在其中发挥重要作用。

具体来看，集体经济组织的作用主要体现在三个方面：一是审核筛选作用。集体经济组织最熟悉本集体成员的经济社会状况，可以根据政府文件审核退地农户的退出资质。只有符合条件的农户，集体经济组织才准予其退出农村集体土地。二是退地改革的防火墙作用。村集体允许退地农户再次承包，是农户土地退出“反悔机制”的关键环节，可以消减退地者市民化失败而可能出现的政治风险。三是市场中介作用。集体组织成员内部交易，主要是集体经济组织组织实施。除了这些作用外，农户以“三权”抵押贷款等其他土地流转行为，也需要村集体参与，比如交易协调、备案及开具证明信等。

（二）面临的挑战

任何改革尤其是农村土地制度改革不可能一蹴而就，需要在改革过程中解决各种困难。平罗县的土地退出试验面临的挑战主要体现在四个方面：

一是政府收储的不可持续性。前述平罗县的做法表明，最初开展农村土地退出和政府收储工作，其主要目的是解决生态移民的“插花安置”。可以想象，如果没有自治区政府为每户移民提供的12万元安置资金，平罗县显然没有能力安排近1.5亿元资金搞农村土地退出收储。当后期移民计划接近完成时，县里便只收购农户的部分承包地也佐证了上述观点。那么，随着2015年生态移民工作的结束，平罗县这种“借船出海”的收储式农村土地退出将难以为继。

二是政府行为与市场机制的衔接性。正是认识到政府收储式退出的不可持续和不能普遍推广，平罗县在2014年尝试引入了市场机制，形成了“政府补贴+企业运营”的老年农民以地养老的农村土地（及住房）退出模式。但老年农民的参与积极性不高，实施一年多的时间只有几十人报名，表明政府、市场双轮驱动的以地养老式土地退出改革仍然存在问题，需加快完善。2015年4月，平罗县开始通过“三权”在集体经济组织内部交易，促进部分成员退出土地。这无疑是朝着市场化方向迈出了重要一步。但平罗区尚未能配合上述改革设计出更为有效的市场交易机制，主要是对当前业已存在的农村宅基地和房屋买卖行为的一种接纳。因此，如何更好地衔接政府和市场两种资源配置机制，为部分有意愿、有能力的农户退出农村土地提供制度激励，是平罗县下一步改革面临的重要挑战。

三是退地价格的确定及其合理性。农村土地和房屋是农民最重要的资产，如何确定退出价格涉及农民的切身利益，进而决定了改革的群众基础。在政府主导的土地收储或以地养老模式下，退出承包经营权的补贴（收益）由第二轮承包期剩余的年限和当地近三年的土地流转均价（地租）共同决定。且不考虑以地租作为对价标准是否合理，以第二轮承包剩余的年限为收益期间，就明显存在一些问题——随着第二轮承包期的临近（2027年左右），追求最大化收益的农民可能会等第三轮承包后再退出，而这会抑制当下农民的土地退出意愿。允许集体组织成员内部进行“三权”交易，虽然可以通过市场机制发现退出价格，但由于交易仅限于集体组织成员内部，卖方不能在更大范围内寻找更高报价者，显然不利于保障退地者的利益。当然，按照“有偿自愿”的退出原则，给予退出的土地任何价格都有其合理性，但价格偏低，显然会束缚了改革的能量。

四是兼顾改革的平稳性与彻底性。为避免出现无家无业又没有社会保障的城市“流民”，平罗县为彻底退地的农民制定了重新承包保障办法——村集体预留收储土地的20%作为机动地，对确实无法在城市生活而想回村务农的原村民，经批准按照协议退回补偿款后，可再次承包不大于原面积的土地。这种“反悔机制”，可以减少改革的政治风险，有很强的政策创新意义。不过，这一做法也留有隐患——随着地租的上涨和第三轮承包期开始（收益期间变长），农村土地退出的预期收益将明显增加，原先“弃地进城”的农户就有可能绕过政策的前置条件，拿起“弱者的武器”，利用反悔机制，要求重新承包农村土地。可见，如何处理好平稳性与彻底性的关系，需要平罗县在推进改革时深入思考。

三、农村土地退出的进一步思考与讨论

农村人口与农村土地的“人地分离”，既是城镇化的动力，也是城镇化的结果。宁夏回族自治区平罗县的试验探索，不仅让人们对农村土地退出有了直观的感受，也为继续深化农村土地制度改革提供了广阔的思考和讨论空间。

（一）有关思考

平罗县农村土地退出改革试验表明，一方面，部分农民有强烈的土地退出需求，为其退地提供制度出口有利于农民市民化和农业现代化。尽管平罗县在实施农户退地时设置了严格的退出条件，在短短一年多的时间，仍有 3000 户农户提交了申请。最终受“插花安置”移民的数量限制，只有 1718 户顺利退出了农村土地及住房。笔者 2014 年 7~9 月对冀鲁豫三省九县（市、区）779 个农民问卷调查也发现，过半的受访者（55.2%）愿意把自家的承包地出租 30 年以上，4.5%的受访者家庭曾有过宅基地交易经历，愿意把承包地、宅基地卖掉的比例分别为 21.7%和 45.9%。这表明，农民对农村土地的依赖程度已经变弱，相当一部分农民愿意以各种方式有偿放弃农村承包地和宅基地。另外，考虑到当前全国外出务工的农村劳动力多达 1.68 亿人，其中举家外出者占 21.3%。与农户举家向城镇迁移对应，目前传统农区约有 30%的村庄有空心化问题。因此，在农民的土地财产权利逐步强化的背景下，按照中央精神，为部分农户有偿退出农村土地提供制度安排，既可以使其更好更快地市民化，还有助于解决农村空心化问题。

另一方面，农村土地依然承担着农民养老、就业等作用，从社会保障方面着手是开展土地退出工作的有效方法。毋庸讳言，与城镇居民相比，中国农民工的社会保障水平非常低。国家统计局发布的《全国农民工监测调查报告》显示，2014 年全国农民工参加养老保险、失业保险、医疗保险的比例分别只有 17.6%、16.7%和 10.5%。因社会保障缺乏，对大部分进城农民而言，农村土地和住房仍然有很强的生活生存保障功能，是他们城镇化失败的退路。平罗县的经验表明，以承包地换取养老服务的“人地分离”模式迎合了部分老年农民的需求。这与笔者在冀鲁豫调查时，有 67.9%的受访农民愿意用承包地换取养老保险等工资性收入有相似的政策含义。因此，如果政策目标是让部分

进城农户退出农村土地，那么借鉴法国、日本等曾实行的“农民退休制度”，为农民尤其是老年农民提供更多的社会保障就是一个行之有效的政策工具。这也是前几年很多地区曾尝试以承包地换养老保险的重要原因。

（二）进一步讨论

根据农民享有的农村土地权利从多到少，有以下三个层面的问题需要讨论：

首先，是否给予农民土地所有权，允许农村土地自由交易。很多经济学家尤其是产权经济学家认为，给予农民土地所有权可以有效激发穷人资产中的潜能，从而提高经济效益（杨小凯，2007；Deininger et al.，2009）。但也有学者发现，土地市场的易变性也给经济增长造成了不稳定性，加剧了经济波动（Greasley and Oxley，2009），而且土地交易会加剧农户间的不平等（Bekar and Reed，2013），对提高土地资源利用效率和农业专业化的作用也不明显（Lorenzetti，2014）。既然理论上没有一致结论，不妨看看农民的态度。据笔者 2014 年在冀鲁豫三省对农户的调查，主张承包地和宅基地自由买卖的受访农民比例分别为 25.8%和 51.0%，但是对于用承包地或宅基地抵押贷款，持支持态度的受访者比例分别为 66.1%和 71.4%。这既表明农民对承包地和宅基地有不同的权利权能主张，也表明当前“渐进式”赋权的农村土地制度改革（而不是更激进的私有化）符合农民的主张。当然，考虑农民的意愿，先将宅基地所有权给予农民，应该成为一种政策选择。

其次，若限制农村土地交易，可否适度突破集体组织边界。在集体所有、农民承包且经营的旧体制下，农民属于一定的“集体”，集体的土地边界及产权边界也是村民、村庄及村组织的边界。但是，农民进城、土地流转引发人地关系重构，传统封闭的村庄和集体组织的边界日趋模糊。据 2014 年 7 月联合国发布的《世界城镇化展望》，到 2050 年，中国将会再增加 3 亿城镇人口，大量的农村人口将“弃地进城”。若不突破集体组织边界，随着集体组织成员持续减少，进城农民退出的承包地、宅基地和住房等，谁来承接、如何承接、以什么价格承接都将成为问题。这不仅会阻碍农民的“人地分离”和乡城迁移，还会束缚农业规模化经营和新型经营主体成长。由“插花移民”家庭对口承接进城农民退出的土地，并将“插花移民”纳入迁入地的村集体组织，平罗县在实施农村土地退出时，实际上突破了集体经济组织的边界。如果改革追求的是劳动力和土地配置的效率，那么在农村人口乡城迁移和村庄撤并的大趋势下，设置一些前提条件（比如要求达到一定的居住年限和经营规模等），适度打破集体组织边界就有其必然性。

最后，若暂不打破集体边界，如何更好地实现成员内部交易。虽然打破农村集体组织边界，只是一个行政问题，不存在法律上的困难——就像农村婚嫁之后需要调整集体成员身份一样，但它会加快社会变迁进程，对乡村社会治理和农业经营管理造成挑战。因此，国家在制定土地有偿退出政策时，对打破农村集体组织边界非常审慎，当前各改革试点也主要尝试承包地、宅基地和农村住房的集体成员内部交易或者集体组织回购。但如果农村土地、住房和集体资产股份只能在本集体范围内交易，势必导致退出价格偏低，农民利益受损，甚至会拒绝退出。这也是平罗县的“三权”集体成员内部交易和集体组织收储发展缓慢的原因。笔者认为，下一步可以选择试点，尝试以“政策性银行贷款+国家财政贴息+村集体组织收储”的方式实现人地分离。收储价格可以借鉴平罗的经验，由当地的土地流转价格和确权后的承包年限（比如30年）共同确定，收储土地的流转收益用来分期支付银行贷款。当然，如何在不打破集体边界的前提下，找到保障退地农民利益、激发集体组织活力、促进农业转型发展三者之间的最佳平衡点，还需要深入研究，审慎实践。

第十二章　城镇化进程中农村土地退出及其优化利用

21 世纪以来，随着中国工业化、城镇化的快速发展，大量农业、农村人口向城镇非农领域转移。因土地不可移动，农业、农村人口向城镇非农领域转移的一个直接后果就是人地分离，即部分离农、进城农民的农村土地退出。广义上看，农村土地退出包括承包地、宅基地使用权的出租。不过，当前中国农村土地出租具有明显的“短期化、非正式”特点，可逆性较强。考虑到工业化、城镇化进程的不可逆性，本书的农村土地退出是狭义概念，指基本不可逆的农村承包地、宅基地使用权的让渡，不包括“三权分置”下土地使用权的出租。

土地是农业农村发展之基，也是农民家庭最重要的资源资产。习近平总书记指出，“当前，我国正处于正确处理工农关系、城乡关系的历史关口”①，“新形势下深化农村改革，主线仍然是处理好农民和土地的关系。”② 为了提高土地产出率、劳动生产率和资源利用率，促进新型城镇化和现代农业发展，近年来，党中央、国务院加快推进农村土地制度改革，涉及农村土地退出的法律政策密集出台。在城乡大变革的现实背景下，贯彻落实中央改革精神和国家法律规定，加快创新离农、进城农民自愿有偿退出农村土地制度安排，借以实现农村土地资源的集约化、优化利用，不仅直接影响农业农村转型和乡村振兴战略，还关系到中国城镇化的速度和质量乃至整个国民经济发展。

---

① 习近平．把乡村振兴战略作为新时代“三农”工作总抓手［EB/OL］．人民网，http：//theory.people.com.cn/n1/2019/0601/c40531-31115484.html.

② 习近平．加大推进新形势下农村改革力度［EB/OL］．新华网，http：//www.xinhuanet.com/politics/2016-04/28/c_1118763826.htm.

一、农村土地退出改革的现实背景

在传统农业社会，土地是最基本的农业生产资料，农民依靠土地生存和繁衍。正是因为土地对农民的极端重要性，1978 年党的十一届三中全会以后，中国逐渐形成了以“农地均分”为主要特点的农村土地制度。农村改革之初，这一制度在恢复农村经济、增加农业产出方面发挥了重要作用（Lin，1992；孙圣民、陈强，2017）。当时，中国有 82.1%的人口生活在农村，是典型的农业社会，而且农户的同质性很强，大部分都在温饱线上挣扎——即便按照当时的贫困线，1978 年农村贫困发生率也高达 30.7%（陈锡文，2015）。由于农民收入绝大部分来自农业，土地是农民的生存保障，因此，强化农民土地权益、避免农民“失地”，成为此后一个时期农村土地制度改革的基本取向。

然而，进入 21 世纪后，中国实现了从“乡土中国”向“城市中国”的转变，历史的场景发生了根本性转换——2006 年，政府不仅取消了存在两千多年的农业税，还开始向农民发放种粮补贴；截至 2019 年底，常住人口城镇化率已经从 1979 年的 19.0%增加到 60.6%，农业增加值占 GDP 的比重则从 1979 年的 30.7%下降为 7.1%[①]。经济社会的发展，对农村土地资源优化利用提出了新的更高的要求，也成为农村土地退出改革的根本动力。具体而言，中国之所以实施农村土地退出改革，主要有以下三个现实背景：

一是农业、农村人口持续向城镇非农领域转移。20 世纪末，城乡壁垒被打破之后，因工农、城乡收入差距明显，大量农业、农村人口为了追求更高的收入向城镇非农领域转移。农业、农村人口的转移，支持了城镇化进程，让中国实现了从“乡土中国”向“城市中国”的历史性转变。一方面，城镇化率大幅提高。2000~2019 年，常住人口城镇化率从 36.2%稳步提高至 60.6%；城镇人口从 4.6 亿增加至 8.5 亿，而乡村人口则从 8.1 亿减少至 5.5 亿。另一方面，农业[②]从业人员数量和比例明显减少。2000~2018 年，农业从业人员数量从 3.6 亿人减少至 2.0 亿人；农业从业人员的比重则从 50.0%降低至 26.1%[③]。

① 国家统计局．中华人民共和国 2019 年国民经济和社会发展统计公报［EB/OL］. 国家统计局官网，http：//www. stats. gov. cn/tjsj/zxfb/202002/t20200228_1728913. html.

② 此处的农业是大农业的概念，包括农、林、牧、渔，即第一产业。

③ 国家统计局官网，http：//data. stats. gov. cn/easyquery. htm？cn=C01.

中国的城镇化进程仍在继续，未来几十年，将会有数以亿计的农村人口离开农业农村、迁入城市。

农村人口的城镇迁移，要求家庭财富相应流动。农村土地是农民家庭最重要的资源资产，而且宅基地还与农民房屋紧密相关。2019 年底，全国外出农民工 17425 万人，其中，举家迁移者超过 1/5①。很多农村转移人口，不仅在城镇有稳定的工作，还购置了城镇房产，已经成为新市民。国家统计局《2018 年农民工监测调查报告》的数据显示，2018 年，多达 17.4%的进城农民工家庭在城镇购买了商品房。为筹措购房资金或更好地在城镇发展事业，很多农村转移人口有处置农村土地使用权及房屋的需求。《宪法》规定，公民的合法的私有财产不受侵犯。法理上讲，农村房屋是农民最重要的私有财产，很多农民家庭积累多年才能够建造一处房屋，农民有权将其转让。但是由于“小产权房”管控等原因，当前农村宅基地转让受到严格限制。在“以地控房”的管理思路下，农民的房屋实际上难以转让。

为了支持农业、农村人口向城镇转移，落实农民的房屋财产权利，需要给离农、进城农民自愿有偿退出农村土地使用权提供制度通道。如果农民离农、进城而不退出农村土地，在承包地方面，会产生新时期的“不在地主”（郭熙保，2014），进而导致农村财富以地租的形式流向城镇，在“城市像欧洲、农村像非洲”的现实隐喻下（任理轩，2015），再从相对落后的农村向城镇转移财富，显然不符合社会公平正义和国家乡村振兴战略的要求；宅基地方面，会造成农村很多宅基地和房屋长期闲置，或者作为离农、进城农民偶尔回乡使用的“第二住宅”。考虑到中国人多地少、大部分农民生活刚步入小康的基本国情，将大量农村建设用地和房屋资产闲置或低效率利用，无疑是对资源资产的极大浪费。

二是农户分化以及不同类型农户的差别化土地需求。与改革之初大部分农户都“一穷二白”、在温饱线附近挣扎不同，受工业化、城镇化推动，近年来，中国小农户群体分层分化严重。农户分化已成为当前中国农村经济社会转型中的一个突出现象。家庭主要收入来源不同，是传统农户分化的根本体现。据农业农村部全国农村固定观察点 2.2 万户农户的监测数据，2016 年，仅有

① 国家统计局农村社会经济调查司印制的《中国农村经济主要数据（1978-2015）》的数据显示，2014 年、2015 年外出农民工分别为 16821 万、16884 万人，其中举家外出农民工数量分别为 3578 万（占比 21.27%）、3847 万人（占比 22.11%）。

12.8%的农户农业收入多于非农收入；家庭非农收入占比超过八成的农户比例高达64.0%，比2003年提高30.8个百分点；农业收入占比不足5%的农户比例已经高达41.1%，比2003年高24.1%（张琛等，2019）。

分化形成的不同类型农户，无疑会有差别化的农村土地需求。对于离农、进城农民而言，他们不关心土地产出和农业收入，主要在意让渡土地使用权获得的收益，因此他们侧重需要农村土地的资产资本功能；对于“以农为业、力农致富”的新型职业农民而言，他们不仅要在土地上从事农业生产，可能还需要在遭受自然风险和市场风险时将土地抵押获得融资以渡过难关，因此他们同时需要农村土地的生产要素功能和资产资本功能；对于传统的生存农户和一部分兼业农户而言，他们既需要将土地作为农业生产要素，也需要土地发挥社会保障作用（见图12-1）。

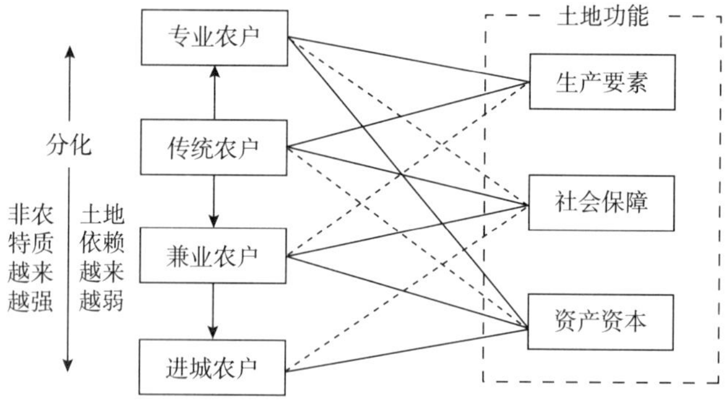

图12-1　农户分化与不同类型农户的差别化土地功能需求

注：实线表示该类农户对土地的某一类功能非常看重；虚线表示该类农户对土地某一功能的需求较弱。

不过，农业是弱质产业，再加上习近平总书记指出的“现在化肥、种子等农资价格上涨幅度快于粮价上涨幅度，种粮比较效益越来越低，种一亩粮的收入还比不上打几天工”（中共中央党史和文献研究院，2019），而农民的各项生活成本却在持续增加，单靠“人均承包一亩地、户均不过十亩田”，已难以为农民提供生存保障，更不要说让农民建房、结婚、生子、过上体面的生活。实际上，在列入国家发展和改革委员会价格司《全国农产品成本收益资料汇编》的15种主要农产品中，2018年小麦、玉米、大豆、油菜籽、棉花、散养生猪的净利润都是负值。其中，玉米是连续4年净利润为负，大豆、油菜籽、棉花则是连续5年净利润为负。即便不考虑自营地折租、家庭用工折价，稻谷、小麦、玉米三种粮食平均每亩收益也只有481.7元。如果单靠几亩承包地，农民无疑会陷入贫困。务农收益太低、经济上不划算，是农民背井离乡、外出打工的根本原因。

农村土地流转是农户有差别化土地需求的直接表现。农业农村部的数据显示，截至2018年底，全国农地流转面积达到5.1亿亩，流转比例达37.0%。全国第三次农业普查数据表明，在农地流转的支持下，2016年中国规模农业经营户已达398万户。笔者2018年1~3月对黄淮海农区20县（市、区）1026户农户抽样调查发现，承包地方面，有10.7%的农户将土地全部流转出去，但也有10.9%的农户流入土地、扩大经营规模，成为“以农为业”的专业农户；宅基地方面，有12.2%的农户曾经交易过宅基地使用权。

三是农村承包地、宅基地的“供求错配、空间错位”。理论上看，为了提高土地利用效率，需要根据人口迁移和农业转型发展对农村土地资源进行“再配置”。然而，受制于多方面的因素，当前中国农村土地优化配置的速度明显滞后于人口迁移和农业农村转型发展，因而造成了土地资源的“供求错配、空间错位”。

承包地方面，随着农村人口向城镇转移，越来越多的离农、进城农民想转让农村土地使用权。同时，也有一些农户想流入耕地、扩大经营规模，发展成为新型职业农民。笔者对黄淮海农区1026户农户调查发现，在当前条件下，有43.10%的农户想进一步减少土地规模，其中一些甚至愿意将承包地使用权转让给本集体成员或者出售给国家，60.3%的农户愿意把土地交给村里统一经营；有32.36%的农户想耕种更多土地，其中近半农户甚至愿意花钱受让一些本集体成员的承包地（使用权），却因土地不连片、租金太贵、没人转让等原因而未能实现。在现有流转价格下，有需求、有供给却因各种原因没能达成交易，农村承包地存在明显的“供求错配”。

毫无疑问，与不愿意种地的农户相比，愿意扩大经营规模的农户的耕地利用效率一般会更高。正如North & Thomas（1973）所指出的：“有效率的农民不能随意获得更多土地，无效率的农民不能随意处置他的某些土地，这种情况通常都降低了农业的总效率。”就中国当前的情况而言，笔者对黄淮海农区的情况计量分析发现，由于离农、进城农民不能减少土地规模，想扩大经营规模者未能获得更多土地，大约造成了12.2%的小麦亩均产量损失（刘同山，2018）。如果考虑到想种地者更愿意调整作物结构，种植果蔬等附加值高的农产品，农村承包地“供求错配”造成的农业效率损失将更大。另外，虽然“三权分置”下的农村土地经营权出租，一定程度上解决了土地“供求错配”问题，但是出租土地经营权的农户往往不能有效地处理农业生产中的一些微小变化和利用知识进步（比如改良土壤），这也会造成农业效率损失①。所以，欧美的农村土地利用政策“总的倾向仍然是有利于所有者兼经营者的农业单位”（Schultz，1964）。美国国家农业统计服务中心（NASS）的数据显示，美国农业经营者中，完全所有者兼经营者②的比例，在 1935 年是 47.1%，到 1997 年已经增加至 60.0%；部分所有者兼经营者的比例，在 1935 年是 10.0%，到 1997 年已经增加至 30.0%③。可见，美国也是一个“自耕农”为主的国家，而不是一些人认为的美国农场主靠租地经营。

宅基地方面，随着农村人口的大量迁移，农村建设用地理应相应减少。但是，2009~2016 年，在农村人口减少 1 亿的情况下，全国村庄用地面积不仅没有减少，反而增加了 1091.3 万亩④。农村人口减少但村庄建设用地面积增加的直接后果，是农村空心化和宅基地闲置（刘同山、张云华，2020）。据笔者对黄淮海农区 1026 户农户的调查，多达 15.9%的农户家里有闲置宅基地，还有不少农户家里的房屋和宅基地一起闲置，真可谓“农民离农进城去，村里空余房和地”。例如，江西省委农办的调查发现，按常住农户数计算，1008 个样本村庄，有 371 个村庄“空心化”率在 40%以上⑤。与宅基地大量闲置相对应的，是大量农村人口进城后引发的城镇建设用地的高度紧张。建设用地（指标）不能“地随人走”，造成了土地资源城乡“空间错位”。

二、农村土地退出改革的制度安排

为了支持农村人口向城镇迁移，同时消除土地资源的“供求错配、空间

① 考虑到当前中国农村土地经营权出租的“短期化、非正式”特点，其造成的农业效率损失将会更大。

② 完全所有者兼经营者，也就是只经营自己所有的土地的农业经营者，类似于中国的自耕农概念。

③ 美国国家农业统计服务中心官方网站，https：//www. nass. usda. gov/Publications/Ag_Statistics/2018/Chapter09. pdf.

④ 第二次全国土地调查和年度全国土地变更调查［EB/OL］. 自然资源部官方网站，http：//tddc. mnr. gov. cn/to_Login.

⑤ 江西省委农办 . 江西省“空心村”调研报告［J］. 乡村振兴文稿，2019（2）.

错位”、实现土地资源的高质量利用和农业农村转型发展，自 2015 年新一轮农村改革启动以来，中共中央、国务院制定的多个相关政策文件以及全国人大常委会最新修正的《土地管理法》《农村土地承包法》均涉及农村土地退出问题（见表 12-1），农村土地退出成为当前农村改革的前沿热点。

最早涉及农村土地退出的中央文件，是 2015 年 1 月中共中央办公厅、国务院办公厅联合印发的《关于农村土地征收、集体经营性建设用地入市、宅基地制度改革试点工作的意见》（“三块地”改革）。该《意见》提出，在试点地区探索进城落户农民在本集体经济组织内部自愿有偿退出或转让宅基地。同年 8 月，国务院办公厅印发的《关于加快转变农业发展方式的意见》提出，在农村改革试验区开展农户承包地有偿退出试点，引导离农、进城农民自愿退出土地承包经营权。农村宅基地、承包地退出工作先后启动。此后，多个中央文件对农村承包地、宅基地退出改革进行了部署。2015 年 10 月，中共中央十八届五中全会审议通过的《关于制定国民经济和社会发展第十三个五年规划的建议》提出，“维护进城落户农民土地承包权、宅基地使用权、集体收益分配权，支持引导其依法自愿有偿转让上述权益。”这一内容先后被写入中共中央、国务院印发的《关于落实发展新理念加快农业现代化实现全面小康目标的若干意见》《关于实施乡村振兴战略的意见》《乡村振兴战略规划（2018~2022 年）》和《关于建立健全城乡融合发展体制机制和政策体系的意见》等文件，表明农村土地退出改革受到中央的高度关注。

通过对相关政策和法律进行梳理发现，一方面，中国农村承包地、宅基地退出改革的覆盖范围逐步扩大。2015 年 11 月，中共中央办公厅、国务院办公厅印发的《深化农村改革综合性实施方案》和 2016 年 10 月国务院印发的《全国农业现代化规划（2016~2020 年）》都提出，“在有条件的地方开展农民土地承包经营权有偿退出试点”，而不再局限于最初《关于加快转变农业发展方式的意见》所提出的农村改革试验区。2017 年 11 月，中央全面深化改革领导小组要求“拓展宅基地制度改革试点范围”，农村宅基地退出从最初“三块地”改革的 15 个试点县（市、区）扩展到全部 33 个试点。可以预期，下一步将会有越来越多的地区开展农村承包地、宅基地改革。另一方面，中国农村承包地、宅基地退出改革的实施思路逐渐清晰。2016 年 8 月，国务院印发的《关于实施支持农业转移人口市民化若干财政政策的通知》提出，“要通过健全农村产权流转交易市场，逐步建立进城落户农民在农村的相关权益退出机制”。目前而言，根据 2018 年 12 月修正的《农村土地承包法》，进城落户农民可以通过在本集体内转让或交回发包方的方式退出承包地。2019 年 8 月修正的《土地管理法》则明确，“鼓励农村集体经济组织及其成员盘活利用闲置宅基地和闲置住宅”。

最近的政策文件还表明，通过宅基地复垦增加耕地、将农村建设用地转移至城镇，即“两（类）地联动、城乡打通”来实现农村土地退出及城乡土地资源的高质量利用，将会在较大范围内试行。例如，2020 年 3 月中共中央、国务院印发的《关于构建更加完善的要素市场化配置体制机制的意见》提出，“深入推进建设用地整理，完善城乡建设用地增减挂钩政策”。并且，同期国务院印发的《关于授权和委托用地审批权的决定》，将永久基本农田转为建设用地的审批事项委托给试点省份。总的来看，农村宅基地、承包地联动与城乡建设用地打通，已成为农村土地退出的重要思路，也是今后一个时期中国城乡二元土地制度改革的基本取向。

表 12-1　农村土地退出相关的法律政策规定

时间	发文机构	文件名	农村土地退出有关规定
2015 年 1 月	中共中央办公厅、国务院办公厅	《关于农村土地征收、集体经营性建设用地入市、宅基地制度改革试点工作的意见》	在试点地区探索进城落户农民在本集体经济组织内部自愿有偿退出或转让宅基地
2015 年 8 月	国务院办公厅	《关于加快转变农业发展方式的意见》	在农村改革试验区稳妥开展农户承包地有偿退出试点，引导有稳定非农就业收入、长期在城镇居住生活的农户自愿退出土地承包经营权
2015 年 10 月	中共中央	《关于制定国民经济和社会发展第十三个五年规划的建议》	维护进城落户农民土地承包权、宅基地使用权、集体收益分配权，支持引导其依法自愿有偿转让上述权益
2015 年 11 月	中共中央办公厅、国务院办公厅	《深化农村改革综合性实施方案》	在有条件的地方开展农民土地承包经营权有偿退出试点
2015 年 12 月	中共中央、国务院	《关于落实发展新理念加快农业现代化 实现全面小康目标的若干意见》	维护进城落户农民土地承包权、宅基地使用权、集体收益分配权，支持引导其依法自愿有偿转让上述权益

续表

时间	发文机构	文件名	农村土地退出有关规定
2016 年 8 月	国务院	《关于实施支持农业转移人口市民化若干财政政策的通知》	要通过健全农村产权流转交易市场，逐步建立进城落户农民在农村的相关权益退出机制
2016 年 10 月	国务院	《全国农业现代化规划（2016~2020 年）》	在有条件的地方稳妥推进进城落户农民土地承包权有偿退出试点
2016 年 12 月	中共中央、国务院	《关于深入推进农业供给侧结构性改革　加快培育农业农村发展新动能的若干意见》	允许地方多渠道筹集资金，按规定用于村集体对进城落户农民自愿退出承包地、宅基地的补偿
2018 年 1 月	中共中央、国务院	《关于实施乡村振兴战略的意见》	维护进城落户农民土地承包权、宅基地使用权、集体收益分配权，引导进城落户农民依法自愿有偿转让上述权益
2018 年 9 月	中共中央、国务院	《乡村振兴战略规划（2018~2022 年）》	维护进城落户农民土地承包权、宅基地使用权、集体收益分配权，引导进城落户农民依法自愿有偿转让上述权益；建立健全依法公平取得、节约集约使用、自愿有偿退出的宅基地管理制度
2018 年 12 月	全国人大常委会	《农村土地承包法》	承包期内，承包农户进城落户的，引导支持其按照自愿有偿原则依法在本集体经济组织内转让土地承包经营权或者将承包地交回发包方
2019 年 3 月	中共中央办公厅、国务院办公厅	《关于促进小农户和现代农业发展有机衔接的意见》	引导小农户自愿通过村组内互换并地、土地承包权退出等方式，促进土地小块并大块，引导逐步形成一户一块田
2019 年 3 月	中共中央、国务院	《关于建立健全城乡融合发展体制机制和政策体系的意见》	维护进城落户农民土地承包权、宅基地使用权、集体收益分配权，支持引导其依法自愿有偿转让上述权益；探索对增量宅基地实行集约有奖、对存量宅基地实行退出有偿
2019 年 8 月	全国人大常委会	《土地管理法》	国家允许进城落户的农村村民依法自愿有偿退出宅基地，鼓励农村集体经济组织及其成员盘活利用闲置宅基地和闲置住宅
2020 年 3 月	中共中央、国务院	《关于构建更加完善的要素市场化配置体制机制的意见》	深化农村宅基地制度改革试点，深入推进建设用地整理，完善城乡建设用地增减挂钩政策

资料来源：作者根据相关政策文件和法律整理。

三、农村土地“以退促用”的典型经验

2018年国务院机构调整前，农村承包地、宅基地分属不同的政府部门管理，改革思路和进度有明显差异。根据相关改革的实际情况，这里选择农村承包地退出、宅基地分别退出和两类地“一体退出”的三个改革试点，着重分析城镇化进程中农村土地“以退促用”的典型经验及其制度创新。

（一）承包地“以退促用”的崇州探索

崇州是四川成都市的农业大县（县级市），被誉为“西蜀粮仓”，距离成都市区仅一小时车程。进入21世纪后，由于农业比较收益低，大量崇州农民到成都务工，愿意务农的年轻农民越来越少，农村土地“谁来经营”“如何经营”问题日益突出。因此，近年来崇州大力支持农业企业租赁农户土地从事规模经营。但是，由于农业经营收益低、风险高，崇州市一些租地的农业企业被迫中途弃租甚至违约“跑路”。为了找到能把地种好并能稳定付租的经营者，自2010年起，崇州开始推行“农业共营制”，将离农、进城农民自愿退出的农村承包地集中连片和高标准整治后，交给职业农民（崇州称为“农业职业经理人”）耕种。其做法主要包括以下三方面：

一是政府引导村一级组建土地股份合作社，不愿种地的农户可以将承包地入股，获得“保底+分红”收益。大部分合作社的保底收益是每亩地600元~700元/年。由于政府对农田进行了连片整治并做了其他配套建设，因此农户承包地入股具有很强的不可逆性，是一种承包地退出行为。为了实现合作社土地集中连片，对于仍想种地的农户，村集体按照“面积不减少、质量不变差”的原则，将其承包地进行调串。二是政府帮助合作社招募职业农民负责具体生产管理，每个职业农民（家庭）管理300~500亩。按约定支付土地成本（入股农户的保底收益）和其他成本后，盈余的50%（不同片区、不同合作社存在差异）为职业农民的生产管理收入，30%用于土地入股农户的二次分红，20%为合作社公积金、公益金等。按照上述分配比例，笔者2017年实地调研发现，某职业农民夫妻二人，经营350亩地，每年收入约为7.7万元，与外出务工的收入相近。三是政府及社会机构做好配套服务，改善农业生产条件，提高职业农民生产管理技能和抗风险能力。除农田整治外，崇州市组建三家综合

性农业服务公司、建设 10 余个农业服务超市，为职业农民提供农资、农机等方面的服务；建立农业培训的导师制度，对职业农民开展一对一教学指导和跟踪服务；整合财政支农资金，将粮食规模种植补贴、城镇职工养老保险补贴、信用贷款贴息和经营权抵押补贴等向职业农民倾斜。

此外，为了让入股农户和职业农民获得更多增值收益，自 2015 年以来，崇州市还大力推动“社企联合”，积极延伸农业产业链条，提高农产品销售价格。

（二）宅基地“以退促用”的义乌做法

虽然同属城镇化引发的农村土地资源“再配置”，但是与农村承包地制度改革相比，宅基地制度改革明显滞后。2015 年 1 月，中办、国办印发《关于农村土地征收、集体经营性建设用地入市、宅基地制度改革试点工作的意见》后，全国人大常委会决定授权国务院在试点地区暂停相关法律规定，农村宅基地制度改革正式启动。浙江义乌市被列入首批 15 个宅基地制度改革试点。

义乌市经济比较发达，但是与全国大部分农村地区一样，宅基地利用效率低下，很多宅基地和农村房屋长期闲置。成为宅基地制度改革试点后，义乌市将城乡高质量发展需要与农村居民诉求相结合，以农村建设用地高效率利用为出发点，以宅基地有偿退出为突破点，制定了“以退促用、收益共享”的改革办法。

首先，对不同村庄和不同农户分类施策。城镇规划范围内的村庄，实施新社区建设；城镇规划范围外的村庄，实施农村改造，落实“一户一宅”。政府引导村集体设定宅基地标准面积，对本集体成员超标占用以及非本集体成员使用的宅基地，实行累进收费，但收费不超过基准价的 60%。此外，政府鼓励发展底子薄、潜力小的村庄，整村退出宅基地，迁入新社区。

其次，为农户退出宅基地提供多种渠道。一是转让给个人。城镇规划范围外，村庄改造完毕的，农户可以将宅基地转让给本市其他集体成员，但受让人需要额外向村集体缴纳不少于宅基地基准价 20%的费用；村庄改造未完成的，宅基地可以在本集体内部转让，但受让后面积不得超过按户控制面积。二是有偿退给集体。村集体可以政府制定的基准价为下限[①]，回购本集体成员自愿退出的宅基地，再有偿调剂给符合要求的成员。2017 年 11 月，义乌市坑口村以

① 因前期交易少，宅基地缺乏公允的市场价格。为了给宅基地交易提供价格指导，义乌市建立了全国首个宅基地基准地价体系，按照区位不同价格分九档，最高 25870 元/平方米，最低 2870 元/平方米。

公开拍卖的方式，对农户退出的宅基地有偿调剂，共成交面积573.56平方米，成交均价为1.37万元/平方米。三是交给政府“换房”。城镇规划范围内合法占有宅基地的农户，可以按1∶5的比例，用宅基地置换新社区有产权的房产。

最后，借助“集地券”打通城乡建设用地。为了实现土地高效利用和增值收益共享，义乌市基于城乡建设用地“增减挂钩”政策，设计了能够将零星的农村建设用地集中复垦的“集地券”制度。村集体可以将回购的宅基地或村里的建设用地集中复垦，获得可以在市场上公开交易的“集地券”。若市场上无人收购，政府则以指导价回购“集地券”（2017年为40万元/亩），并要求用地主体受让国有建设用地时，配套一定的“集地券”，进而将复垦得来的建设用地指标在全市范围内统筹使用。截至2017年底，政府已回购“集地券”994.2亩，增加村集体和相关农户收入达4.0亿元。

（三）承包地、宅基地“退用联动”的青州个案

从土地类型上看，承包地用于农业生产，宅基地用于农民生活，两者差别很大。不过，承包地、宅基地及其上的房屋，都是农民的资源资产。从支持农民城镇迁移和农业农村转型发展的角度看，应当允许离农、进城农民“一体退出”农村承包地和宅基地。山东青州市南小王村的做法表明，农村承包地、宅基地“一体退出”不仅可行，而且能够实现土地资源的高质量利用。

南小王村地处山东青州市东北部，距离寿光20多千米，全村共105户、309人，人均耕地1.7亩。2013年以前，南小王村与其他村庄相似，土地资源粗放利用，长期闲置的宅基地和房屋超过1/3，承包地主要是农户分散经营和零星流转。2013年起，南小王村结合当地政府的城乡建设用地“增减挂钩”政策和中信信托的“土地信托”项目，启动了承包地、宅基地一体“退用联动”尝试。

一方面，借助“增减挂钩”推动宅基地退出、复垦与村庄重建。按照青州市城乡建设用地“增减挂钩”政策，农村宅基地复垦节约出来的建设用地指标，每亩有20万元的政府补贴。村民集体讨论后确定了宅基地及房屋退出方案和补偿办法：村民自愿决定是否退出宅基地及房屋；宅基地面积不小于200平方米的，退出一处可以获得4万元补偿；宅基地上被拆除的房屋按评估价格给予补偿。最终，103户村民退出了75亩宅基地，14亩用于村庄重建，净增的61亩复垦为耕地后由村集体统一经营，建设用地指标则挪至城市，获得1220万元政府补贴。

南小王村利用政府补贴和村民的购楼资金，先后投资 3200 万元，建成了 6 栋 180 套楼房和 28 套平房（作为老年公寓）。65 岁以上的老年村民，不愿上楼居住的，可以免费入住村里的老年公寓。退出宅基地的 103 户村民中，101 户都购买了村里的楼房，有的还购买了不止一套，有 2 户已经在城里定居多年的则放弃购买，彻底退出了村里的建设用地。

另一方面，以土地入股、信托项目助推现代农业发展。南小王村成立了土地股份合作社，并与中信信托公司签订了土地信托协议，将村民入股的 508 亩承包地和复垦净增的 61 亩耕地，交给中信信托与合作社联合成立的“天禄农业公司”经营管理。村民土地入股除每年获得 926 斤小麦的保底租金外，还参与年底分红。2016 年，每亩地租金和分红收益接近 3000 元。天禄农业公司对南小王村及周边耕地连片整治后，统一建设了几百个蔬菜大棚，并引入农资供应商、农机与技术服务商、农产品加工销售商等，为蔬菜大棚经营户提供服务。

村民退出承包地后，可以承租蔬菜大棚从事现代农业。例如，笔者询问的牟某及其妻子，把自家 4 亩多分散的承包地入股到合作社后，承租了 3 个蔬菜大棚，扣除租金后年收入为 8 万~9 万元。加上土地入股和分红收益，夫妻二人年收入可达 10 万元。

（四）不同农村土地“以退促用”方式的共性分析

比较发现，虽然因土地类型不同，上述三种农村土地退出模式在后续利用、实施要求等方面存在明显差异，但是同为以退出促进利用的方式，除实现了农村土地资源的“再配置”及高效利用外（见表 12-2），它们之间还存在以下几点共性：

一是农村土地退出的补偿资金最终主要由承接者负担。要离农、进城农民放弃农村土地资源，需要给予他们一定的补偿。承包地可以发展农业，宅基地可以盖房居住或发展合适的产业，两者都具有市场价值。那么这些土地资源的承接者向退出农村土地者支付退出补偿，天经地义。只不过对于承包地来说，退出补偿的最终来源是经营者支付的地租与股份分红；而对于宅基地来说，退出补偿的最终来源是建设用地（指标）使用者支付的有偿调剂费或购买“集地券”的支出。

二是农村土地“以退促用”非常依赖基层的组织动员能力。众所周知，将农村土地资源优化利用能够增加效益。然而，由于存在集体行动困境，一家一户难以打破农村土地资源分散、低效率使用的现状。农村承包地、宅基地属于集体所有，要打破集体行动困境、实现高水平均衡，需要发挥基层尤其是村集体的组织动员能力。而且，政府或市场主体要参与农业农村转型发展，同样需要发挥基层组织尤其是村集体的组织动员和管理作用。前面的案例分析表明，无论是崇州、义乌还是青州，村集体在成员承包地入股、调串和集中连片，以及宅基地管理、交易及复垦等方面都发挥了重要的作用。

三是农村土地“以退促用”离不开政府和市场主体参与。要将农村土地资源利用从低水平均衡向高水平均衡转变，需要“大推进”（Big Push）。然而，绝大部分村庄缺乏“大推进”的能力，因此政府与市场主体需要在“以退促用”中发挥重要作用。对于承包地，除了集中连片外，发展现代农业一般还需要进行土地整治，这应当由政府或市场主体投入资金。崇州市和青州市南小王村分别借助政府或市场主体资金完成了土地整治。对于宅基地，因为城乡土地二元市场和限制交易是造成当前宅基地利用效率不高的主要原因，所以更需要政府加快改革和体制机制创新，加快打通城乡建设用地市场、激活宅基地和农村房屋交易。义乌市和青州市在这两方面都做了有益探索。当然，在政府激活宅基地市场的同时，需要像义乌那样，加强宅基地利用管理，规范宅基地使用权交易。

上述共性对于其他地方推进农村土地退出改革，无疑具有重要的启迪作用。

表 12-2　几种农村土地“以退促用”模式比较

地区	土地退出		后续利用		实施要求	
	涉及土地类型	退出补偿最终来源	增值收益	总体效果	政府参与程度	关键条件
崇州	承包地	承接者+政府	一般	农民职业化、农业现代化	很高	政府持续投入+组织动员能力
义乌	宅基地	承接者	较高	农村建设用地高效利用、村庄改造	适中	政府机制创新+组织动员能力
青州	承包地+宅基地	承接者	很高	就地城镇化、农民职业化、农业现代化	一般	启动资金+产业+组织动员能力

四、农村土地“以退促用”面临的挑战

各地的改革实践经验表明，农村承包地、宅基地退出，不仅能够促进农村人口城镇迁移和农业农村转型发展，还能够优化人地资源配置、提升土地利用效率，为乡村振兴提供重要支撑。不过，从理论和实践来看，农村土地退出及其后续的高质量利用也面临一些挑战。

首先，对农村土地退出存在认识误区。虽然中央政策和最新修正的《土地管理法》《农村土地承包法》都允许农村土地退出，但仍有一些人认为，“土地是农民的命根子”，是农民生存的保障，因而抵触农村土地退出改革。在城乡壁垒早已打破、户籍改革基本完成的大背景下，“农民”正在从身份概念转变成为职业概念，不是户籍在农村或拥有承包地的人就是农民，将常年在城市工作和生活的人称为“农民”，显然已不合适。由于农业比较收益太低，土地已经难以作为农村人口的生存保障（这也是很多农民离农、进城的根本原因）。想为离农、进城农民提供生产保障，可以采用提高社会保障等更为有效的方式。如果离农、进城农民想退出农村土地而不得，会低效率利用甚至撂荒或闲置，造成土地资源的极大浪费。

其次，如何更好地开展农村土地退出。在离农、进城农民越来越多的大趋势下，农村土地退出市场“供大于求”的状况将长期存在。那么如何开展农村土地退出、谁来承接退出的土地，就成为关键问题。正是因为承接者缺乏，崇州才需要借助财政补贴和多种优惠措施，吸引和培育职业农民；义乌、青州则是将一部分农村建设用地挪至城镇。不过，应当看到，崇州的承包地退出，要求政府持续地投入人力、财力，而义乌、青州的宅基地退出，则是当地政府有强烈的城镇建设用地需求。考虑到政府的财政压力和城镇建设用地需求，上述模式难以大范围推广和长期持续。提升农村土地利用效率，事关国家粮食安全，具有很强的正外部性。如何完善农村土地退出的顶层制度设计，减少地方政府的改革压力，值得深入思考。

再次，如何高质量利用退出的农村土地。农村土地退出本身不是目的，以土地退出促进农业农村转型发展才是目的，因此需要高质量利用退出的土地。崇州、青州主要是以入股的方式实现农村土地退出，在集中连片和高标准整治后，交给职业农民经营管理。然后，地方政府在推进改革时，侧重考虑退出土

地者（长期收租的“不在地主”）的收益，要求承接者支付较高的保底收益，却相对忽略了承接者的经营收益。据了解，崇州市有不少“农业职业经理人”因地租太高导致经营收益太低而放弃经营。农业是高风险行业，如何在地租“刚性”上涨的趋势下，保障承接者高质量利用农村土地并获得收益，事关农村土地退出改革的成败。

最后，如何提高基层实施相关改革的积极性。虽然让离农、进城农民退出农村土地利国利民，但是由于存在以下几方面的原因，导致基层对推进这项改革的积极性不高：一是农村土地退出涉及农户生产生活的多个方面，容易引发潜在矛盾；二是农业产值占 GDP 的比重份额很小，农村土地退出改革产生的经济收益非常有限，很多时候还要花费财政资金；三是当前农村集体经济组织虚化、弱化严重，很多村集体的组织动员能力弱，难以按要求落实改革。总之，对一些地方来讲，农村土地退出改革的潜在风险多、预期收益小、工作难度大，成本—收益比不合适，实施相关改革的积极性不足。如何提高各地开展农村土地退出改革的积极性，是亟待破解的一个重要挑战。

五、农村土地“以退促用”的政策建议

随着越来越多的农村人口向城镇迁移，为了高质量利用农村承包地、宅基地，在更大范围内实行农村土地退出改革是大势所趋。针对前述挑战，借鉴国内外农村土地“以退促用”的实践经验，笔者提出以下几点政策建议：

一是转变农村土地与农民关系的传统认识。农业农村部全国农村固定观察点的数据显示，多达 2/5 的农户，农业收入占比不到家庭总收入的 5%[①]。这些离农、进城农民不仅生活不依赖土地，甚至不关心土地产出、不在意农业收入，因此更容易惰耕，甚至弃耕撂荒[②]。中国耕地资源高度紧张，为了保障国家粮食安全、应对国际农产品竞争压力，需要优化农村土地资源配置。农村土地制度安排，应当注重现代农业高质量发展，以提高土地产出率、资源利用率和农业劳动生产率为核心目标。因此，政府要加大对改革试点经验总结和相关

① 全国农村固定观察点对全国 31 个省 2 万多农户的跟踪调查数据显示，2016 年，农业收入占比不到 5%的农户（实际是离农农户）比例已经高达 41.05%。

② 权威媒体报道和笔者的调查都表明，由于务农比较效益低，当前耕地撂荒现象多发，并有从山区、丘陵地带向平原蔓延的趋势。

政策宣传的力度，让全社会认识到离农、进城农民退出农村土地对农业农村发展的重要性，为农村土地退出改革营造良好的舆论环境。

二是建立健全农村土地退出的顶层制度设计。首先，承包地方面，当前中国涉及耕地的法律以管理法为主，缺少土地高质量利用促进法，建议借鉴法国、日本等国家在农业转型期的经验做法，制定离农、进城农民农村土地退出的具体法律法规，推动土地整治和土地资源优化利用。其次，宅基地方面，因为农村人口迁移是全国范围的迁移，所以可以按照“地随人走”的思路，将宅基地退出与城乡建设用地的“再配置”挂钩，比如，借鉴浙江义乌等地的改革做法，为每人设置一个建设用地指标，该指标可以在不同地区、城乡之间调整使用，超过指标的部分进行累进收税。最后，探索耕地与建设用地①、城市建设用地与农村建设用地的“两个打通”。在保证耕地数量和质量的基础上，借鉴浙江义乌、山东青州等地的做法，加快落实中央《关于构建更加完善的要素市场化配置体制机制的意见》要求，探索建立全国性的建设用地、补充耕地指标跨地区交易机制，为“地随人走”和土地资源高质量利用提供制度支撑。

三是统筹推进农村土地退出与新型经营主体培育。新型经营主体是中国农业农村现代化的主力军，农村土地退出及后续利用需要着重考虑其发展需求。首先，按照中央政策和新修正的《农村土地承包法》《土地管理法》规定，积极引导农村承包地、宅基地使用权在本集体成员内部转让，让更多有意愿、有能力的小农户成长为新型经营主体；支持有条件的集体回收离农、进城农民自愿有偿退出的承包地、宅基地，并将其优先交给符合条件的新型经营主体使用。其次，借鉴四川崇州、山东青州的做法，政府投资或者支持市场主体投资，将离农、进城农民分散退出的承包地集中连片和高标准整治后，交给新型经营主体使用。同时，对于因建设农作物晾晒场、农机具放置场而需要建设用地的新型经营主体，可以借鉴浙江义乌“集地券”的思路，将农户退出的宅基地适度集中和整治后转让给其使用。最后，对专业大户、家庭农场等新型经营主体承接离农、进城农民退出的土地给予支持，可以借鉴四川崇州的做法，将贴息贷款、城镇职工养老保险、技术培训、种粮补贴等优惠政策向其倾斜。

---

① 国务院2020年3月印发的《关于授权和委托用地审批权的决定》提出将永久基本农田转为建设用地的审批事项委托给试点省份，首批试点包括北京、天津、上海、江苏、浙江、安徽、广东、重庆8个建设用地比较紧缺的省、直辖市，试点期限1年。这一政策动向表明，国家在尝试放松耕地向建设用地的转化。

四是探索形成农村土地退出的配套支撑机制。为了提高基层实施农村土地退出改革的积极性，可以着重做好以下两个方面的工作：一方面，选择若干改革试点，整合农业、自然资源（原国土）等部门中涉及农村土地利用和管理的机构，将农村土地资源高质量利用纳入试点地区政府的考核范围，或者给予专项改革经费。针对当前基层涉农部门人手紧缺的情况，可以通过增派挂职干部、大学生村官等方式，临时增加改革试点的人员配备。另一方面，借鉴法国和四川崇州的经验，探索建立土地整治机构。土地整治机构负责收购零星退出的土地，集中连片整治后转让给符合条件的承接者使用；负责为承接土地的新型经营主体提供资金支持、技术支持等；发挥农村土地银行的“蓄水池作用”，平抑土地租金不合理上涨，并为个别退出土地者重新获得农村土地使用权提供组织保障。

参考文献

[1] Bardhan P., M. Luca, D. Mookherjee et al. Evolution of Land Distribution in West Bengal 1967-2004: Role of Land Reform and DemographicChanges [J]. Journal of Development Economics, 2014 (110): 171-190.

[2] Bekar C., C. Reed. Land Markets and Inequality: Evidence from Medieval England [J]. European Review of Economic History, 2013 (17): 294-317.

[3] Bhattacharyya S. Capitalist Development, Peasant Differentiation and the State: Survey Findings from West Bengal [J]. The Journal of Peasant Studies, 2001, 28 (4): 96-98.

[4] Borchers A., J. Ifft, T. Kuethe. Linking the Price of Agricultural Land to Use Values and Amenities [J]. American Journal of Agricultural Economics, 2014, 96 (5): 1307-1320.

[5] Braaten R. H. Land Rights and Community Cooperation Public Goods Experiments fromPeru [J]. World Development, 2014 (61): 127-141.

[6] Burke W. J., J. M. Robert, S. J. Thomas. A Triple-Hurdle Model of Production and Market Participation in Kenya's DairyMarket [J]. American Journal of Agricultural Economics, 2015, 97 (4): 1227-1246.

[7] Chang Y. M. Biing-Wen Huang, Yun Ju Chen. Labor Supply, Income, and Welfare of the Farm Household [J]. Labour Economics, 2012, 19 (3): 427-437.

[8] Chernina E., P. C. Dower, A. Markevich. Property Rights, Land Liquidity, and InternalMigration [J]. Journal of Development Economics, 2014, 110: 191-215.

[9] Ciaian, P., Kancs, D., Swinnen, J., Van Herck, K., Vranken, L. Institutional factors affecting agricultural land markets. Factor Markets Working Papers

118, Brussels: Centre for European Policy Studies, 2012. http: //www. ceps. eu.

[10] Cong R., D. M. Drukker. Treatment effectsmodel [J]. Stata Technical Bulletin, 2000, 10 (55): 25-33.

[11] Cragg J. G. Some Statistical Models for Limited Dependent Variables with Application to the Demand for Durable Goods [J]. Econometrica, 1971, 19 (5): 829-844.

[12] Dehejia R. H., S. Wahba. Propensity Score-Matching Methods for Non-experimental Causal Studies [J]. 2002, 84 (1): 151-161.

[13] Deininger K., S. Jin. Land Sales and Rental Markets in Transition: Evidence from Rural Vietnam [C]. World Bank Policy Research Working Paper 3013, April 2003.

[14] Deininger K., S. Jin, H. Nagarajan. Determinants and Consequences of Land Sales Market Participation: Panel Evidence from India [J]. World Development, 2009, 7 (2): 410-421.

[15] Deininger, K., S. Jin, S. Liu, F. Xia. Impact of Property Rights Reform to Support China' s Rural-Urban Integration: Household-Level Evidence from the Chengdu National Experiment [C]. Word Bank Policy Research Working Paper8, 2015. https: //ssrn. com/abstract=2642590.

[16] Duke J. M., E. Marisova, A. Bandlerova et al. Price Repression in the Slovak Agricultural Land Market [J]. Land Use Policy, 2004, 21 (1): 59-69.

[17] Greasley D., L. Oxley. The Pastoral Boom, the Rural Land Market, and Long Swings in New Zealand Economic Growth, 1873-1939 [J]. Economic History Review, 2009, 62 (2): 324-349.

[18] Gersbach H., Lars-H. R. Siemers. Land Reforms and Economic Development [J]. Macroeconomic Dynamics, 2010 (14): 527-547.

[19] Hare D. The Origins and Influence of Land Property Rights in Vietnam [J]. Development Policy Review, 2008, 26 (3): 339-363.

[20] Heckman J. J. Sample Selection Bias as a Specification Error [J]. Econometrica, 1979, 47 (1): 153-161.

[21] Holden S. T., K. Otsuka. The Roles of Land Tenure Reforms and Land Markets in the Context of Population Growth and Land Use Intensification in Africa [J]. Food Policy, 2014, 48 (SI): 88-97.

［22］ Jarmila Lazíková, Ivan Takáč, Štefan Buday. Economic and Legal Aspects of the Agricultural Land Market ［J］. Agric. Econ. - Czech, 2012, 58 (4): 172-179.

［23］ Jin S. , T. S. Jayne. Land Rental Markets in Kenya: Implications for Efficiency, Equity, Household Income, and Poverty ［J］. Land Economics, 2013, 89 (2): 246-271.

［24］ Khantachavana S. V. , C. G. Turvey, R. Kong et al. On the Transaction Values of Land use Rights in Rural China ［J］. Journal of Comparative Economics, 2013 (41): 863-878.

［25］ Lin J. Y. Rural Reforms and Agricultural Growth in China ［J］. American Economic Review, 1992 (82): 34-51.

［26］ Lorenzetti L. Agricultural Specialisation and the Land Market: An Examination of the Dynamics of the Relationship in the Swiss Alps, c. 1860-1930 ［J］. Continuity and Change, 2014, 29 (2): 267-292.

［27］ Munshi K. Networks in the Modern Economy: Mexican Migrants in the U. S. Labor Market ［J］. The Quarterly Journal of Economics, 2003, 118 (2): 549-599.

［28］ Markussen T. , F. Tarp, K. V. Broeck. The Forgotten Property Rights: Evidence on Land Use Rights in Vietnam ［J］. World Development, 2011, 39 (5): 839-850.

［29］ Muraoka, R. , S. Jin, T. S. Jayne. Land Access, Land Rental and Food Security: Evidence from Kenya ［J］. Land Use Policy, 2018 (70): 611-622.

［30］ Noev N. Contracts and Rental Behavior in the Bulgarian Land Market: An EmpiricalAnalysis ［J］. Eastern European Economics, 2008, 46 (4): 43-74.

［31］ North D. , R. P. Thomas. The Rise of the Western World: A New Economic History ［M］. Cambridge, UK: Cambridge University Press, 1973.

［32］ Rachel G. Bratt. Housing and Family Well-being ［J］. Housing Studies, 2002, 17 (1): 13-26.

［33］ Rahman S. Determinants of Agricultural Land Rental Market Transactions inBangladesh ［J］. Land Use Policy, 2010, 27: 957-964.

［34］ Roodman D. Fitting Fully Observed Recursive Mixed-process Models with cmp ［J］. The Stata Journal, 2011, 11 (2): 159-206.

[35] Robeyns I. Sen' s Capability Approach And Gender Inequality: Selecting RelevantCapabilities [J]. Feminist Economics, 2003, 9 (2-3): 61-92.

[36] Schwarcz P., A. Bandleroval, L. Schwarczova. Selected Issues of the Agricultural Land Market in the Slovak Republic [J]. Journal of Central European Agriculture, 2013, 14 (3): 1102-1115.

[37] Schultz T. P. Women's Role in the Agricultural Household: Bargaining and Human Capital [C]. Center Discussion Paper, 803. Economic Growth Center, Yale University, 1999.

[38] Schultz T. W. Transforming traditional agriculture [M]. New Haven: Yale University Press, 1964.

[39] Valsecchi M. Land Property Rights and International Migration: Evidence fromMexico [J]. Journal of Development Economics, 2014 (110): 276-290.

[40] Van Bavel B. J. P. The Organization and Rise of Land and Lease Markets in Northwestern Europe and Italy, c. 1000-1800 [J]. Continuity and Change, 2008, 23 (1): 13-53.

[41] Wang, Y., L. Xin, X. Li, J. Yan. Impact of Land Use Rights Transfer on Household Labor Productivity: A Study Applying Propensity Score Matching in Chongqing, China [J]. Sustainability, 2017, 9 (1): 4-22.

[42] Weber J. G., N. Key. Do Wealth Gains from Land Appreciation Cause Farmers to Expand Acreage or Buy Land? [J]. American Journal of Agricultural Economics, 2014, 96 (5): 1334-1348.

[43] Wegren S. K. Land Reform in Russia: What Went Wrong? [J]. Post-Soviet Affairs, 2008, 24 (2): 121-148.

[44] World Bank. World Development Report 2008: Agriculture for Development [R]. World Bank Group, 2007. http://hdl.handle.net/10986/5990.

[45] 阿比吉特·班纳吉，埃斯特·迪弗洛．贫穷的本质：我们为什么摆脱不了贫穷 [M]．景芳译．北京：中信出版集团，2018.

[46] 巴曙松．土地改革是新一轮制度红利的关键 [J]．经济，2013 (12)：19-20.

[47] 白积洋．农民土地退出的意愿与影响因素分析——基于湛江市 782 个农户样本调查 [J]．农业部管理干部学院学报，2012 (3)：34-35.

[48] 蔡昉．金融危机对就业的影响及应对政策建议 [J]．中国发展观察，

2009（3）：5-9.

［49］蔡继明．中国土地制度改革论要［J］．东南学术，2007（3）：12-18.

［50］陈春生．中国农户的演化逻辑与分类［J］．农业经济问题，2007（11）：79-84.

［51］陈会广，刘忠原，石晓平．土地权益在农民工城乡迁移决策中的作用研究——以南京市 1062 份农民工问卷为分析对象［J］．农业经济问题，2012，33（7）：70-77+111-112.

［52］陈会广，钱忠好．土地股份合作制中农民土地财产的剩余权与退出权研究［J］．中国土地科学，2012（7）：19-24.

［53］陈明．嵌入乡村治理结构的“土地政治”——以近代中国乡村社会为表述对象［J］．学海，2018（2）：99-105.

［54］陈强．高级计量经济学及 Stata 应用（第二版）［M］．北京：高等教育出版社，2010.

［55］陈昭玖，朱红根．人力资本、社会资本与农民工返乡创业政府支持的可获性研究——基于江西 1145 份调查数据［J］．农业经济问题，2011，32（5）：54-59+111.

［56］陈锡文．坚决打赢脱贫攻坚战 如期实现全面小康目标［J］．劳动经济研究，2015，3（6）：3-21.

［57］陈霄．农民宅基地退出意愿的影响因素——基于重庆市“两翼”地区 1012 户农户的实证分析［J］．中国农村观察，2012（3）：26-36+96.

［58］陈卫平．农村产权改革对劳动迁移的影响［J］．经济学（季刊），2004（4）：163-190.

［59］楚德江．我国农地承包权退出机制的困境与政策选择［J］．农村经济，2011（2）：38-42.

［60］董启民．农民恋地情结的成因与破解［J］．理论导刊，2009（10）：69-72.

［61］杜鹏．社会性小农：小农经济发展的社会基础——基于江汉平原农业发展的启示［J］．农业经济问题，2017，38（1）：57-65，111.

［62］杜文娇，任大鹏．农村土地承包经营权退出的法理依据分析［J］．中国土地科学，2011（12）：16-22.

［63］杜志雄，崔红志．从注重改革“三性”看农村改革及试验［J］．理论探讨，2015（2）：73-77.

[64] 费孝通．江村经济 [M]．上海：世纪出版集团，2007.

[65] 弗兰克·艾利思．农民经济学 [M]．胡景北译．上海：上海人民出版社，2006.

[66] 高佳，李世平．农民土地退出意愿对耕地利用效率的影响研究 [J]．大连理工大学学报（社会科学版），2014，35（1）：75-80.

[67] 高佳，李世平，宋戈．基于广义多层线性模型的农户土地承包经营权退出意愿 [J]．中国农业大学学报，2017，22（4）：162-170.

[68] 高海．论农民进城落户后集体土地“三权”退出 [J]．中国法学，2020（2）：30-47.

[69] 高进云，乔荣锋，张安录．农地城市流转前后农户福利变化的模糊评价——基于森的可行能力理论 [J]．管理世界，2007（6）：45-55.

[70] 高瑞，费罗成．农户农地流转行为与宅基地退出行为的悖离失调研究——以安徽省金寨县为例 [J]．中国土地科学，2019，33（8）：71-78.

[71] 龚宏龄．农户宅基地退出意愿研究——基于宅基地不同持有情况的实证研究 [J]．农业经济问题，2017，38（11）：89-99，112.

[72] 国务院发展研究中心农村经济研究部．集体所有制下的产权重构 [M]．北京：中国发展出版社，2015.

[73] 顾海英，史清华，程英，单文豪．现阶段“新二元结构”问题缓解的制度与政策——基于上海外来农民工的调研 [J]．管理世界，2011（11）：55-65.

[74] 郭玲霞，彭开丽，黄朝禧．多维角度下农民对土地的依赖度对比分析 [J]．新疆农垦经济，2011（11）：15-21.

[75] 郭熙保．市民化过程中土地退出问题与制度改革的新思路 [J]．经济理论与经济管理，2014（10）：14-23.

[76] 郭晓鸣，高杰．我国农村土地承包经营权退出的基本判断、实践创新与前景展望 [A]．//第十二届全国社科农经协作网络大会会议论文集 [C]．2016.

[77] 韩俊．准确把握土地流转需要坚持的基本原则 [J]．农村经营管理，2014（11）：13-15.

[78] 韩文龙，刘璐．权属意识、资源禀赋与宅基地退出意愿 [J]．农业经济问题，2020（3）：31-39.

[79] 何安华．土地流转背景下农户农业生产经营行为分析 [D]．中国人

民大学，2013.

［80］何凌云，黄季焜．土地使用权的稳定性与肥料使用——广东省实证研究［J］．中国农村观察，2001（5）：42-48+81.

［81］何秀荣．关于我国农业经营规模的思考［J］．农业经济问题，2016，37（9）：4-15.

［82］何欣，蒋涛，郭良燕，甘犁．中国农地流转市场的发展与农户流转农地行为研究——基于2013～2015年29省的农户调查数据［J］．管理世界，2016（6）：79-89.

［83］赫尔南多·德·索托．资本的秘密［M］．王晓东译．南京：江苏人民出版社，2000.

［84］贺雪峰．地权的逻辑：中国农村土地制度向何处去［M］．北京：中国政法大学出版社，2010.

［85］洪炜杰，胡新艳．非正式、短期化农地流转契约与自我执行——基于关联博弈强度的分析［J］．农业技术经济，2018（11）：4-19.

［86］胡清华，伍国勇，宋珂，欧雪辉，李中．农村土地征收对被征地农户福利的影响评价——基于阿马蒂亚·森的可行能力理论［J］．经济地理，2019，39（12）：187-194.

［87］扈映，米红．经济发展与农村土地制度创新——浙江省嘉兴市“两分两换”实验的观察与思考［J］．农业经济问题，2010（2）：70-75.

［88］黄延信，张海阳，李伟毅，刘强．农村土地流转状况调查与思考［J］．农业经济问题，2011，32（05）：4-9+110.

［89］黄宗智．华北的小农经济与社会变迁［M］北京：中华书局，2000.

［90］华彦玲，施国庆，刘爱文．国外农地流转理论与实践研究综述［J］．世界农业，2006（9）：10-12.

［91］惠献波．农户分化对农村土地经营权抵押贷款意愿的影响分析［J］．首都经济贸易大学学报，2014（1）：25-32.

［92］加里·斯坦利·贝克尔．家庭论［M］．王献生，王宇译．北京：商务印书馆，1998.

［93］蒋和平，蒋辉．粮食主产区规模化经营的有益探索——河南省鹤壁市“中鹤模式”的解读与启示［J］．农业经济问题，2013（5）：10-14.

［94］姜涛．关于当前能否剥离农村土地社保功能的思考［J］．石家庄经济学院学报，2012，35（3）：100-103.

［95］姜莹，聂建亮．农地种树抛荒现象的成因及对策研究——以河北省T镇为例［J］．华中农业大学学报（社会科学版），2010（4）：90-94.

［96］孔祥智，刘同山．论我国农村基本经营制度：历史、挑战与选择［J］．政治经济学评论，2013（4）：78-132.

［97］孔祥智，刘同山．赋予农民更多财产权利：必要性、内涵与推进策略［J］．教学与研究，2014（1）：27-34.

［98］李晓庆，蒋伟，陈书卿，等．基于农户特征和意愿的农村居民点整治潜力测算［J］．农村经济与科技，2012，23（5）：14-18.

［99］李小云，何君，傅荣．土地改革与贫困缓解——围绕再分配土地改革的一系列学术争议［J］．中国农业大学（社会科学版），2008，25（2）：77-85.

［100］李宁，汪险生，王舒娟，李光泗．自购还是外包：农地确权如何影响农户的农业机械化选择？［J］．中国农村经济，2019（6）：54-75.

［101］刘克春．农户农地流转决策行为研究——以江西省为例［D］．浙江大学，2006.

［102］刘克春．国外关于农地流转的理论研究与启示［J］．经济学家，2008（6）：20-24.

［103］刘奇．应尽快建立农地经营的准入与退出制度［J］．中国发展观察，2013（12）：40-43.

［104］刘守英．中国土地制度的问题与改革［J］．中国改革，2013（11）：18-25.

［105］刘同山．资产化与直接处置：农民宅基地退出意愿研究［J］．经济经纬，2016，33（6）：42-47.

［106］刘同山．农业机械化、非农就业与农民的承包地退出意愿［J］．中国人口·资源与环境，2016，26（6）：62-68.

［107］刘同山．农户承包地的退出路径：一个地方试验［J］．重庆社会科学，2016（11）：38-43.

［108］刘同山．农户承包地退出意愿影响粮食产量吗？——基于处理效应模型的计量分析［J］．中国农村经济，2017（1）：68-81，95-96.

［109］刘同山．农地流转不畅对粮食产量有何影响？——以黄淮海农区小麦生产为例［J］．中国农村经济，2018（12）：103-116.

［110］刘同山．城镇化进程中农村土地退出及其实现机制［M］．北京：

社会科学文献出版社，2020.

[111] 刘同山，孔祥智．参与意愿、实现机制与新型城镇化进程的农地退出 [J]．改革，2016 (06)：79-89.

[112] 刘同山，孔祥智．小农户和现代农业发展有机衔接：意愿、实践与建议 [J]．农村经济，2019 (2)：1-8.

[113] 刘同山，牛立腾．农户分化、土地退出与农民的选择偏好 [J]．中国人口·资源与环境，2014，24 (6)：114-120.

[114] 刘同山，汪武静．精准扶贫精准脱贫百村调研·三山井村卷 [M]．北京：社会科学文献出版社，2018.

[115] 刘同山，吴刚．农地资源错配的收益损失——基于农户农地经营规模调整意愿的计量分析 [J]．南京农业大学学报（社会科学版），2019，19 (6)：107-118+159.

[116] 刘同山，张云华．城镇化进程中的城乡二元土地制度及其改革 [J]．求索，2020 (2)：135-142.

[117] 刘同山，张云华，孔祥智．市民化能力、权益认知与农户的土地退出意愿 [J]．中国土地科学，2013，27 (11)：23-30.

[118] 刘同山，赵海，闫辉．农村土地退出：宁夏平罗试验区的经验与启示 [J]．宁夏社会科学，2016 (1)：80-86.

[119] 刘洪仁，杨学成．转型期农民分化问题的实证研究 [J]．中国农村观察，2005 (4)：74-80.

[120] 柳红，杜润生．好大一棵树 [EB/OL]．经济观察网，2015-10-17，http://www.eeo.com.cn/2015/1017/280483.shtml.

[121] 柳建平．中国农村土地制度及改革研究——基于当前土地功能变化视角的分析 [J]．经济体制改革，2012 (1)：75-79.

[122] 罗必良．农地保障和退出条件下的制度变革：福利功能让渡财产功能 [J]．改革，2013 (1)：66-75.

[123] 马克思．资本论 [M]．北京：人民出版社，2004.

[124] 倪澄澄．农地制度改革的影响与作用 [J]．农村工作通讯，2008 (23)：34-35.

[125] 倪国华，蔡昉．农户究竟需要多大的农地经营规模？——农地经营规模决策图谱研究 [J]．经济研究，2015，50 (3)：159-171.

[126] 陆学艺，张厚义．农民的分化、问题及其对策 [J]．农业经济问

题，1990（1）：16-21.

［127］彭长生．农民宅基地产权认知状况对其宅基地退出意愿的影响——基于安徽省6个县1413户农户问卷调查的实证分析［J］．中国农村观察，2013（1）：21-33，90-91.

［128］彭长生，范子英．农户宅基地退出意愿及其影响因素分析——基于安徽省6县1413个农户调查的实证研究［J］．经济社会体制比较，2012（2）：154-162.

［129］彭长生，王全忠，钟钰．确权、农民分化与宅基地处置意愿——基于安徽、湖南两省农户调查数据的实证分析［J］．南京农业大学学报（社会科学版），2019，19（5）：118-129+158-159.

［130］恰亚诺夫．农民经济组织［M］．萧正洪译．北京：中央编译出版社，1996.

［131］仇童伟．农村劳动力非农转移会降低农地产出率吗？［J］．中南财经政法大学学报，2018（5）：151-160.

［132］任理轩．认识把握人类社会发展规律的新飞跃［N］．人民日报，2015-06-30（007）.

［133］商春荣，王曾惠．农村已婚女性非农就业与农户土地转包［J］．南京农业大学学报（社会科学版），2014，14（3）：62-69.

［134］邵宇．土地改革：新城镇化的突破点［J］．金融发展评论，2013（12）：1-31.

［135］孙圣民，陈强．家庭联产承包责任制与中国农业增长的再考察——来自面板工具变量法的证据［J］．经济学（季刊），2017，16（2）：815-832.

［136］谭术魁．耕地撂荒程度描述、可持续性评判指标体系及其模式［J］．中国土地科学，2003（6）：3-8.

［137］汤爽爽，郝璞，黄贤金．大都市边缘区农村居民对宅基地退出和定居的思考——以南京市江宁区为例［J］．人文地理，2017，32（2）：72-79.

［138］唐忠．中国农村土地制度：争议与思考［J］．世界农业，2015（1）：196-202.

［139］佟艳，牛海鹏，樊良新，李瑞华．农户闲置宅基地退出意愿及影响因素研究——以河南省为例［J］．干旱区资源与环境，2017，31（10）：26-30.

［140］王春光，赵玉峰，王玉琪．当代中国农民社会分层的新动向［J］.

社会学研究，2018，33（1）：63-88，243-244.

［141］王恒，秦国庆，王博，朱玉春．社会资本、金融借贷与农户多维贫困——基于秦巴山区 3 省的微观调查数据［J］．中国人口·资源与环境，2019，29（11）：167-176.

［142］王建友．完善农户农村土地承包经营权的退出机制［J］．农业经济与管理，2011（3）：47-52.

［143］王敏，诸培新，张建．农地流转对农户宅基地退出意愿影响研究——基于江苏省 855 户农户的调查结果分析［J］．南京农业大学学报（社会科学版），2016，16（4）：81-89，157.

［144］王伟，马超．基于可行能力理论的失地农民福利水平研究——以江苏省宜兴市和太仓市为例［J］．农业技术经济，2013（06）：20-31.

［145］王文龙．中国农业经营主体培育政策反思及其调整建议［J］．经济学家，2017（1）：55-61.

［146］王海娟，胡守庚．合作瓦解：农业机械化发展的一种解释路径——兼论中国农业发展的道路选择［J］．南京农业大学学报（社会科学版），2019，19（2）：38-45，156.

［147］王水连，辛贤．农户甘蔗种植机械化的因素解析：诱因及交互效应［J］．中国农业大学学报（社会科学版），2017，34（1）：83-93.

［148］王旭辉．吴敬琏等著名学者激辩“新土改”［J］．理论导报，2009（1）：8-9+19.

［149］王银梅，刘语潇．从社会保障角度看我国农村土地流转［J］．宏观经济研究，2009（11）：40-45.

［150］王瑜，黄蓓，杨翠迎．农地社会保障功能弱化与农村社会保障制度建设［J］．农村金融研究，2011（4）：59-62.

［151］王兆林，杨庆媛，张佰林，藏波．户籍制度改革中农户土地退出意愿及其影响因素分析［J］．中国农村经济，2011（11）：49-61.

［152］魏后凯，黄秉信，李国祥，孙同全，韩磊．农村绿皮书：中国农村经济形势分析与预测（2018~2019）［M］．北京：社会科学文献出版社，2019.

［153］魏后凯，刘同山．农村宅基地退出的政策演变、模式比较及制度安排［J］．东岳论丛，2016，37（9）：15-23.

［154］文贯中．解决三农问题不能回避农地私有化［C］．中国与世界观察（2007 年第 3、4 合刊 总第 8、9 期）．清华大学经济管理学院中国与世界

经济研究中心，2007：186-210，233-234.

［155］文长存，孙玉竹，魏昊，吴敬学. 新形势下农户粮食规模经营行为及其影响因素研究——基于粮食主产区的调查数据［J］. 华中农业大学学报（社会科学版），2017（3）：8-16+149.

［156］温铁军. 土地的“社会保障功能”与相关制度安排［M］. 北京：社会科学文献出版社，2002.

［157］温铁军. 我国为什么不能实行农村土地私有化［J］. 红旗文稿，2009（2）：15-17.

［158］温铁军. 八次危机：中国的真实经验 1949-2009［M］. 北京：东方出版社，2012.

［159］温忠麟，叶宝娟. 中介效应分析：方法和模型发展［J］. 心理科学进展，2014，22（5）：731-745.

［160］吴福明. 土地股份合作须防范农民失地风险［N］. 中国证券报，2013-11-22.

［161］吴康明，陈霄. 农民土地退出意愿与关键环节拿捏：重庆例证［J］. 改革，2011（10）：61-66.

［162］吴明凤，李容，杨宇. 土地细碎化背景下地块生产趋同对农户购置农机的影响［J］. 西北农林科技大学学报（社会科学版），2017，17（2）：113-122.

［163］中共中央党史和文献研究院. 习近平关于“三农”工作论述摘编［M］. 北京：中央文献出版社，2019.

［164］项继权，罗峰. 中国农地制度改革的方向和条件［J］. 华中师范大学学报（人文社会科学版），2007（3）：2-10.

［165］许恒周. 基于农户受偿意愿的宅基地退出补偿及影响因素分析——以山东省临清市为例［J］. 中国土地科学，2012，26（10）：75-81.

［166］许恒周，殷红春，石淑芹. 代际差异视角下农民工乡城迁移与宅基地退出影响因素分析——基于推拉理论的实证研究［J］. 中国人口·资源与环境，2013，23（8）：75-80.

［167］闫小欢，霍学喜. 农民就业、农村社会保障和土地流转——基于河南省 479 个农户调查的分析［J］. 农业技术经济，2013（7）：34-44.

［168］扬·杜威·范德普勒格. 新小农阶级［M］. 北京：社会科学文献出版社，2016.

［169］杨国永，许文兴．耕地抛荒及其治理——文献述评与研究展望［J］．中国农业大学学报，2015，20（5）：279-288.

［170］杨小凯．中国土地所有权私有化的意义［EB/OL］．学者社区网站，2007-09-16，http：//www.china-review.com/eat.asp？id=19022.

［171］杨应杰．农户分化对农村宅基地使用权流转意愿的影响分析——基于结构方程模型（SEM）的估计［J］．经济经纬，2014，31（1）：38-43.

［172］杨玉珍．农户闲置宅基地退出的影响因素及政策衔接——行为经济学视角［J］．经济地理，2015，35（7）：140-147.

［173］杨璐璐，吴群，周应恒，邹伟，黄征学．农村土地“三权分置”催生的农民获得感［J］．改革，2017（1）：32-48.

［174］姚洋．中国农地制度：一个分析框架［J］．中国社会科学，2000（2）：58-59.

［175］叶静怡，王琼．农民工的自雇佣选择及其收入［J］．财经研究，2013，39（1）：93-102.

［176］叶静怡，王琼．进城务工人员福利水平的一个评价——基于 Sen 的可行能力理论［J］．经济学（季刊），2014，13（4）：1323-1344.

［177］叶兴庆．从四个方面赋予农民更多财产权利［J］．中国发展观察，2013（12）：4-5.

［178］叶兴庆．集体所有制下农用地的产权重构［J］．毛泽东邓小平理论研究，2015（2）：1-8+91.

［179］于建嵘．农村土地改革的根本出路［J］．南窗风，2010（12）：38-40.

［180］于伟，刘本城，宋金平．城镇化进程中农户宅基地退出的决策行为及影响因素［J］．地理研究，2016，35（3）：551-560.

［181］袁铖．主要功能变迁视角下的中国农村土地制度创新［J］．中南财经政法大学学报，2009（6）：125-129.

［182］袁方，史清华．不平等之再检验：可行能力和收入不平等与农民工福利［J］．管理世界，2013（10）：49-61.

［183］张琛，彭超，孔祥智．农户分化的演化逻辑、历史演变与未来展望［J］．改革，2019（2）：5-16.

［184］张良．乡村社会的个体化与公共性建构［M］．北京：中国社会科学出版社，2017.

［185］张晓山．关于赋予农民更多财产权利的几点思考［J］．农村经济，2014（1）：3-8.

［186］张晓山．新常态下农业和农村发展面临的机遇和挑战［J］．学习与探索，2015（3）：1-9.

［187］张云华等．完善与改革农村宅基地制度研究［M］．北京：中国农业出版社，2011.

［188］张怡然，邱道持，李艳，骆东奇，石永明．农民工进城落户与宅基地退出影响因素分析——基于重庆市开县357份农民工的调查问卷［J］．中国软科学，2011（2）：62-68.

［189］张建，杨子，诸培新，李效顺．农地流转与农户生计策略联合决策研究［J］．中国人口·资源与环境，2020，30（02）：21-31.

［190］赵佳，姜长云．兼业小农抑或家庭农场——中国农业家庭经营组织变迁的路径选择［J］．农业经济问题，2015，36（03）：11-18，110.

［191］郑沃林，罗必良．农地确权颁证对农地抛荒的影响——基于产权激励的视角［J］．上海财经大学学报，2019，21（4）：90-99.

［192］钟甫宁，陆五一，徐志刚．农村劳动力外出务工不利于粮食生产吗？——对农户要素替代与种植结构调整行为及约束条件的解析［J］．中国农村经济，2016（7）：36-47.

［193］钟涨宝，聂建亮．论农村土地承包经营权退出机制的建立健全［J］．经济体制改革，2012（1）：84-87.

［194］周建，施国庆．城乡统筹发展的三种农村土地流转模式及其比较研究［J］．农村经济，2011（8）：45-48.

［195］周其仁．农地产权与征地制度——中国城市化面临的重大选择［J］．经济学（季刊），2004（4）：193-210.

［196］朱新华．户籍制度对农户宅基地退出意愿的影响［J］．中国人口·资源与环境，2014，24（10）：129-134.

［197］朱新华，陆思璇．风险认知、抗险能力与农户宅基地退出［J］．资源科学，2018，40（4）：698-706.

［198］邹学荣．我国土地政策面临的矛盾及制度和政策设计［J］．西南民族大学学报（人文社会科学版），2014（10）：209-215.

后 记

本书是南京林业大学农村政策研究中心"农村调查与研究"系列成果之一，也是笔者专著《城镇化进程中农村土地退出及其实现机制》的姊妹篇。关于农村土地退出问题的研究缘起，上一本专著后记中有详细说明，此处不再赘述。

这本专著之所以面世，是因为上一本专著侧重于研究农村土地退出的实现机制，对农民有土地退出意愿但不能退出会造成何种后果等一些重要问题未展开分析。例如，有承包地退出意愿的农民，他们不仅可能会懒散耕种，造成粮食产量损失，还可能会多施用农药、化肥，以此来代替持续减少的劳动力投入，从而损害农村生态环境。同时，如果农民有强烈的承包地退出意愿，但是不能出租或退出，他们可能会将耕地撂荒。众所周知，无论是保障粮食产量，还是保护农村生态环境，都是农村土地制度改革必须关注的重要议题。因此深入分析农村土地退出意愿对农业绩效、农村发展的多维影响，考察有农村土地退出意愿但不能退出造成的耕地撂荒、宅基地闲置现象，有助于让社会各界更好地认识加快农村土地退出的必要性、紧迫性。

2020 年是农业农村部化肥、农药"零增长行动"的收官之年。新冠疫情全球暴发后，一些国家对粮食出口进行限制。在这样的背景下，如何绿色、高效地利用耕地资源，如何确保粮食生产和国家粮食安全，受到政界、学界的高度关注。正因如此，笔者基于最新经济社会发展形势，以 2014 年、2018 年两次农户调查为基础，在国家社会科学基金一般项目"农地错配的效率损失及其对策研究"、中国人民大学科学研究基金重大规划项目"实现小农户与现代农业发展有机衔接研究"和南京林业大学农村政策研究中心"百村千户跟踪调查"项目的联合资助下，于 2019 年 7~8 月在苏鲁皖三省开展了千户农户抽样调查，驻村入户调查了农民的农业生产经营和土地退出意愿，并着重询问了农药、化肥施用和耕地撂荒情况。

在农户调查过程中，夏子叶、宋岱、侯云洁、储梦圆等南京林业大学经济管理学院的同学给予了大力支持，她们的认真负责，给人留下了深刻印象。在安徽宿州调研时，有村民怀疑我们是“坏人”而报警，宋岱、侯云洁等几位同学和我一起，经历了人生第一次被警车拉去派出所。农村调查的难度，可见一斑。在书稿撰写过程中，笔者指导的硕士生吴刚、陈晓萱两位同学参与了一些章节内容的讨论，并协助完成了书稿校对、体例修改等工作。他们的细致、认真很大程度上减轻了我的工作量。感谢同学们的辛苦付出。

感谢恩师孔祥智教授，为本书研究提供学术指导和出版资助。恩师的指导、督促，不仅大大提高了书稿质量，还保证了出版时间，否则这本书估计还要拖很久才能与读者见面。当然，书中错误之处，完全由笔者本人负责。

受限于本人的学术水平和财力、物力，书中的不足之处在所难免。敬请读者不吝指正，以便在今后的研究中进一步修改完善。

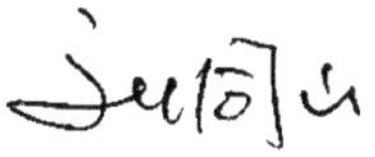

2020 年 6 月 20 日 于南京玄武湖畔